日本映画研究へのガイドブック

●著●
マーク・ノーネス
アーロン・ジェロー

●訳●
洞ヶ瀬真人

Research Guide to Japanese Film Studies

ゆまに書房

Research Guide to Japanese Film Studies
Markus Nornes
and
Aaron Gerow

—

Original English edition © 2009, the Center for Japanese Studies, the University of Michigan
All right reserved by and controlled through the regents of the University of Michigan, Ann Arbor
Japanese edition © 2016, Yumani Shobo, Publisher, Inc., Tokyo

我らが文献史の師匠、牧野守へ捧ぐ

日本語版の刊行を契機に

『日本映画研究へのガイドブック』はレファレンスブックでありながら、日本映画研究の現状に対する挑戦でもある。本書は、真摯に学ぼうとする学生や研究者が日本映画の歴史、美学、理論への興味を存分に追求するために必要とする資料源を、フィルムアーカイブから基本参考文献、ウェブサイトまで紹介するものであり、いずれの言語においても初の試みとなる。

これにならい、本書では良書などを見つくろうのではなく、どの種の研究プロジェクトの人々にとっても役立ちうる包括的資料を紹介するように心を砕いた。しかし序論では必ずしも中立な態度を冷たくとってはいない。日本映画研究が長らく、他の国での映画の研究調査に比較して、その成功の妨げとなってきた制限──主にフィルムプリントや正確なフィルモグラフィー、産業関連文書などの包括的資料の欠如やアクセス制限──に苦しんできたことを考えてみれば、そうした情報源についての序論でもまた、この領域への変革が求められるべきだと思われる。

私たちはただ単にアーカイブやその所蔵資料、または主要な辞書・事典類をリストアップしただけではない。その利点と欠点を指摘し、一番有益な手段や資料に研究者がたどり着けるように、さらには日本映画の研究を育成し日本の映画文化の保存と深化を助けるために、どのように資料を発展させるべきかについての議論をうながすようにした。ゆえに、この本が日本語で出るのは重要なことなのだ。原著の状態ですでに、内容はインターナショナルであり、世界中からの多言語の資料を紹介している。だが当然、その多くは日本のなかの場所と日本語の作品に関するものだ。

日本語版がこの領域への挑戦として、かつ、今また英語版からアップデートされたものとして、英語圏でなされたのと同じように日本の映画研究に語りかけ、そこに対話をもたらすよう、私たちは期待している。

マーク・ノーネス
アーロン・ジェロー

謝辞

　本書はミシガン大学日本研究センターと大学出版会、そしてハーバード大学ライシャワー日本研究所からの後援により、かたちにすることができた。また草稿段階では、以下の同僚研究者——ローランド・ドメーニグ、藤木秀朗、スチュワート・ガルブレイス IV、木下千花、トーマス・ラマール、宮尾大輔、ミツヨ・ワダ・マルシアーノ、山本直樹、吉本光宏——の精査を仰いでいる。本書がより良きものとなったのは、彼らの助言のたまものである。また、内容を万全にするのにも、ロジャー・メーシー、平野共余子、佐藤洋、ジェニファー・ロバートソンといった多くの方々から、私たちにとってまだ調査中の分野に関する専門知識を快く分け与えてもらった。

　何より、世界中の数多くのアーカイブ、図書館司書の方々からは、所蔵資料に関する最新の情報とその利用に関する事情を詳しく教えていただき、格別のご高配をたまわった。以下に名前を列記する（敬称略。順不同。所属は2009年調査時のもの）。リカ・イエズミ・ヒロ（ゲッティ・リサーチ・インスティテュート）、モナ・ナガイ、ジェイソン・サンダース（パシフィック・フィルム・アーカイブ）、仁木賢司、シェヴォン・デサイ（ミシガン大学）、佐藤淳子、蛭田麻里、鈴木真理恵（国際交流基金）、田畑きよ子（池田文庫）、碓井みちこ（早稲田大学）、ジョージー・ウォルター・ジョンストン（アメリカ議会図書館）、セバスチャン・ボンデッティ（シネマテーク・フランセーズ）、森脇清隆（京都文化博物館）、チャールズ・シルバー（ニューヨーク近代美術館）、アミー・ハインリッヒ（コロンビア大学）、ハルコ・ヘイスベルス（オランダ戦争資料研究所）、坂口和子（ハーバード大学）、外川豊子（山梨県立図書館）、砂押久雄（教育図書館）、ジャオ・ジン（中国電影資料館）、ニコ・デ・クラーク、フランチェスコ・イッオ（オランダ映画博物館）、ミカ・ロウラー（国立国会図書館）、モウリーン・ドノヴァン（オハイオ州立大学）、ウォン・アイリン（香港電影資料館）、伊藤智子（豊田市郷土資料館）、テレサ・シルク（帝国戦争博物館）、エレン・ハモンド、中村治子（イェール大学）、とちぎあきら、岡田秀則、入江良郎（東京国立近代美術館フィルムセンター）、岩槻歩、濱崎好治（川崎市市民ミュージアム）、和地由紀子（川喜多記念映画文化財団）。

　このリストに、本書を手にするあなたたち読者を加えたいと私たちは考えている。新しいのでも古いのでも、ここに記載すべきだったのではと感じる資料は何かないだろうか？　私たちに知らせたらよいのではと思うような資料を所蔵するアーカイブに出くわしたことはないだろうか？　この本のなかにまちがいはなかっただろうか？　忌憚なく私たちに知らせてほしい。今後には本書のアップデート版を出してゆきたいと考えているので、どんな意見・感想でも大歓迎だ。この本を利用し、なにか新しいものを書いてほしい。そして、次の機会には、私たちがそれを解説できるようになれば最高だ！

目次

日本語版の刊行を契機に ……………………………… 2
謝辞 ……………………………………………………… 3

はじめに ……………………………………………… 7
日本映画研究のために…8／このガイドを利用するための手引き…15

第1章　アーカイブ・図書館 …………………………… 19
第2章　古書店案内 ……………………………………… 95
第3章　映画の書誌・文献解説 ………………………… 105
文献史…106／映画批評史に関する論文…110／映画批評集と講座…111／目録および書誌…116／イヤーブック・映画年鑑…123／事典・辞書…127／フィルモグラフィー…135／人名事典…149／年表…158／脚本集と監督の著作集…160／検閲…164／写真・ポスター・プログラム…166／雑誌・新聞…170／通史…182／アーカイブへのガイド…194／地方映画史…196／撮影所と製作会社の歴史…201

第4章　オンライン及びデジタルリソース …………… 211
第5章　FAQ …………………………………………… 233

人名索引 ………………………………………… 249
事項索引 ………………………………………… 257
書名／作品名索引 ……………………………… 263
デジタル資料索引 ……………………………… 273
機関・団体名索引 ……………………………… 276

訳者あとがき …………………………………… 283

凡例

1. 本書はAbé Mark Nornes and Aaron Gerow. *Research Guide To Japanese Film Studies*. University of Michigan, 2009の日本語版である。日本語版刊行にあたっては、日本の読者に向けて、その内容を加筆・修正するとともに、日本語版のための序文をあらたに加えた。
2. 本書に掲載した各機関、アーカイブ、書誌、オンラインサイトURLなどの情報は2016年3月現在のものである。
3. なお、本文は原著者自身によって校正されている。

はじめに

日本映画研究のために　アーロン・ジェロー

　日本映画の調査研究は、いつも崖をよじ登るような格闘だった。
　映画の研究書が日本ではじめて書かれるのは1920年以前に遡る。そうした書物は、『ジゴマ』のような犯罪映画の人気に対する過剰反応によって増幅された低俗な娯楽だとか、もっと悪質な、文化やモラルの劣化を引き起こす元凶だと映画を見なすような社会的偏見に向き合っていた。映画研究においても、映画を楽しむ娯楽の場がそのように見定められるのに同調して、そうした意見に確証を与えようとしたり、逆に、映画を果敢に擁護するようなことが試みられたりした（だが、その大半も、支配的な価値観を追認することによってだった）。
　いずれの場合でも、映画を研究することの意義はせいぜい二義的なものとされ、官公庁から公認を受けた文化の中では、映画自体が文化的ヒエラルキーのなかで位置づけられていたのと同等の低い地位にまで格下げされることもしばしばだった。早期から映画研究の学科を設け、研究を活発に行ってきた日本大学や早稲田大学の例はあるものの、おおむね大学教育制度のなかでは、その学問の意義は無視され、研究を志すひとに対してその機会を与えにくい状態が今日でも続いている。そしてこのことは、調査研究の質にも影を落としてしまっていた。日本における映画関連書籍の多くは、いまだ脚注やしっかりとした書誌情報、作品情報も添えられないまま刊行されている。また、より著名な映画研究家などになると、次々に出版を迫られるインテリ文化産業の慣行のなかで、事実や情報の確認にあまり時間を割けないでいる。
　第二次大戦期および戦後に、国民国家のイメージを国内外に宣揚する手段として映画がその地位を高めたときでさえも、映画製作やその調査研究が支援を受けることはほとんどなかった。重要文化財指定に関する制度のなかでは顕著だったが、日本文化は長らく、西洋化する近代以前のものとして定義されてきた。そのため、支援や調査の対象となるには日本らしさが足りないという皮肉な問題が、日本映画に残されてしまったのだ。最近の状況は改善されているとはいえ、残念ながら映画のための研究環境はそうした長年の姿勢から形作られ

てしまった。いろいろな意味で本書は、こうした困難な状況についての歴史叙述であり、また、それをナビゲートするための見取り図なのである。

たとえば、主要な定期刊行物記事索引である、国立国会図書館『雑誌記事索引』は当初、おおかた映画雑誌をその範疇に入れていなかった。そして、それを加えはじめた時でも、取り入れたものはほんの少しで、ほとんど使い物にならないやり方で索引がつけられていた（たとえば映画評を索引に入れていないなど）。最近になってようやく、その索引の範囲が映画雑誌にも拡大されて、数十年にわたる溝が埋められるようになった。フィルムアーカイブの設立も日本では遅れたが、それも大半が映画保存に焦点を絞るもので、調査研究を促進するものではなかった。

海外機関の所蔵映画の公開状況に慣れ親しんでいた研究者には、日本のアーカイブや図書館の冷たく、官僚的で、しばしば〈ユーザー・アンフレンドリーな〉態度が即座に鼻についてしまうことにもなりかねない。近年では、官僚制度改革や日本映画産業の復興にともなって多くの機関で改善が進んできたが、文化や学問としてではなく、ビジネスとして映画を強調する官公庁の態度は、アーカイブ機関を映画会社よりも弱い立場においてきてしまった。映画や写真が明らかにパブリックドメインになっているときですら、その会社が存続している場合、多くのアーカイブはまちがってそうした会社と軋轢をおこしはしないかという恐れから、一般人を映像に触れさせるのをためらいがちなのだ。

日本映画を海外で研究するときでも、その壁は決して低くはない。映画全般とまではいかなくとも、米国のように映画研究に対する認知が高い国ですらそうだ。優先的に西洋映画を映画実践の中心に位置づけてきたわけではないとは言え、少なくとも日本のような非西洋映画に対して、作品の映画的属性には鑑賞だけで十分触れられるがゆえに、非西洋映画のもつ複雑でローカルな間テクスト的問題に取り組む必要のない"離れた観察者（distant observer）"のふりをする傲りが、そこには長らくあった。

フィルムアーカイブ機関は、時には日本の図書館よりも早く、また数多くの日本映画を収集してきたが、関連資料（書籍、雑誌、映画祭カタログなど）の綿密な収集や、西洋映画に対しては行っていたフィルモグラフィー、書誌情報、目録

の作成を同じようには進めてこなかった。アメリカ議会図書館の日本映画目録——日本国外にある最重要コレクションのひとつ——には、ローマ字表記と映画情報の正確性の点でかなり粗末なために、目録の記載内容が何の映画を指しているのか判別しづらいことがしばしばあった。国際フィルムアーカイブ連盟（FIAF）作成の映画文献目録（FIAF International Index to Film Periodicals）のような主要なものには、日本語だけの定期刊行物が含まれていない。ある点では、これは日本にいるFIAFメンバー（と、そうしたアーカイブにあまり資金提供しない日本政府）の責任ではあるが、国際的な観点での映画研究資料の不均衡性に十分な注意を払わない西洋の学問の態度のほうを反映したものでもある。

結局、西洋の映画研究は、映画をその西洋の言語で研究できるものと規定し、非西洋映画についての困難な調査研究の多くを——自らのものにできる場合を除いて——地域研究（Area Studies）の領域に追いやってしまうことが多いのだ。

残念なことに、地域研究もまた映画研究を軽視してきた。海外の日本研究者は、官公庁が指定する文化の定義をくり返したり、時の流れの止まった悠久の過去へと日本文化を押し込める、オリエンタリズムに囚われた文化観を追求したりしながら、長らく近代の大衆文化を無視してきてしまった。福田なをみの『日本の参考図書（*Bibliography of Reference Works for Japanese Studies*）』（Center for Japanese Studies, University of Michigan, 1979）のような主要カタログは、とくに日本語で書かれた映画についての膨大な文献を犠牲にして、文学、歴史、高尚芸術を優先させ、また大学図書館では雑誌のような映画関連の資料収集を避けてきた。

他方、イェール大学、ミシガン大学などの先端機関では、数年前まで、おそらく一棚分くらいの映画書籍しかなかったのに、ほとんど忘れられている無名の小説家の書籍がその倍ほども所蔵されていた。いくつかの主要図書館では、こうした状況は相当に改善されてきた。だが、それも資金や賛助がある場合にかぎられるのだ。埋められるべき格差は、地理的に見ても、物的に見ても、とてつもなく大きいままなのである。

こうした困難やその裏にある歴史を知ることは重要である。なぜならひとつには、現代のデジタル化された情報社会がしばしば、こういった障壁がもはや取り除かれ、たった数回キーボードをたたくだけで正確なデータにたどり着け

るという錯覚を私たちに与えているからだ。おそらく未来にはそうなってゆくだろうが、日本映画の話となると現時点では明らかにその状態にはない。インターネット・ムービー・データベース（IMDb：212頁）などのオンラインデータベースは、レヴューやその他便利な資料への使い勝手の良いリンク集を提供してきたが、映画や人物についての基本的なデータは、時に未完で必ずしも正しいわけではない。

IMDbやウィキペディアのようなサイトは、概念上、他の人がある人のまちがいを修正するように、何度も照会されることで正確になると考えられる一方、グローバルな情報管理の流れは不均等で、そうしたサイトにある非西洋圏についてのデータは、悪名が立つほどまばらで十分には精査されていない。

こうした問題には日本語のデータベースでさえも苦しみがちだ。ユーザーに管理されるサイトは流行り廃りに左右されやすく、ある最近の人気映画には異様に長い項目がある一方で、歴史的に重要視されるが、目下の流行に合わない作品には少しの注目しか払われない。組織・機関が作成するこうしたものには、逼迫した資金や労力面での制約があるのがしばしばだ。

それがゆえに、『キネマ旬報』のオンラインデータベースは、戦前の映画情報が乏しく、その題名の読み仮名も、必ずしも信用のおけないものになってしまっている。映画に関して長らく、もっともよく利用されてきた「日本映画データベース」（217頁）の状況などは、きわめて象徴的だ。それは、ほぼ一人の人物によって構築され、ゆえに、天の恵みは大勢にもたらされるものの、まちがいもあり、その個人の気まぐれに左右されやすい（データベースは実際、2005年以降の映画が加わったときには、ほとんど休眠状態になっていた）。

これは、オンラインやデジタル資料だけのレベルに留まる問題ではない。英語や日本語の印刷物の多くにも同様に見いだされる。日本映画研究には、その分野を研究するのに必要な、しっかりとした参考書籍をたくさん出版したり、研究設備を整えたりすることに対して資金援助がなされるべきだという認識や、そのための助成も薄かったのである。

良かれ悪しかれ、こうした障害は、日本映画研究自体の学問としての規定に関わるほど根本的な問題なのだ。前述のとおり、日本と海外での映画に対する

定義づけこそが、このような壁を形成していた。それは、たとえば、映画がもたらしたかに思えた独特な問題でありながら、そうした難問を解決するのではなくもっと悪化させてしまうような反応を日本の有識者や米国の日本研究者にうながしてしまったこともあった。私たちが日本映画の研究者や学生として行うことは、ある程度、こうした影響のたぐいまれな重なり合いによって決定づけられている。

　ゆえに、日本映画の研究では、知のイデオロギーに対して人為的に課せられている学問領域の境界線を問いに付すことが望まれる——日本映画研究はこれにずっと苦しめられてきたのであり、それがゆえに、吉本光宏が著書 *Kurosawa* (Duke University Press, 2000) で論じたように、類をみないかたちで大学の学問制度に挑めるひとつの学問なのだ。だが他方では、それは固有の研究形態を要する固有の条件のもとで発展してきてしまったのだ。そのために、誰もが日本映画の研究を気兼ねなくはじめられる、というわけにはいかなくなっている。

　外国の研究者の場合では、これは日本語習得の必要を意味することにもなる。アレクサンダー・ジャコビーの映画監督名鑑（137頁）のような、日本語能力の低い研究者に資する、信頼のおける情報を提供している英語の参考書籍がいくつか発行されているのを見ると励みになる。ワイサー夫妻が上梓した参考書のような、本格的な調査研究には利用しにくいほどにまちがいのある先行資料は数多くある。だが、単純に、なにか大きな調査研究を行うには英語で利用できる参考書籍は十分ではない。日本語では、信頼できる資料が全般的に欠乏している一方で、利用できるものの量がさらに多くなる。とは言っても、その言語を完璧に習得していないひとでも、たとえば題名の読み仮名索引やフィルモグラフィー、時には写真などを提供する情報源から非常に多くのものを得ることができる。

　他方で、日本の研究者や学生はこうした困難から免れているというわけでもない。なぜなら、言うまでもなく、日本映画のほとんどが日本語だといっても、他言語で書かれた研究が、日本語で作成されたものよりも優れていないということを意味するわけではないからだ。これを否定するのは、独りよがりのような全くの無知や極端な自国主義から来る主張であり、それでは視野の狭い研究

しか創り出せない。日本映画の研究は、ますます国際的な学問になっており、そのため学生や研究者には多言語で意見を交わすことが求められる。印刷物であれ、セルロイド上のものであれ、最重要の情報源のいくつかは、いまや海外のほうが利用しやすい。とくに、よりしっかりとした映画研究の環境が、しばしば日本の国外で確立されているとなると、日本映画を研究する多くの学生は、海外で学んだり、調査したりすることに、いくぶんでも時間を費やすことが望まれるのだ。

　こうしたことすべてが、私たちの学問を形づくり、規定しているように思われる。だが、それらは決して現状を戦略的に賢く利用することや、それとうまく交渉し折り合いをつけたりすることを妨げるものではない。私たちは、決して平らではない競技フィールドの上に立っているのだが、そこはまた、厳格すぎるルールに縛られた場所でもない。実際それは、完全には形が整っていないがゆえに、逆にエキサイティングな機会を提供するものなのだ。眼前にある困難のすべてに対し、日本映画研究では、主流をなす西洋映画の調査研究以上に、研究者が基礎的情報の検証に対して相当の責務を払い、仲間の研究者と協力し、互いに調査研究のレベルを高い水準にまで高めあうことによって、彼／彼女ら自身の調査研究の土台を自ら築き上げることが、ある部分で要求される。彼／彼女らが、ただ一人で研究し、単一の情報源に頼ることは許されない。しかしそれは、一領域を超越するさまざまな技能と知識を使い、戦略的につなぎ合わせ、協力させ、組立てる、"ブリコラージュする職人"のように研究者がなり得ることをも意味しているのだ。

　実際には、信頼すべき唯一の知的情報源はこの学問にない。たとえば、キネマ旬報社の事典は、監督や俳優名の読み仮名、略歴、フィルモグラフィーに関するもっとも良い情報源のひとつではあるが、まちがいもある（たとえば、1997年版の監督者名鑑では、諏訪敦彦——すわのぶひろ——の名前は「すわあつひこ」となっている）。通常、名前の読みかたについて信頼できる情報源の国会図書館は、諏訪の名前をまちがえてはいないものの、牛原虚彦——うしはらきよひこ——に誤りがあったり（「きょひこ」となっている）、また監督や脚本家以外の名前をほとんど紹介していなかったりする。日本の研究者は名前の正しい読みかたにあまり注

意を払わないが、日本語以外で情報をやりとりする際には不可欠だ。基本的な情報を検証するために、複数の情報源にあたるのは研究者の責務である。

　率直に言えば、日本映画という山を登るのは簡単なことではなく、しかも残念なことに、これをこなすのに時間や労力を惜しむ研究者があまりにも多い。日本映画についての優れた論を展開してはいるのだが、基本的な誤りを含んだ論考が数あるというのはその結果だ。疑うことを知らない読者が、そのまちがった情報を事実として利用し、広めてしまう。こうしたことはこの研究分野のダメージとなるだけだ。

　しかしながら、情報源の乏しさが、かえって創造性にあふれた情報源の作成や研究者間でより大きな協力体制を整えるための余地を残してきたということもあった。研究にのしかかる重石と、手にした情報を分け合うための模索を協働的に発展させてきたことは、日本映画研究の難しさがもたらしたひとつの帰結だった。知識とそれを獲得する方法が、あたかも秘術のように伝えられる、旧態依然とした門外不出の師弟関係で営まれている研究者の場も、まだいくぶんかは残っている。

　その一方、古い雑誌の目次のコピーなどを共用していた若い日本映画研究者のグループがはじめたキネマクラブのようなプロジェクト（227頁）は、資金面での苦労が絶えなかったものの、革新的で、とても公共的なものだった。そこに参加していた私たちは、いつもそれが、日本映画を研究するためだけでなく、映画や日本についての研究を――大学教育制度の一学問として望まれるかたちで――推進してゆくひな形として役立てられることを願ってきた。

　本書は、いろいろな意味で、そのキネマクラブのプロジェクトから継続したものだ。実際、この本の執筆は別々にはじめられていて、私（アーロン）は書誌情報に集中していたが、マーク・ノーネスがその網を拡げるよう努めてきた。米国の大学制度で昇進するのに必要とされる、信頼される知識を各々がただ一人で司るべく、協力を拒むことも私たちにはできた。日本の研究者界隈にいる大勢が自らの権威の維持を目的に隠匿し続けている情報源や知識を、私たちだって独占してしまおうとプロジェクトを止めることもできたのだ。だがその代わりに、私たち二人は、それぞれがもつ別々の情報源を結集することを選んだ。

この決断がきわめて大きな利益をこの本にもたらしているのだ。

　私たちが目指すのは、ただ単に、学生や研究者が、その日本映画研究の困難の中を分け入っていくのに役立つサバイバルガイドを作ろうということではない。研究のそうした状況や、ある点では、研究の意義や内容に変化をもたらすためのプログラムを生みだすことまでを目指している。私たちが望むのは、この研究領域の定義を変えることである。だがそれを、誰もが読まなければならないカノン（必読書）を掲げることによって、トップダウンで上から下に命じるように行うのではなく、日本映画を愛する私たち全員に、その情動や情熱を、映画というメディウム自体を注意深く具体的に見つめるように働きかけることによって、ボトムアップのやり方で行いたいのだ。

　まさしく、それこそが集団的な取り組みを具体的な形に結実しえるのだから、この方法ならば、障害物がこの上なく重たかろうが、少しずつでも動かしてゆくことができる。私たちは、吉本に倣い、日本映画の研究が、文化や学術界、学問領域の定義を変化させることに役立つと強く確信している。なぜなら、ある意味で、日本映画について研究することは、彼らの築き上げたイデオロギーに脅威をもたらすがゆえに、しばしばこうした制度から排除されてきたからだ。しかし、このことは単なる理論的な問題ではない。日本映画を研究することは、詰まるところ、私たちを圧するその状況に対し、私たち自身が不満を抱き抵抗すること、つまり実践を基にして確立されなければならない。大勢いればいるほど、私たちには有益である。その困窮した状況を変えることができ、日本映画研究という、時に苛立たしくなるほどの山を、私たち全員が登りゆく助けとなりうるのは、批評的な重みをもった私たちの協働的な取り組みだけなのだから。

このガイドを利用するための手引き

　本書は、日本映画研究の領域でもはじめてのものであり、映画、人文学、日本研究のいずれにおいてもあまり見られないものだ。まさにこの存在自体が、日

本映画を研究することの特質や、その調査研究の状況について多くを語る。私たちは、日本映画に興味を抱いた人たちが、その奥深く厳しいながらも、豊穣で変化に満ちた世界を探求するのに役立つ、公共機関・施設や情報源を紹介するよう努めてきた。

第1章では、映画をみたり、映画に関して遺された史料やデジタル資料に（も）接したりすることのできる、アーカイブや図書館を紹介する。第2章では、古書店や古本屋に関する、ネット上のものも、そうでないものも両方含めた情報を扱う。自ら購入したり図書館蔵書に加えたりするために、映画の書籍や雑誌を見つけ出したいひとは、そこで掘り出し物を見つけられるかもしれない。本書でもっとも大きな割合を占めている第3章では、書誌情報に紙面を割いた。日本映画に関するすべての書籍を取り上げたわけではないが、いろいろな分野の研究者や、彼らが抱く疑問に対して参照すべき情報を提供する、鍵となる著作の情報を挙げた。第4章は、重要なオンライン資料の一覧を挙げ、最後の章では、頻繁に尋ねられる日本映画の調査研究についての質問に対する回答を試みた。

本書では情報を網羅しようとはしていない。それでも、数々の書籍、雑誌、図書館、アーカイブを取り上げており、そうしたものを利用する際にしばしばつきまとう困難を解決するには十分だと思われる。私たちが試みたのは、辻恭平による文献史（108頁）の英語版を書くことではない。この狙いは、日本映画研究の"玄関"、すなわちそこにある、きわめて豊穣な映画に関わる知のアーカイブを渉猟してゆく入り口となることにある。

日本映画研究が異例なポジションにあるのだとすれば、このガイドが異例なのもまた必然だ。私たちが20年間日本映画の研究に真摯に向き合ったなかで、その調査につきまとったおびただしい困難に、個々人で対応してゆく必要があったのと同じように、いうなれば、利用者が本書を彼／彼女らの必要性に基づき、それに応じて使用できるように、このガイドではそうした問題に対して個人的な視点をはっきりと示すことに努めた。それゆえ、本書では数々の困難や苦労したエピソードをいくつも提示した。これが読者にとってもひとつのレッスンとなることが望まれる。また、この個人的な視点は、私たちが学術分野の博学権威のように、すべてをカバーしようとはしなかったことを意味するもの

でもある。

なぜ、私たちが、他のものではなく、その本を選んだのかとか、自分がひいきにしているアーカイブが、どうして「その他」に格付けされているのか、などと疑問に思うひともいるだろう。だが、この学問について、よりはっきりとしたヴィジョンを示そうとするこの試みは、私たちの立ち位置からはじまらざるをえない。私たちが望むのは、将来には、他の研究者やこのガイドの読者との協働によって、この学問に対する観念がより詳しいものになってゆくことだ。ここで取り入れたのは、私たちが経験から重要だと思ったものである。当然、参考図書として書誌情報に入れた出版物の範囲は広い。日本映画研究において、辞書や百科事典のような従来の参考図書が比較的少ないとすれば、研究者はさまざまな資料を広範囲に当たらなければならない。技術的には、ほとんど何でも役には立つのだが、ここでは、広範囲にわたる利用者がさまざまな調査目的に応じて、基本的で信頼できる情報を手にするのに参考となるものに絞っている。

本書に含め、また除外したものに対しては私たちに責任があり、その作品が除外されてしまった同業者の方々には謝らなければならない。全体を通して力点は映画研究におかれている。もし興味を持たれる方がいれば、テレビや他のニューメディアに関しては、本書のアップデート版ができるまで待っていただかなければならないだろう。

各章では、その章全体とともに、個別の重要な項目についても解説を付している。多くの章では、自分の役にもっとも立つものとしてはどれが最適なのかが、利用者にわかることを優先させた。そのために各項目は、広く「ザ・ベスト」と「その他」にランク分けされている。さらにその中で、一緒にしておく必要のある類似性の強いもの（同じ歴史書の異なる版など）や、もしくは年代順に並べておくほうが筋の通ることがないかぎり、各項目は50音順に並んでいる。それでも渉猟してゆくのには難しく感じるひともいるかもしれないので、巻末に基本的な索引もつけておいた。

アーカイブや図書館、古書店／古本屋に関しては、電話番号やメールアドレスも含め、最新の問い合わせ先情報を示すように努めた。掲載した電話番号は、

その国からかける場合のもので（国別番号は付していない）、日本語のサイトがない場合の英語ウェブサイトは、その時点で利用可能なものを掲載した。この情報のいくつかは、時が経つと共に変わってゆくことは避けようがない。だが、たとえ名称変更や移転があったとしても、読者自身でその場所がさがし出せるくらいには、十分なデータを挙げられていれば幸いである。

　多くの場合、正確さや見やすさ、一貫性を保つために、主要図書館の所蔵目録を参考にしている。その項目は、プロの司書士が作成するようなものとは合致しないかも知れない（たとえば、年号によった日付のすべてを西暦に書き換えているように）。だが、これらすべての記載事項は、主要な図書館での検索に利用することが可能だ。私たちは、双方とも、自分の所属する大学や他の機関の図書館員に助けられ格別のご高配をたまわった。それゆえ、感謝のひとつのかたちとして、本書が世界中の図書館員や司書の方々にとって、彼らの研究資料の充実に必要な書籍選びに役立つことを、私たちは願っている。私たちが作った書誌情報は日本映画研究のカノンではなく、探求を開始する場なのだ。

　数多くの図書館司書の手助けが得られたのと同様に、本書の初稿段階で関わった多くの同僚や学生からも助言や示唆をいただくことができた。私たち自らの活動の場は、私たち皆が、自ら集まって形作られているのだと感じる。まさにこのガイドが、著者という観点で協働プロジェクトであるように、未来の形は、私たちの共同の取り組みにかかっているのだと確信している。

第1章
アーカイブ・図書館

ザ・ベスト

　以下にあるアーカイブ・図書館は、どこであれ、いずれも日本映画を研究するうえで核をなす情報源となる。日本映画関連の書籍を集めている優れた海外コレクションのうち、このリストから外したものもいくつかある――おそらくミシガン大学、トロント大学、アイオワ大学などがこれにあたる。これらの大学コレクションは、基本的にオンライン検索が可能で、遠方からでも図書館間相互貸借（ILL）を通して取り寄せることができるからだ。最近、監督や俳優の記念館の設立が多くなってきたが、研究者のための資料閲覧制度がないところは割愛した。

アメリカ議会図書館

The Library of Congress（LOC）

Motion Picture and Television Reading Room

101 Independence Ave. SE, James Madison Building, LM336,

Washington, D.C. 20540-4690, U.S.A.

Phone: 202-707-8572／Fax: 202-707-2371

Email: 問い合わせフォームを利用

Web: www.loc.gov/rr/mopic/（英語）

　接収外国映画コレクション（The Captured Foreign Films Collection）には、重要な日本映画のコレクションが含まれており、そこにはおよそ200本の長編映画と700本の教育映画、それに数えきれないほど多くの日本のニュース映画が収蔵されている。これらは、比較となるアメリカ国立公文書記録管理局（21頁）の接収記録群（Captured Records Group）よりもはるかに大きい。形の上では、北米で戦前の日本映画フィルムを見ようと思ったら議会図書館が最も便利である。ここには珍しい作品がいくつもあるし、無料で、しかもスティーンベックを使ってフィルムを見られるためだ。

　ただし問題点もある。日本映画にかぎらず、フィルムを見ることができるのは研究者に限定されており、かなり前から予約をしておかなければならない。だ

が、これにもまして厄介なのは、日本のコレクションは目録化が十分にされていないということだ。オンラインでのアクセスはできないし、閲覧室で見られるカード式の目録にも誤りがある（以前に、大量のコレクションをアーロンが寄贈したこともあるというのにだ！）。では、議会図書館に何があるのか知りたかったら、どうすればよいのだろうか？

ひとつには、ノエル・バーチやデイヴィッド・ボードウェルなど、早期から日本映画を研究していた学者が、その著作で戦前のどの映画を参照しているのかを確認するという手がある。なぜなら、こうした研究者は多くの作品を議会図書館で見ており、また仮に日本で見た作品があったとしても、1970年代から80年代初めにフィルムセンターが所蔵していた戦前のコレクションは、60年代後半に返還された接収映画を中心としているからだ。

フィルムもしくはビデオの戦後作品は見つけるのがもっと簡単で、その大半は著作権登録のための納本で寄贈されている。所蔵数についての統計はないが、その量は膨大だ。目録に登録されている日本語のフィルムプリントとビデオは500本を超えるが、議会図書館側が言うところによれば、これ以上の数があることはまちがいないらしい。そのうちの一部は、Moving Image Collection (imtcdrupal.imtc.gatech.edu/content/moving-image-collections-mic) 上でも検索できる。

議会図書館には、日本映画に関する書籍の大規模なコレクションもある。また、戦前に多くの省庁が発行した、日本の政府文書を大量に収集していることは言うまでもない。

アメリカ国立公文書記録管理局

National Archives and Records Administration（NARA）

Motion Picture, Sound, and Video Research Room

National Archives at College Park, 8601 Adelphi Road

College Park, MD 20740-6001, U.S.A.

Phone: 301-837-0526

Email: mopix@nara.gov

Web: www.archives.gov/dc-metro/college-park/visit-motion-picture-room.html（英語）

アメリカ国立公文書記録管理局（以下NARA）は、米国政府によるアーカイブだ。原則的に、合衆国政府の記録資料はパブリックドメインである。機密扱いの資料以外はここに保管され、誰もが自由に利用できる。フラットベッド編集機の画面をビデオカメラで撮影して、フィルムをダビングすることさえ可能だ。ここにある資料は――紙のものであれ、スチル写真であれフィルムであれ――一般市民のものなのだから、アーカイブ担当者が保存の観点から禁止したことを除けば、役人であっても資料の取り扱いに口を出すことはできない。

米国政府のアーカイブが、日本映画を研究するにあたり重要な施設になるのはなぜか？　ひとつは、合衆国が第二次大戦中の敵国である日本を詳細に研究していたからだ。加えて日本は、1945年から1952年まで（沖縄については1972年まで）、アメリカにとって非常に重要な占領地域であったし、さらに1945年から1949年にかけて、アメリカはあらゆる映画作品と映画製作会社に対し、熱心に検閲を行っていたという理由もある。これらあらゆるところから押収された記録は、メリーランドにあるアーカイブで保存されている（プランゲ文庫のすぐ近くに付設されている）。

占領期の日本映画産業について管理責任を負っていた部署は二つあり、一つは民間のもの、もう一つは連合国軍のものだ。オンライン公開カタログ（Online Public Access CatalogまたはOPA）は、訳がわからなくなるような代物だが、レコードナンバーがあれば、資料をさがすのがいくらかは楽になるはずだ。たとえば、民間情報教育局（登録番号：61850、現地番号：331）、民間検閲局（登録番号：486860）がある。最後に付け加えておけば、インターネット上ではレコードグループに関する説明以外の情報がごくわずかなので、ワシントンを直接訪れることも必要であろう。

このコレクション――記録資料からメモからシナリオまで、あらゆるものが含まれている――に何があるのかをおおまかに知りたければ、平野共余子『天皇と接吻――アメリカ占領下の日本映画検閲』（草思社、1998年）〔Kyoko Hirano. *Mr. Smith Goes to Tokyo: The Japanese Cinema Under the American Occupation, 1945–1952*. Washington: Smithsonian Institution Press, 1992〕を読んでみよう。この本は占領期に関する優れた歴史研究である。日本映画のアーカイブ資料がもっとも豊富に残

る時代だということを考慮しても、平野の書籍が後に続く研究の礎になったことはまちがいない。

　NARAは、数は多くないものの、重要な日本のフィルムも所蔵しており、なかでも日米合同制作の『広島・長崎における原子爆弾の影響』は特筆に値する。また、第二次大戦中に連合国軍が日本に勝利した際に、各地域の撮影所や映画館から「接収」してきたフィルムプリントも収蔵されている。こうしたプリントはアメリカ本国へと送られて研究され、プロパガンダ用ドキュメンタリーの素材として再利用された。大量の『日本ニュース』もあり（NHK戦争証言アーカイブスでも公開。221頁参照）、なかには日本語以外のアジア言語版も含まれている。また、1930年代から40年代初頭の有名なドキュメンタリーもある程度所蔵している。

　こうしたフィルムについては、日本で見るよりもNARAで見るほうがアクセスしやすい。日本だと、NHKは断片でしか販売してくれないので、見れば見るだけお金がかかるし、フィルムセンターも30分毎に料金を払わなければならない（もし日本で見るならば、川崎市市民ミュージアム：27頁か、昭和館：70頁へ行くべきだ）。フィルムの大半は、外国語資料押収物コレクション軍事情報部門（The Collection of Foreign Records Seized of the Military Intelligence Division, 現地番号242MID）に納められている。ちなみにアメリカ議会図書館（20頁）には、さらに多くのフィルムが納められている。

　NARAが所蔵している占領期のフィルムは、文字通り数千本におよぶ。このなかには、1945年から1952年までの占領期に撮影された、16mmカラーフィルムのすばらしいコレクションがあり、その大半は、米国戦略爆撃調査団（米国戦略爆撃調査団文書 rnavi.ndl.go.jp/kensei/entry/USB.phpを参照）のもとでハリー三村（三村明）が撮影したものだ。こうしたフィルムの大半は編集前の映像素材である――そして、近代史において日本が直面したなかでも、最も決定的な瞬間を写し取った、生々しい記録でもある。

　また、アメリカは戦時期から占領期まで、沖縄で2,000本を超える16mmフィルムを撮影しており、すべての目録化は完了していないが、67頁におよぶ冊子体の索引は存在している（申請をすれば、NARAはこの冊子を見せてくれるだろう）。

フィルムは32のレコードグループに分けられている。こうした記録物の調査には、数多くの未編集映像の日本への送還を進めた、沖縄県公文書館発行の仲本和彦の論文（194頁）からはじめるとよい。

　NARAの唯一の問題点は、電子カタログにある。OPAという名前なのだが、使っているとストレスがたまるばかりの代物だ。古いカード式の目録から何か重要な日本のフィルムを見つけたとしても、OPAの検索には引っかからないことがある。もしNARAにあることがわかっている作品の場合には、臨機応変にさがしてくれるよう依頼をすることができる。NARAのアーカイブ担当者は所蔵資料のことをよく知っており、直接訪れても電話でも、とても親切に対応をしてくれるのが幸いだ。

　NARAの資料は、対象とする時代が比較的限定されている。フィルムの多くは未編集のラッシュフィルムで、紙資料は検閲や行政関係の研究にもっとも適している。しかしながら、ここは撮影所の記録を研究者がみることのできる数少ない場所であり、そのような制限された資料に関するNARAの重要性は計り知れない。

イメージフォーラム

〒150-0002 東京都渋谷区渋谷2-10-2

電話：03-5766-0116／ファックス：03-5466-0054

メール：info@imageforum.co.jp

ウェブサイト：www.imageforum.co.jp

　イメージフォーラムが日本の実験映画に関するもっとも重要な組織であることはまちがいない。その歴史は1960年代後半、日本アンダーグラウンド・センターまで遡ることができる。寺山修司とも強いつながりを持っており、数年をかけてその礎を築いたのは、実験映像作家のかわなかのぶひろと妻の富山加津江だった。イメージフォーラムという名称になったのは1977年。この組織はシネマテークとしてだけでなく、出版社や小規模の映画学校としての役割も持つ。映画学校からは望月六郎や大木裕之などの映像作家を輩出している。年に一度、東京をはじめ福岡、大阪、横浜、名古屋など、さまざまな場所で映画祭を催し

ており、日本の実験映画とビデオ作品業界にとって中心的な存在となっている。

　イメージフォーラムは長らく東京・四谷にあったが、1999年に渋谷へ拠点を移し、自前の映画館を持つことになった。このように、イメージフォーラムは調査機関ではないが、その映画祭とシネマテークは、すばらしい実験的作品と出会うための貴重な場所であり続けている。他方で、配給も行っており、もし実験的な作品を見たり上映したりしたいと思ったら、まずは連絡を取ってみるべきだ。ただし、イメージフォーラムが日本の実験映画界すべてを代表しているわけではないということは念頭においたほうがよい。イメージフォーラムに否定的な団体や、アンチの立場を掲げる団体もあり、こうした団体の活動も考慮に入れるべきだ。

川喜多記念映画文化財団

〒102-0082 東京都千代田区 1-18 川喜多メモリアルビル

電話：03-3265-3281／ファックス：03-3265-3276

メール：info@kawakita-film.or.jp

ウェブサイト：www.kawakita-film.or.jp

コピー料金：100円／枚（学生は60円／枚）

鎌倉市川喜多映画記念館

〒248-0005 神奈川県鎌倉市雪ノ下 2-2-12

電話：0467-23-2500／ファックス：0467-23-2503

メール：問い合わせフォームを利用

ウェブサイト：www.kamakura-kawakita.org

　公益財団法人川喜多記念映画文化財団はもともと、フィルムライブラリー助成協議会として1960年に設立された。設立者は川喜多かしこと、その夫で映画配給会社東和映画の社長を務めた川喜多長政である。海外の芸術映画を日本に持ち込むことと、日本映画を海外へと紹介していくこと、その双方において二人は重要な存在であった。

　川喜多記念映画文化財団は、コレクションの映画を字幕付きで上映してくれたり、スチル写真などの資料を見せてくれたりと、海外の研究者にとっては研

究の手助けになってくれる、なくてはならない情報源だった。財団では、いまでもこうした試みを行っているが、大手の撮影所があらゆる方面において自社の権利を主張するようになった現代では、以前の便利さは失われつつある。もちろん現在でも財団のコレクションは膨大で、映画雑誌（特に戦前の雑誌については、他では決して読めないものもある）、20,000部のプレスシート、10,000枚のポスター、映画39,000本分のスチル写真、8,000冊の書籍、約7,000冊のパンフレット、それに国際映画祭のカタログもある（非常に珍しいものだ）。フィルムも大量に所蔵している。しかし今日では、こうした資料の多くはオンライン上で検索できて、開架でもすぐに利用できるコレクションが他機関にもある。

今は手に入らなくなってしまっているが、財団が所蔵している映画の目録が1980年代初頭に出版されている（『財団法人川喜多記念映画文化財団蔵書目録 和書の部』川喜多記念映画文化財団、1982年）。この財団の蔵書はそれほど珍しいものではないが、小津に関する資料（例として、「川喜多記念映画文化財団保管資料リスト」『東京大学総合研究博物館 デジタル小津安二郎』www.um.u-tokyo.ac.jp/japanese/publish_db/1999ozu/japanese/14.htmlを参照）の他、寄贈を受けたコレクションも所蔵しており、なかには映画批評家の淀川長治や、野口久光から提供されたものもある。おそらく、財団が所蔵する最も価値ある資料とは、川喜多夫妻自身によって配給されたフィルムだろう。ぜひとも、このコレクションに何があるのかと尋ねてみてほしい。うれしいサプライズがあるはずだ。

川喜多記念映画文化財団のコレクションには、いまでも現像され続けているフィルムもある。しかし、古い映画で著作権がとうに切れてしまったものでもないかぎり、映画会社の許可を得なければ（現在では通常の場合、料金が発生する）日本映画のスチル写真を気軽に手に入れることはできなくなりつつある。スチル写真には700円もの料金（ネガ無しだと1,700円）がかかる。また、調査のためのフィルム上映に応じてくれることはほとんどない。ただし所属する大学からの一筆があれば、上映してくれる場合もあるにはある（料金はかからない）。

資料の大半は施設内で閲覧できるが、現在どの資料が閉架になっているのかは、事前に確認しておくことをおすすめする（川喜多夫妻が配給した映画に関するファイルは倉庫に入っており、事前連絡が必要になる）。さらに、掘り出しものが見つか

ることもよくあるが、コピーをとるためには1枚100円もかかるので（学生は60円）、川喜多記念映画文化財団は、他ではどうしても見つけられない資料があるときに、はじめて訪れるべき場所といえる。平日の13時から17時までしか開館していないことも記しておこう。

　2010年4月、川喜多記念映画文化財団は、川喜多夫妻の旧宅跡に鎌倉市川喜多映画記念館を開設した。企画展とそれに関連する映画の上映を主目的とする施設であり、映画にまつわる資料が展示されている。小さな閲覧室があり、映画の本と雑誌が何冊かあるが、東京のオフィスとくらべられるようなものではない。記念館は観覧料がかかり、映画鑑賞券も別料金になっている（鑑賞券で展示閲覧も可）。

川崎市市民ミュージアム

〒211-0052 神奈川県川崎市中原区等々力1-2

電話：044-754-4500／ファックス：044-754-4533

メール：gakugei@kawasaki-museum.jp

ウェブサイト：www.kawasaki-museum.jp

　川崎市市民ミュージアムは1988年に設立された。ある土地の芸術、歴史、文化を紹介する目的で──いわば「ふるさと」を紹介する目的で──建てられた博物館は全国に数多くあり、このミュージアムもそのひとつではある。だが、川崎市にまつわる考古学的資料を調査し、保存するという役割を果たしながらも、市民ミュージアムは多くの地方博物館と異なり、国全体を視野に入れて、とくに映画、マンガ、ビデオのような、無視されることも多い大衆芸術に力を入れたコレクションを築き上げてきた。

　市民ミュージアムの定期映画上映は、週末に行われることが多く、回顧上映の開催場所として有名だ（料金も、フィルムセンターと同じくらいに手頃な場合が多い）。また、大衆文化にまつわるトピックに焦点を当てた、とても面白い展覧会をよく開催している。交通の便があまりよくないのが難点だが、関東地方にある映画関係の施設のなかでは非常に重要な場所のひとつで、足を運ぶ価値はあると断言しよう。アーロンは、初めて日本に滞在した夏に、川崎市市民ミュージア

ムで実際に毎週末を過ごしていた。だから、このミュージアムは彼にとって映画にまつわる「ふるさと」のひとつになっているのだ。

　川崎市市民ミュージアムは、牧野守や奥村賢のような、重要な映画史家を担当学芸員としてむかえてきたことで、とくにドキュメンタリーとビデオアートに強みをもつ、意義深い調査資料コレクションを築いてきた。ついこの間までは、誰もが予約なしに、新しい映画でも古い映画でも大きな視聴覚室を使って見ることができたため、ビデオで映画を見ようと思ったとき、TSUTAYAや大学の図書館に行くことができなかったなら、このミュージアムは最高の施設だったのだ。サービスは大幅に縮小されたとはいえ、今でも研究者や近所に住むひとは、ビデオで多くの作品を見ることができるし、予約なしでも問題がないこともある。

　コレクションのうちでとくに強い分野は、ドキュメンタリー関連（戦時期の『日本ニュース』、『神奈川ニュース』のニュース映画、テレビドキュメンタリーを集めた牛山純一コレクション、GHQによる占領期のフィルムなど）、ビデオアート関連（日本初のビデオアートギャラリーで上映された作品を集めた、SCANコレクション）、テレビコマーシャル関連（現在でも収集が続けられている）である。商業的な作品のDVDとビデオも多くあり、そちらも見ることができる。

　川崎市市民ミュージアムでは、300本を超える35mmフィルムを収蔵しており、ATG、近代映画協会、劇団民芸、アルゴピクチャーズなど、独立系製作会社の作品に焦点が当てられているが、研究者にこうした作品を見せるサービスは行っていない（定期映画上映にかかるのを待つか、権利者から許可を得たうえでフィルムプリントを借り出し、自分で上映するしかない）。一方で、2,500本を超える16mmプリントのコレクションはスティーンベックを使って見せてもらうことができるため、利用はより簡単だ。こちらも、焦点はドキュメンタリーに当てられていて、亀井文夫やプロキノ、小川紳介、土本典昭、松本俊夫の作品が多数あり、また教育映画やアニメーションも多く所蔵している（最新の情報ではないものの、1988年時点で所蔵していた168本分のフィルムのリストも出版されている：『映画・ビデオ作品収集目録1989・3』、『川崎市市民ミュージアム収蔵映画図録』、194頁）。

　こうした作品を見るためには、事前に申し込みをしておかなければならない

が（映画・ビデオ担当の学芸員に、メールかファックスでまず連絡を取ろう）、料金はかからない。外国映画も多く所蔵しているが、オンライン上の蔵書検索サービスから検索できるのは日本映画のプリントだけだ。

　映画に関連する印刷物のコレクションは、フィルムのコレクションとは異なり、関東にあるほかの施設とくらべて充実しているとは言えない（ただし、マンガ関連の分野についてはこのかぎりではない）。約2,500冊の蔵書は、映画批評と映画スターに焦点を当てたものが大半であり、開架と閉架に分かれている。特別なコレクションとしては、戦中および戦後の劇場パンフレット多数と（現地では蔵書検索サービスで検索ができる）、約500枚の戦後のポスターの他、ニュース映画社など、PR映画会社に関する膨大な量の製作関連資料もある。個人資料としては、美術監督の久保一雄と木村威夫、脚本家の井手雅人、それに映画監督の神代辰巳のコレクションを所蔵している。

京都府京都文化博物館

〒604-8183 京都府京都市中京区三条高倉

電話：075-222-0888／ファックス：075-222-0889

メール：office@bunpaku.or.jp

ウェブサイト：www.bunpaku.or.jp

　京都府京都文化博物館は「文博」とも呼ばれている。書籍と雑誌およびフィルムのすばらしいコレクションをはじめたのは1971年、フィルムライブラリー設立は1988年のことである。長年にわたり、京都文化博物館の収集対象はひとつに絞られていた。非常に規模の大きな、伊藤大輔監督のすばらしい個人資料である。映画研究者の板倉史明が資料の目録化に当たったのだが、板倉によれば、伊藤個人の文庫だけで、7,489冊の書籍と10,000冊の雑誌に加え、その他50箱分の収集品があるという。この50箱のなかには、伊藤自身のメモや、さまざまなシナリオ台本（伊藤が実際に撮影で使っていたものもある）、スチル写真などが収められている。

　設立から現在に至るまでに、文博に資料を寄贈する京都の映画作家の数は増え続けている。有名なところでは、映画評論家の荻昌弘、映画監督の山中貞雄、

森一生、坂根田鶴子、脚本家の結束信二と寿々喜多呂九平、映画資料コレクターの岡田一人、録音技師の倉嶋暢に関するコレクションがある。300,000点を超える資料からなるこのコレクションは、ため息がでるほどだ。そこには牧野省三のデスマスク、山中貞雄が学生時代に使った、チャンバラの場面を余白にぱらぱらマンガで書き込んだ英和辞典などがある。文博には温度と湿度を調整した収蔵庫があり、そこに800近くのフィルムを保管しているほか、大映製作作品に関する録音テープ原盤の大規模なコレクションも所蔵している。

問題は、予算の削減をはじめ、いくつかの要因により、これまで一般に開放していた図書室が閉鎖になったことだ。かつてはDVDやビデオで一般の人も映画を見ることができる、日本でも数少ない施設だったのだが、それが今ではもう叶わない。学芸員が正直に伝えてくれたところによると、現状では、資料を見せてもらいたいという要望にはほとんど応えることができないのだという。そのための設備も人手もないからだ。こうした理由で、文博を利用するべき状況は、他のあらゆる場所を調べ尽くし、そのうえで文博にしかない資料が必要な場合にかぎられてくる。残念ながら、誤った政策によってすばらしい文化施設がどうなるのかの顛末が文博なのだ。

文博についてさらに知りたい場合には、森脇清隆「日本のフィルム・アーカイヴ5——京都府京都文化博物館（映像部門）」『NFCニューズレター』25号、1999年5月–6月、13–15頁）および、以前に文博が出版したすばらしい展覧会カタログ『KYOTO映像フェスタ——フィルム・ルネッサンス：夢とロマンでつづる』（京都文化博物館、2003年）を参照のこと。

神戸映画資料館

〒653-0036 兵庫県神戸市長田区腕塚町5-5-1 アスタくにづか1番館北棟2F201

電話／ファックス：078-754-8039

メール：info@kobe-eiga.net

ウェブサイト：kobe-eiga.net

プラネット映画資料図書館

〒530-0028 大阪府大阪市北区万歳町3-41 城野ビル206

電話：06-6364-2165／ファックス：06-6312-8232
メール：planet1@m11.alpha-net.ne.jp
ウェブサイト：www.maroon.dti.ne.jp/planet/

　プラネットは、関西の映画文化にとって欠かすことのできない場所で、関西地方で映画研究をするうえでは、もっとも重要な情報源のひとつである。まちがいなく、日本でもっとも型破りなアーカイブだ。

　1974年にフィルムライブラリーとして設立され、安井喜雄の指揮のもとで着実に規模を拡大させてきた。1995年には独立系の映画上映運動の一環としてミニシアターを開設し、一年を通して多岐にわたる内容の上映スケジュールを組んでいる。ありとあらゆる形態で10,000本近い映画作品を所蔵しており、また10,000冊の書籍と雑誌、10,000枚のポスター、その他にもさまざまな資料がコレクションに含まれる。プラネットは、このコレクションを相当に型破りなやり方で収集してきた。ここは関西映画文化の主要拠点のひとつだったので、長年にわたって多くの映画作家やファンから寄贈を受けた。また配給会社や劇場の経営が成り立たなくなると、安井が機材や記録物を買い取ったり、無償で寄贈を受けたりもした。プラネットの映画館は、経営が行き詰まった劇場から集めた機材を組み合わせて作られているのだ。

　2007年、コレクションの大半は新設の神戸映画資料館に移された。神戸映画資料館もプラネットと同じく安井が運営しており、1995年に起きた震災からの復興事業の一環として、神戸市からいくらかの支援も得た。現在、大阪に残されているのは、コレクションの核になる資料と雑誌何点かのみだ。新しいアーカイブには、38席のシアターとカフェ、それに資料室が併設されている。

　プラネットは日本でもっとも利用しやすいコレクションだが、同時にもっとも利用しにくいコレクションでもある。たいていの場合、資料を必要としている研究者がいれば、安井は快く手助けをしてくれる。制約が非常に多いフィルムセンターとは対照的であり、複写のために雑誌の現物を近所のコピー店まで持ち出したいと言っても、安井ならば許可してくれるだろう。プラネットは、お堅い部分がこの国でもっとも少ない友好的な施設なのだ。

　残念なことに不便な点もある。たしかに神戸へと移ったことで、書類とフィ

ルムを保管するために都合の良い設備を整えることはできた。しかし、資料館の分類システムは大きく3つのカテゴリーにしか分けられていない——フィルムの場所、機材の場所、書類の場所である。それぞれの場所は、かたつむりのような空間になっている——迷路のようで、なんとか通り抜けできるだけの幅しかない。つまり、資料へのアクセスに問題があるのだ——安井が覚えていなければ、その資料はもう存在していないも同然である。神戸映画資料館では、コンピューターで利用できるカタログを作成中だが、ほとんどの資料は、いまだに箱や紙の束のなかだ。

何か質問があれば、連絡を取ってみる価値はあると断言できる。神戸映画資料館では、質問に対してできるかぎりの答えをくれることだろう。ここには珍しい資料が数多くある。なかでも関西での映画製作、配給、興行についての資料はとくに多い。安井は関西映画界について多くのことを知っているし、アニメーションとドキュメンタリー全般についてもとても詳しい。これらすべてを考えると、プラネットはすばらしい施設だが、同時に当たり外れの大きい施設であるとも言えるのだ。

国立国会図書館（NDL）

〔東京本館〕

〒100-8924 東京都千代田区永田町1-10-1

電話：03-3581-2331

〔関西館〕

〒619-0287 京都府相楽郡精華町精華台8-1-3

電話：0774-98-1200

ウェブサイト：www.ndl.go.jp

日本映画研究者にとって国立国会図書館は多種多様な情報を得られる場所だ。ここで作業をしていると、スローモーションで進む一場面のなかにいるような気持ちになることがある。本を取り出してもらうのにはえらく時間がかかるし、複写料金の高さにはイライラさせられる。おまけにカフェテリアの食事はひどい。こうしたわけで、他の施設での調査を選ぶ研究者は多いのだが、国会図書

館は避けて通るべきではない。研究の種類によっては絶対に外せない施設となるからだ。

　国会図書館にある資料の中心は、書籍と定期刊行物だと言える。1948年の開館以降、日本で刊行された出版物はすべて、この国立の図書館に納められている。賭けてもいいが、大抵の場合、さがしている本はこの図書館で見つかるはずだ。戦後に出版されたもので、マンガとポルノ以外（一部はあるが）であれば、ほぼまちがいなく国会図書館が所蔵しているだろう。ただし有名でない新聞・雑誌など、とくに戦前のものについては事情が異なる。また、国会図書館は日本全国の新聞を大量に所蔵する。こうした新聞には、各地域の映画興行や映画文化についての情報が非常に多く掲載されている。

　あまり知られていないが、国会図書館の一角に音楽・映像資料室がある。2000年に国立国会図書館法が改正され、音楽作品や映画作品を出版する際にも、ここに出版物を納めなければならない制度になった。録音資料は戦前まで遡ることができるため（16,000枚のSP盤、100,000枚のEP盤、175,000枚のLP盤と337,000枚のCDを所蔵している）、音楽・映像資料室は映画のサウンドトラック盤をさがし出すためにはいちばんの場所だと言える。映像資料の収集をはじめたのはもっとあとになってからだが——国会図書館の見積もりによると、実際のところは、流通されたもののうち、たった6割ほどしか納本されてはいないらしい——コレクションはすでに膨大な規模におよんでいる。2014年の時点では、123,000点をLD、DVD、BDおよびVHSのかたちで所蔵。音楽・映像資料室にはブースが並んでおり、そこで資料の閲覧ができるようになっている。

　残念なことに、カタログは不十分で、監督やスタッフ、俳優や撮影所で検索することは難しい。関連づけられている項目はビデオのシリーズ名だけである。まずは発売されたタイトルでの検索を心がけるべきだ。音楽・映像資料室には、映画に関する基本的なレファレンスブックもあるにはあるのだが、十分なものとは言えない。

　政府文書を保管している憲政資料室も重要である。憲政資料室の資料でもっとも重要なものは、NARA（21頁）にある占領期の関係資料すべてを複写したマイクロフィルムである（GHQ／SCAP、USSBS、USCAR。詳細は以下のウェブサイト

を参照。民間情報教育局文書 rnavi.ndl.go.jp/kensei/entry/CIE.php)。占領期について調査しようと思えば、NARA よりも国会図書館のほうが、ひとつ決定的な点で適している。

NARA では、レコードグループとその中のボックスまでしか目録化されていないが、国会図書館ではボックスに入っている個別の資料すべての整理が事実上完了しているのだ。国会図書館のデータベースを使えば、資料をきわめて詳細に検索することができる。この電子化された資料のうち、約30,000点はネット閲覧が可能になった。それ以外の電子化された資料の閲覧は館内のみとなっている。しかし、電子化された映画関連の資料はまだ少ない。また、憲政資料室では、プランゲ文庫に収められている新聞と雑誌のコレクションをマイクロフィルムで読むこともできる。

国会図書館のウェブサイトには、映画に関する統計の調べかたが紹介されている（rnavi.ndl.go.jp/research_guide/entry/theme-honbun-101107.php)。ここには、本書に含まれていない情報源も載っているので、一見の価値はある。

日本にある政府文書所蔵機関にはデジタル化を進めているところもあるが、国会図書館でも興味深いデジタル化プロジェクトがいくつもはじまっている。なかでも、もっとも重要なのが明治時代の全書籍コレクションをデジタル化しようとするもので、このなかには日本で初めて出版された映画の本も含まれている。

国会図書館には関西地方にも関西館と呼ばれる分館があり、大阪と京都の間あたりの、街なかから離れた場所（京都府精華町）に位置している。ここには東京本館にある数多くの資料が、紙資料あるいはマイクロフィルムの形で複製保管されているため、関西圏在住のひとには役立つはずだ。また、科学技術関係やアジア関係など、東京にはない資料も所蔵し、さらに関西館のみ収集している政府文書もある。そのなかには、1983年から受け入れている科研費報告書などが含まれている。

加えて、日本で提出された博士論文すべてを読むことができる場所は関西館だけだ（東京本館に取り寄せ可能なこともある）。博士課程を修めた研究者が増えるにつれて、また、さらなる一次資料の調査が学問的に要求されるようになるに

つれて、博士論文はますます大きな情報源となるだろう。博士論文については、国会図書館のホームページ上に、専用のオンラインデータベースが公開されている。

　国立国会図書館には複写サービスがあり、料金さえ払えば、世界中どこの国に住んでいる研究者でも利用できることも最後に付け加えておきたい。ただし、初回には現地での利用登録が必要だ。

ゴードン・W・プランゲ文庫（メリーランド大学）

Gordon W. Prange Collection

University of Maryland

Hornbake Library North, Room 4200, 4130 Campus Drive

College Park, MD 20742, U.S.A.

Phone: 301-405-9348／Fax: 301-314-2447

Email: prangebunko@umd.edu

Web: www.lib.umd.edu/prange（英語）　※日本語サイトあり

　このアーカイブは、占領期に日本で出版された印刷物を集めた桁外れのコレクションだが、十分に活用されていない。ここに収められているのは、マッカーサーの民間検閲局によって検閲を受けた資料だ。

　メリーランド大学の歴史学教授であったゴードン・W・プランゲ（後に『トラトラトラ』を執筆）は、民間検閲局が接収した出版物が歴史的に重要なものであることを理解していた。そのため、日本のメディアへの検閲が公式に終了した1949年、彼はこれらの出版物すべてを、所属していたメリーランド大学へと移管する手続きをとった。プランゲのコレクションには、1945年から1949年にかけて日本で刊行された出版物がほぼすべて含まれている。コレクションの内訳は、18,047部の新聞、71,000冊の書籍とパンフレット、13,799冊の雑誌、報道機関が撮影した10,000枚の写真、90枚のポスター、それに640枚の地図である。また、検閲官の個人資料や、占領政府の内部文書も所蔵している。

　このコレクションが映画研究者にとって、たとえば新聞を使って地域の映画文化を調査する場合であっても、あるいは映画関係者の写真をさがす場合であ

っても、とてつもない情報源となることはすぐにわかるはずだ。私たちが数えたかぎり、プランゲ文庫には150種以上の映画雑誌・新聞などが収められている。早稲田大学にさえ、映画史全体を対象にしても169種の映画雑誌しかないというのにだ！　そしてこの上に、書籍と新聞、業界紙、パンフレット、広告のすべてが加わるのである。

　大ぜいの司書と書誌学者が、この膨大なコレクションの目録作成とマイクロフィルム化およびデジタル化に当たっている。今のところ、雑誌と新聞の目録化と索引作成は完了している。現在は、書籍を主題ごとに目録化・デジタル化する作業が進行中だ。

　ウェブサイトで児童書のコレクションを見ると、その充実した進み具合を味わえるだろう。また他方では、新聞や雑誌のマイクロフィルム化も行われてきた。複製資料は現地だけでなく、熊本学園大学、国際日本文化研究センター（日文研）、国立国会図書館、早稲田大学、ハーバード大学、カリフォルニア大学ロサンゼルス校、ミシガン大学、ペンシルヴァニア大学、イェール大学でも利用できる。マイクロフィルムとマイクロフィッシュには、検閲関係の資料が含まれていて、なかには検閲者自身が翻訳とコメントをつけているものもよくある。プランゲ文庫やハーバード大学、ミシガン大学ではすべて、学外の研究者に対して、コレクションを訪問調査するための助成金を用意していることは、覚えておくとよい。また最近では、多くのデジタル化された資料が国立国会図書館で館内閲覧できるようになっている。

　マイクロフィッシュの海に飛び込む前に、目を通しておくべき本は数多い。多くのアジア関連図書館は、これらの目録を所蔵している。たとえば、『メリーランド大学図書館所蔵ゴードン・W・プランゲ文庫雑誌目録』（New York: Norman Ross Pub., 2001）、Hisayo Murakami, *Catalogue of Kanagawa Prefecture Magazines, 1945–1949: Gordon W. Prange Collection* (College Park, MD: Gordon W. Prange Collection, University of Maryland at College Park Libraries, 1991)、奥泉栄三郎編『占領軍検閲雑誌目録・解題——メリーランド大学蔵昭和20年～昭和24年』（雄松堂書店、1982年）、野田朱実／坂口英子編『メリーランド大学図書館所蔵ゴードンW.プランゲ文庫教育図書目録——占領期検閲教育関係図書1945–1949』

（文生書院、2007年）、谷暎子編著『占領下の児童書検閲――プランゲ文庫・児童読み物に探る　資料編』（新読書社、2004年）などがある。最初に挙げた目録には、雑誌と新聞に関して、マイクロフィルム、マイクロフィッシュの整理番号がついているため、もっとも重要だ。映画に関する出版物だけの抽出はできないが、混在するもののなかからそれらを見つけ出すのは、たいして難しくない。

　これらの目録はたしかに便利ではある。だが、プランゲ文庫を利用する調査の第一段階でもっとも重要な情報源は、20世紀メディア情報データベース（20thdb.jp）だ。登録手続きを済ませれば、雑誌と新聞を驚くほどの細部まで検索することができる。仮に、占領期に原節子が何をしていたのか知りたいと思ったとする。彼女の名前を検索してみると、あらゆる種類の出版物から、記事、雑誌の表紙、広告など620件の項目が出てくる。検索結果には、記事タイトル、発行年月、出版情報、巻数／号数、頁数、それにもし関連する検閲資料があれば、それも列挙される。必要なマイクロフィルム、マイクロフィッシュの正確な巻数まで出てくる。

　これがどれほどすごいことなのか筆舌に尽くしがたいので、もうひとつ例を考えてみることにしよう。亀井文夫が占領期に書いたものを追跡調査しようと思ったとする。他の図書館やデータベースでも、時間はかかったとしても、『キネマ旬報』や『映画評論』といった主要雑誌に亀井が書いた記事を確実に見つけることはできる。その際、普通なら、ぺらぺらと目次をめくってさがすという贅沢な時間を日本の図書館で過ごすことになる。ところが、プランゲ文庫のデータベースでは、時間はほとんどかからないだけでなく、これらの記事の他にも次のような充実した結果が数多く得られるのである。映画『日本の悲劇』についての亀井の見解が『民衆の旗』誌に掲載。日本民主主義文化連盟（JCP）発行の『働く婦人』誌上で、女性映画についての座談会が開催され、そこに亀井も参加。松山の地方雑誌『南海』上の、映画のエロスに関する座談会に、宮島義勇とともに彼も出席。「嘘ばかりの映画」という記事が『四国春秋』に掲載。1946年5月のよく知られていない『言論』という雑誌が、映画製作者の戦争責任に関する亀井の見解を掲載。

　何かひとつ、トピックを選んでみよう。プランゲ文庫には驚くようなものが

いくつもあるし、さがし出すのもきわめて簡単だ。さらに、メリーランドの図書館では通常料金で複写させてもらえる。また、前述した大学のなかには図書館間相互貸借での依頼に対応してくれるところもあるようだ。

C.V.スター東アジア図書館（コロンビア大学）

C.V. Starr East Asian Library

Columbia University

300 Kent Hall, Mailcode 3901, 1140 Amsterdam Ave., New York,

NY 10027, U.S.A.

Phone: 212-854-4318／Fax: 212-662-6286

Email: starr@library.columbia.edu

Web: library.columbia.edu/locations/eastasian.html（英語）

　日本映画の研究者たちは、アメリカ研究の現状を見るだけで泣けてくるだろう。ハリウッド映画の研究者は、あまりに多くの撮影所の歴史がゴミ箱に捨てられ、失われてしまったことを嘆いている。しかし私たちは、これに苦々しい嫉妬心を感じながら、なんとか共感を覚えようと努力しているのだ。これまで日本の撮影所は、内部資料を歴史研究者と共有することにすら関心を示さなかった（松竹大谷図書館：40頁を参照）。この現状ではなおさら、コロンビア大学の牧野コレクションが大切になる。牧野守のような収集家は数少ない。大抵の収集家はイメージ（ポスター、スチル写真、フィルムプリント）にフェティッシュな関心を寄せる。だが、牧野は映画の活字文化が急速に失われつつあることを見抜いていたのだ。長い期間をかけて彼が集めた貴重なコレクションは現在、コロンビア大学に所蔵されている。

　2007年、一台のコンテナが米国の岸辺に到着した。そこには、14,576冊の書籍、10,028冊の雑誌と定期刊行物、291本のビデオ、60枚以上のポスター、8枚のレコード盤、それに、映画館プログラム、パンフレット、政府文書、スタジオ記録、著名な作家と批評家の手記など、数万点におよぶ資料を集めた1,805冊のファイルが納められていた。コロンビア大学は一夜にして、早稲田大学と並ぶほどの、日本映画の研究を牽引するもっとも重要なライブラリーをもつこ

ととなった。

　コロンビア大学へ足を運び、東宝に関する資料を閲覧すれば、さまざまな撮影所が手を付けずにしまい込んでいた資料の充実ぶりをうかがい知ることができる。牧野は、おおまかに1932年から占領期の終わりにいたる期間の東宝とPCLに関する、小さいながらも思わず息を呑んでしまうほどの資料群を集めた。ここには、撮影所独自の劇場・観客調査、内部文書、内部規定、書簡、映画作品と各部門の予算案、他にももっといろいろなものが含まれている。また、川崎市市民ミュージアムから東宝の資料に関するきめ細やかで分析の行き届いた、牧野の目録も刊行されている（「東宝映画文献資料目録〔戦前篇〕と解題」『川崎市市民ミュージアム紀要』第8集、1996年、79–124頁、「東宝映画文献資料目録〔戦後篇─G・H・Q占領統治期〕と解題」『川崎市市民ミュージアム紀要』第9集、1997年、1–41頁）。この目録が伝えるのは、垂涎するほどの牧野コレクションの奥深さだ。コロンビア大学の図書館には、ほかの時期や東宝以外の撮影所についての書類などもある。2016年2月、ついにコレクションの整理が完了し、その全貌がオンラインで確認ができるようになった（"The Makino Mamoru Collection on the History of East Asian Film, 1863–2015" findingaids.cul.columbia.edu/ead/nnc-ea/ldpd_7755896/summary）。

　自身の目覚ましい研究（とくに検閲研究や左翼映画運動研究、そして私たちが本書で文献史と呼んでいる研究）に加え、牧野の偉大さを際立たせているもうひとつの特徴は、自らのコレクションを利用して日本映画研究の行末に影響を与えようとする彼のこころざしだ。いま手にしている本書の記述も、その啓発的な思いに大いに影響されている。たくさんの有力な復刻版シリーズを、牧野はその押入れの奥から引っぱりだしてきたのだ。私たちも本書の中でその多くに言及した。この復刻版のおかげで、世界中の図書館は戦前および戦中期の日本映画をきちんと研究するためには欠かすことのできない、核となる書籍と雑誌を入手できるようになった。また、牧野はコレクションを、彼のもとを訪れる学者や学生、学芸員らに開放していた。そして訪れたすべての人たちがさまざまなやり方で日本の映画文化を豊かにすることに貢献したのである。

　長年、牧野は自分のコレクションを日本の機関が買い取ってくれるよう働きかけていたが、その願いが叶うことはなかった。単純に、買い取るにはあまり

にも膨大すぎたのだ。牧野が呼び水に出していた提案では、大方が、コレクションを小さく、もっと安くなるよう、細切れにしてしまうものだった――真剣な収集家であれば誰もがもっとも恐れることだ。そして、世界中の研究者とアーカイブ担当者はたいへん失望したと思うが、全資料が日本を離れ、ニューヨークへと移ることになった。このすばらしいコレクションを日本にとどめておけなかったことはたしかに残念だ。しかしそれはともかく、整理が完了したコレクションはこれから来訪者へと全面的に公開されることになる。

　もう一つ慰めを書いておけば、このコレクションに収められている資料の多くは、本書で取り上げる日本の図書館やアーカイブでも閲覧が可能だ。また、牧野が収集した単行本の多くと一部の雑誌については、コレクションから外され、一般書架に入れられている。すでにコロンビア大学のオンライン蔵書目録から検索できるようになっており、図書館間相互貸借を通して資料を容易に入手できる。一方、それ以外の資料（より貴重な雑誌、パンフレット、その他）については、どのような資料があるのかオンラインの「ファインディング・エイド」(finding aid) で確認できるようになったが、貴重資料であるため、図書館間貸借制度を利用することはできない。これらの資料は、C.V.スター東アジア図書館の貴重書特別閲覧室でのみ利用可能となっている。

　なによりも牧野本人が一番にそう思っているはずだが、私たちはこのコレクションが、北米をはじめ世界各地の日本映画研究にどのような影響をおよぼすのか、その結果を目にすることを楽しみにしているのだ。

松竹大谷図書館

〒104-0045 東京都中央区築地 1-13-1 銀座松竹スクエア3階

電話：03-5550-1694

ウェブサイト：www.shochiku.co.jp/shochiku-otani-toshokan

コピー料金：(A4) 50円／枚、(B4) 100円／枚

　公益財団法人松竹大谷図書館は、松竹の創設者の一人である大谷竹次郎が文化勲章を受賞したことを記念して、1956年に設立された。松竹の事業の主要二領域である映画と演劇を対象とした図書館で、未出版の資料、なかでも演劇と

映画の脚本に焦点が当てられている。松竹が製作または配給した映画・演劇に比重がおかれているものの、他の撮影所映画についての資料もある。

戦前の脚本についてはかぎられた数しかないが(これは貴重書として扱われていることが多く、コピーを取ることができない)、松竹大谷図書館によれば、松竹が戦後に製作したもののうち約9割の資料を所蔵しており、このなかには幾年代にもおよぶ脚本やプレスブック、映画館プログラム、スチル写真、ポスターなどが含まれているそうだ。松竹大谷図書館には書籍と雑誌の大規模なコレクションもあり、全体で約430,000点を所蔵している。だが残念なことに、撮影所の内部文書についてもかぎられた数しかない(主に会社のニュースレターや、広告を集めたスクラップブックのようなものがある)。

今日では日本にある他のアーカイブもそうなのだが、大谷図書館も著作権にはきわめて敏感で、コピーをさせてくれるといっても、脚本全部を複写することは容易ではない(1頁あたり50円かかり、10頁以上コピーを取る場合には、翌営業日に受け取りに行くか、料金を払って郵送してもらわなければならない)。また一般的に言って、出版物のためにスチル写真を使わせてくれることはまずない。大谷図書館では、館内用に目録のデジタル化に着手しているが、未だに大半はカード式である。ただし、この主題分けされたカード目録は独自のもので、なかなか使いやすい。また、完全な閉架式である。開館時間は基本的に平日の10時から17時まで(お昼休みもある)だが、臨時休館をしていることもよくあるので(特に8月に多い)、事前にホームページからチェックをしておくことが一番だ。

世田谷文学館

〒157-0062 東京都世田谷区南烏山1-10-10

電話：03-5374-9111／ファックス：03-5374-9120

Web: www.setabun.or.jp

コピー料金：10円／枚

世田谷文学館は、偶然が運良く続いたことによって、日本屈指のフィルムコレクションのひとつになった。

東京の世田谷区にはモダンアートの美術館があったが、そこで美術とされる

のは、基本的に絵画と彫刻にかぎられていた。この美術館は世田谷区に文学者が多く住んでいたことを記念して、1995年に文学館を開館することを決める。その際、近隣にPCL／東宝があったおかげで、映画製作者も同様に大ぜい住んでいることを知り、文学者の対象を広げ、映画脚本家もそこに含めることにした。

　世田谷文学館には、控えめな「コーナー」展示が創設され、「映画のメッカ」と名付けられた。このメッカは、驚くほど多くの映画愛好者を魅了し、ほどなくして、区内に住む映画製作者が個人のコレクションや蔵書を寄贈するようになる。こうした盛り上がりに彼らは興奮をおぼえた。収蔵品の数は雪だるま式に膨れ上がり、2000年には、文学館が開催してきた展覧会が世田谷フィルムフェスティバルへと発展する。

　世田谷フィルムフェスティバルは、映画上映と展覧会を組み合わせたもので、映画は35mmフィルムを映すことができる新設の映写室で上映され、展示はその時々の印象的なコレクションをもとにして組み立てられている（フェスティバル開催の度に図録が作られているので、見せてくれるよう文学館に頼んでみよう。展示されているすばらしい収蔵品のリストを見ることができる）。フェスティバルは映画製作者やテーマに沿って開催される――たとえば、衣装デザイン、黒澤明、小林正樹、稲垣浩、SF映画、日本のミュージカル、三船敏郎、映画脚本、市川崑など。弁士の上演や著名人の講演などもあり、どの回も見逃すことはできない。

　図書室にも足を運ぶ価値がある。文学館では、23,109冊の書籍、28,584冊の映画雑誌、4,246冊の脚本、2,062枚のポスターとチラシ、美術や衣装のデザイン画などを23,207点、それに5,389点の自筆資料を所蔵している。コレクションの中心を占めるのが、映画監督小林正樹の個人資料だ（2,700点以上の資料がある巨大なコレクションだ）。この他にも、東宝の製作陣から寄贈された貴重な資料や、前述の製作者らのすばらしい資料もある。さらに、文学館には東宝争議の際の重要な秘匿資料もあり、そのなかには争議の様子を描いた63枚のスケッチが含まれている。

　最後に、世田谷文学館を訪れた際には、ミュージアムカフェに立ち寄るのを忘れずに。ゴジラがカフェの番をしている――本物のゴム製のゴジラが！

東京国立近代美術館フィルムセンター（NFC）

〒104-0031 東京都中央区京橋3-7-6

電話：03-5777-8600／ファックス：03-3561-0830

ウェブサイト：www.momat.go.jp/fc/

コピー料金：白黒30円／枚、カラー100円／枚

デジタルカメラ撮影禁止

　東京国立近代美術館フィルムセンターは、日本にあるフィルムアーカイブのなかでも最重要の施設だ。国立の機関であり、世界でもっとも大規模な日本映画のコレクションをもつ。しかしながら、このアーカイブは政府の機関であるがゆえに、官僚的な制度と資金難という壁に長きにわたって向き合うことになり、こうした状況はフィルムセンターをとても利用しづらい施設にしてしまっていた——研究のために映画を見せてもらおうと思った時には、とくにそう感じてしまう。状況に著しい改善がみられたのは、フィルムセンターが独立行政法人になって以降で、現在では「利用しやすい」フィルムセンターにはなった。だがいまなお、フィルムセンターで欲しいものを手にしようと思うと、さまざまな壁をどう乗り越えるか学ぶ必要があるのだ。

　フィルムセンターの設立は1952年。歴史は短いものの、30,000冊の書籍、30,000冊の脚本、50,000枚のポスター、610,000枚のスチル写真、それにカメラと映写機の大規模なコレクションを所蔵している。ここにある戦前のスチル写真は、キネマ旬報社から譲り受けたもので、よそにはない規模のものだ。こうした所蔵資料の中から研究員が選り抜きのものを集めて、「NFCコレクションでみる 日本映画の歴史」というすばらしい常設展を開催しており、会場では日本の貴重な初期映画が、何本もリピート上映されている。企画展も開催されており、展覧会と関連した映画の上映が行われることも多い。

　フィルムセンターにあるポスターやスチル写真、映画館プログラムの核になっているのは、御園京平の圧巻のコレクションだ。しかし他の機関とくらべると、所蔵している映画関係者の個人資料はそれほど多くない。厚木たか、小杉勇、本木荘二郎、藤田敏八に関するものなどがあり、なかでももっとも重要なのが、衣笠貞之助の私文書を集めたコレクションである。このコレクションは

50,000点におよぶ資料からなる膨大なもので、フィルムセンターに届いた際には、41個のボックスに収められていた。このコレクションの整理に最初に参加した中谷正尚は、『遺されしもの——大正期の衣笠貞之助資料』（NHK放送文化研究所、1997年）にその詳細を記している。

撮影所の内部資料もフィルムセンターにはあまりない。現在も寄贈資料の整理が続いているため、何か新しいものがないか研究員に尋ねてみるのもよい。いまだに発見されていないお宝が眠っていることは、多いにあり得る。

近年の改組で、フィルムセンターは、日本映画のなかでもわずかしか残存していない可燃性ナイトレイトフィルムの保存に力を注ぐようになった。フィルムの保存に力を入れることは、そのぶん紙媒体に手が回らなくなることも意味する。そのため、フィルムセンターの雑誌コレクションは、早稲田の演劇博物館（51頁）や松竹大谷図書館（40頁）で見つからなかったものを埋めるために使うのが主になる。フィルムセンターの図書室がもつ強みは、第一に著作物・専門書にあり、オンライン蔵書目録を使うと、他の目録には載っていない資料が見つかることもある。

フィルムセンターの最大の魅力は、そのフィルムアーカイブだ。2014年時点で、72,290点以上の作品を保存しており、そのうち63,478点近くが日本映画だ。内訳をしめせば、11,560本の劇映画、27,083本の文化映画、2,328本のアニメーションフィルム、12,449本のニュース映画、8,812本の外国映画、そして9,058本のテレビ番組となる。フィルムセンターでは時代やジャンル、様式を問わず、さまざまなフィルムの収集を行っている。管理の行き届いた専用保存庫が東京から二時間ほど離れた相模原にあり、プリントされたフィルムは京橋へ運ばれ、上映や研究のために利用される。フィルムセンターには一般向けの映写室が2つあり、期間毎にテーマを決めて映画が上映されている——観覧料も日本で一番安い。一般向けにくらべると小さいが、非公開で映画を上映するための映写室もある。

研究のためにフィルムを見せてもらうことは容易ではないが、できないことはない。フィルムセンターが所蔵している劇映画は、ほぼすべてオンライン上のデータベースから検索可能なので、何を見ることができるのか、はじめに調

べておくことができる（ただし、フィルムセンターからも断りがあるように、プリントの状態が悪いフィルムもあり、あらゆるものが実際に見られるわけではない）。

　もし見たいものがすでに決まっているならば、あるいは、ドキュメンタリーなど、劇映画以外のジャンルで何のフィルムがあるのか知りたければ、上映を申し込むための手始めとしてファックスでフィルムセンターに連絡を取ってみるとよい。そこから手続きのために少なくとも2週間は待たなければならないし、何人で上映に参加するつもりかも、はっきりと伝えなければならない。3つある映写室のうちで、それぞれにある座席数分の人数を上映に参加させることができる（ただし、入場料を課したり、宣伝したりしないかぎりで）。だが、大きい上映室になるほど予約をとるのは難しい。また、フィルムセンターでは調査に行ってもフラットベッド編集機で映画を見ることはできないので、とてもではないが作品の詳細な分析はできない。これは国際的なアーカイブの通例からも大きく外れている。

　ただし、コレクションのうちの約1,000作品は、閲覧のためにビデオ化されている。フィルムを上映してもらうのと同じ手順を踏み、同じだけの料金を払わなければならないが、ビデオ化された作品であれば、仕切りで分かれたビデオ用ブースで見ることができる（ただし料金は30分刻みなので、巻き戻しをしてシーンを見直したりすると、余計にお金がかかることは特記しておこう）。上映のためには、教育機関の関係者であれば30分毎に2,625円、それ以外であればその倍の料金がかかる。

　スチル写真とポスターを利用する場合も、基本的にはフィルムやビデオと同じ手順を踏むことになる。オンラインで使えるデータベースがないため、さがしているものがあるかどうかは、ファックスで聞いてみるとよいだろう。もしフィルムセンターにあれば、現地で閲覧するスケジュールを決めることができる。複写したものをメールで送ってくれるサービスは行っていない。厳密には、スチル写真やポスターを見るだけで料金が発生する。ただし、見た後でコピーの注文をする際に、このお金は返ってくることが大半だ。

　スチル写真一枚毎に5,250円かかるのだが、状況によっては、半額になることもあるし全額返ってくることもある。ポスターに関しては、自分のカメラを

持ち込むのであれ、カメラマンを連れて行くのであれ、複写するためには自分で写真を撮らなければならない。いずれにせよ、ポスター1枚あたり7,000円をフィルムセンターに払う必要がある。

　映画の上映であれスチル写真やポスターの複写であれ、申し込みができるのは原則としてかぎられた団体や機関のみであり、一個人では利用することができない。それでも個人として映画やスチルを見るのであれば、所属している大学を通さなければならないし、もし所属無しの研究者として本を書いている場合であれば、出版社から申し込みをしなければならない。フィルムセンターが申し込み書類を出してくれるので、必要事項を書き入れた後で、所属する機関の上司からサインをもらおう。

　日本にある多くの機関と同様に、フィルムセンターは著作権には非常に敏感なので、コレクションにあるフィルムプリントから簡単に画像を抜粋できるなどという甘い期待はしないでおこう（特別な事情があれば許可されることもある）。特殊な契約のもとでプリントを所蔵していることもあるため、館外で個人的に視聴するためにDVDコピーが可能かなどとは、聞いてみることさえしないほうがよい。

　外国の機関とくらべてしまうと、フィルムセンターは研究者への便宜をもっと図ってくれたらいいのに、と今でも思ってしまう。だがそうは言っても、当面の間は、フィルムセンターがこれまでにしてきた努力に対して感謝をするべきであろう。フィルムセンターの予算不足と人手不足はよく知られている。しかし日本にある他の機関とは異なり、フィルムセンターの研究員はきわめて優秀な映画研究者で、時間があるときには多くの情報を教えてくれるし、さまざまなアドバイスをしてくれる。ここに属する研究員は、日本映画の発展に全力を尽くしているのだ。私たちがそれに対して望むのはただ一つ、日本の政府と映画産業と社会が一丸となって、映画研究の一層の発展のために予算を投入し、さまざまな壁を無くしてくれることのみである。

パシフィック・フィルム・アーカイブ（PFA）
Pacific Film Archive, Berkeley Art Museum

2155 Center Street

Berkeley, CA 94704, U.S.A.

Phone: 510-642-0808

Email: bampfa@berkeley.edu

Web: www.bampfa.berkeley.edu（英語）

入館料：3ドル、フィルム閲覧には手数料がかかる

パシフィック・フィルム・アーカイブ（以下PFA）は、国外最大規模の日本映画コレクションを所蔵しており、また研究者にとっての利用しやすさを考えれば、世界一のコレクションと言えるかもしれない（東京国立近代美術館フィルムセンターとは異なり、詳細な分析のためにフラットベッド編集機を使わせてくれるからだ）。PFAにある日本映画コレクションの中心をなしているのは、大映と日活それぞれから寄贈を受けたB級映画である。1950年代と60年代のポピュラー映画文化を研究するのであれば、このコレクションをもつPFAはとりわけ重要な場所となる。主要なコレクションには、10,000本のフィルムとビデオがあり、そのうち1,500本が日本の映画と予告編だ。また、コレクションにある日本映画のプリントは、その大半が、もとは日系アメリカ人向けの劇場で公開されたもので、英語字幕がついている。

PFAのウェブサイトにはデータベースがあり、所蔵している全フィルムが検索できる。ただし、大映の映画についてより詳細な情報が欲しければ、分厚い目録が出版されている——*Films in the Collection of the Pacific Film Archive, Volume I: Daiei Motion Picture Co., Ltd. Japan*（195頁）。

PFAは友好的で開かれたアーカイブだ。フィルムプリントの状態にもよるが、PFAは所蔵している秀逸なフィルムを快く研究者に見せてくれる。10席の映写室があり、そこで16mmと8mm、それにビデオを上映できる。フィルムを上映してくれる映写技師もいる。35mmフィルムは、フラットベッド編集機で見ることもできる。バークレーアートミュージアムやカリフォルニア大学バークレー校とのつながりがあれば、上映にかかる費用も変わる。

PFAを訪れるべき理由はこれだけではない。PFAのコレクションには、8,000冊以上の書籍と150種類以上の雑誌、7,500枚以上のポスター、35,000枚以上

のスチル写真、それにPFAを訪れた映画作家の音声テープが1,600本以上含まれている。だが残念なことに、日本映画に関するものはほんのわずかしかない。PFAは『キネマ旬報』『近代映画』『映画ファン』のうち、1950年代と60年代のものを部分的に所蔵している——PFAのフィルムコレクションがとくに充実している年代だ。このほか、英語圏マーケット向けに撮影所と配給会社が作成したカタログが箱いっぱいにあったりもする（ほとんどが1960年代のものだ）。

PFAから歩いて10分ほどのところには、バークレー校のC.V.スター東アジア図書館（80頁）があり、日本語の映画雑誌と書籍の大規模なコレクションを有しているので、必要なものはそちらで補おう。バークレーまで足を運ぶのが難しい場合には、アーカイブ担当者が電話で照会作業を手伝ってくれる。20分以上かかるようであれば相談料が発生するが、料金はかなり安い。

遠隔地からでも利用可能な、もうひとつの特殊な情報源は、ここのクリッピングファイルである。そこにはアーカイブ中に散らばるバーチカルファイルが束ねられている。200,000点を超えるファイルがあるが、残念ながら日本映画に関するものは少ない。大半は非常に有名な監督や作品に限定されているものの、とりわけ興味深いのはPFAが開催したフェスティバルや回顧展のカタログだ。クリッピングファイルから選り抜かれたCineFilesというデータベース（cinefiles.bampfa.berkeley.edu/cinefiles/）を通せば、ほんのわずかだが、オンラインでもこの閲覧ができる。著名な監督に関して調査しているならば、検索をしてみるとよいだろう。何か珍しい資料を見つけ出せるかもしれない。このCineFilesはすばらしいサービスで、他のアーカイブもここから学ぶべきものがある。

最近、PFAは日系アメリカ人向けの劇場チェーンからダンボール9箱ほどの日活関係資料を購入した。

福岡市総合図書館 フィルムアーカイヴ

〒814-0001 福岡県福岡市早良区百道浜3-7-1

電話：092-852-0600（代表）／092-852-0608（映像資料課）／ファックス：092-852-0609（代表）

ウェブサイト：toshokan.city.fukuoka.lg.jp/theater_schedules/

1996年開館。2004年よりFIAF（国際フィルムアーカイブ連盟）に加盟している。

この図書館が所蔵するコレクションの主なものは、石井聰亙〔岳龍〕監督が福岡で撮影した独立系映画など、福岡に関係のある映像資料だ。加えて、日本をはじめとするアジア映画の収集も行っている。福岡市総合図書館は日本でも有数のフィルムアーカイブとして知られる。福岡は、アジア映画に関する映画祭がふたつ開催される都市でもあり、そのひとつは独立系の映画祭、もうひとつは福岡市によって運営されている映画祭だ（こちらには佐藤忠男が深く関わっている）。後者の映画祭では作品を上映後も保有しており、そのための保管施設としてこの図書館は活用されている。このようにアジアの作品に強みをもつことで、福岡市総合図書館は世界中のフィルムアーカイブのなかでもユニークな存在となっている。

　このアーカイブは、三段階の室温調整ができるフィルム収蔵庫に990本以上におよぶコレクションを収蔵し、それらは映像ホール・シネラで上映も行われる。また、その他のさまざまな事業やサービスも展開している。所蔵作品の目録も含め、図書館全体の概要はウェブサイトから見ることができる。

マツダ映画社

〒120-0003 東京都足立区東和3-18-4

電話：03-3605-9981／ファックス：03-3605-9982

メール：katsuben@matsudafilm.com

ウェブサイト：www.matsudafilm.com

　戦後の時代に無声映画を上映し、その文化を守っていくことについて、マツダ映画社が果たしてきた役割は絶対に欠かせない。1952年、松田春翠は映画フィルムと収集品のコレクションをもとに、マツダ映画社を設立する。無声映画と弁士のファンだった松田は、自身でも弁士になるための勉強をしていた。1959年に松田は、所有していたコレクションをもとにして、無声映画の歴史の記録と、音楽と弁士の実演つきでの定期上映のために無声映画鑑賞会を作る（上映予定はマツダ映画社のウェブサイトでみることができる）。マツダ映画社は、弁士の解説がついたビデオや、長い歴史をもつ『クラシック映画ニュース』（137頁）などを発行してきた。近年はアーバン・コネクションズの協力を得て事業の国際化を

進めているが、これはとても喜ばしい展開だ。松田春翠が亡くなった後も、息子たちによって事業が受け継がれている——そして無声映画の伝統も。

　松田のコレクションはかなりのものだ。このコレクションはおおまかに言って、500冊の書籍、500冊の雑誌類、100冊のシナリオ、無声映画時代の映写機、紙芝居の絵と道具一式、その他にもポスター、スチル写真、プログラムなど約10,000点の資料群からなっている。ただし、きちんとした所蔵品一覧や目録はないので、このコレクションに「存在する」ものとは、従業員が確認して覚えている範囲のものだけということになる。マツダ映画社の考えているところでは、従業員が確実に把握しているのはコレクションの6割ほどであり、残りのうち、触れたこともない品が1割ほどはあるようだ。

　このコレクションの目玉は、映画フィルムである。断片しかないものや、部分的にしかないものも含めると、1,000本前後を所有している。このうちのとくに重要なものについては、ウェブサイトでリストが公開されている。フィルムプリントの状態がまちまちだが、これは、マツダ映画社では通常、不燃性フィルムへの複製を洗浄や修復なしで行うためだ。またビデオも同様に、約2,000本を所有している。販売用に製作しているDVDとVHSには、どれも弁士の解説が入っており、また字幕付きの作品も増えてきた。こうした商品はマツダ映画社のウェブサイトで購入できるようだ。

　最後に、マツダ映画社は民間企業であることを指摘しておかなければならない。マツダ映画社側は、所有しているフィルムやビデオはじめ、珍しい資料を研究者に見せられることを心から喜んでいる。だが、これは料金の支払いにしっかり基づいたもので、予約も必要である。さらには、出版物用のスチル写真の複製がすぐに売れてしまうことだってあるかもしれない。マツダ映画社を訪れる際には、事前に予約を取っておくのが一番だ。

　レンタル制度がある点も珍しい。マツダは優秀な弁士と演奏家を（なかでも、弁士の澤登翠とピアニストの柳下美恵は特筆に値する）育てることで、自社のフィルムや機材のコレクションにむくいてきた。マツダ映画社の演者たちは、地球上のどこであれ、喜んで上映に華を添えてくれることだろう。

早稲田大学坪内博士記念演劇博物館

〒169-8050 東京都新宿区西早稲田1-6-1

電話:03-5286-1829／ファックス:03-5273-4398

メール:enpaku@list.waseda.jp

ウェブサイト:www.waseda.jp/enpaku/

コピー料金:白黒 10円／枚、カラー 50円／枚

　早稲田へ行くと、日本映画の研究は大変だという気持ちが、心から楽しいという思いに変わってしまう。私たちはこの場所が大好きだ。早稲田大学坪内博士記念演劇博物館は、16世紀イギリスの劇場を模して1928年に建てられた愛らしい建物のなかにある。そのコレクションは奥深く、かつ、開かれたとてもすばらしいもので、ここ一ヶ所で事実上あらゆるものが手に入ってしまう。私たちは日本を訪れるたびに、この博物館へ足を運んでいる。

　あらゆる舞台芸術を含んだ膨大なコレクションだが、映画関係のコレクションだけでもおそらく日本最大で、6,700冊の書籍と、169種類の雑誌、それに25,000冊の脚本を所蔵している（大半は早稲田大学図書館のオンライン蔵書検索WINEで調べられるが、立命館大学ARCシナリオ検索システム:226頁では、より詳細な検索ができる）——これ以外にも、目録化が済んでいない資料がまだまだある。写し絵のコレクションや、ポスター、スチル写真、プログラム、カタログなどもある。ここでは、約100本の日本のビデオを見ることができる（フィルムプリントも所蔵しているが、公開はされていない）。蔵書検索WINEは、日本映画に関する出版物について知ろうと思ったら、避けては通れないデータベースだ。

　演劇博物館が所蔵している重要な情報源がもう一つあり、それは映画館プログラム（映画館館報、または映画館週報）の大規模コレクションだ。日本全国の映画館から272種類が集められ、時期としては、1926年から1943年までカバーされている。こうした映画館プログラムからは、各地域でどのようなコンテクストのもとに映画が受容されたのかを知るヒントが得られるため、戦前や戦中期の映画文化を調査する際には、貴重な情報源になりうる。映画館プログラムの多くには、オリジナルの記事やインタビューが含まれている。『日本映画作品辞典』(138頁)のような、映画の公開日と封切映画館の両方が調べられる文献

があるおかげで、利用はより簡単だ。この情報だけで、コレクションのなかから関連するプログラムをピンポイントで見つけ出すことができるのだ(「映画館プログラムデータベース」としてウェブ公開もされている)。

以上のような出版物に加えて、演劇博物館では少しずつではあるが、個人資料の収集も進めている。コレクションのなかには、稲垣浩、大和屋竺、弁士の駒田好洋、若山弦蔵、それに杉村春子の個人蔵書がある。

閲覧室は居心地のいい場所で、基本的なレファレンスブックはすべてあるし、『キネマ旬報』『日本映画』『国際映画新聞』は全巻が通年で揃っている。知り合いに出くわすこともあるだろう。早稲田が日本映画を研究する上で抜群にすばらしい場所であることを、皆が知っているからだ。コピー料金も主要なアーカイブのなかでは一番安いし、貴重な資料でなければ自分で複写することができる。博物館自体も、いつ訪れても有意義な場所で、映画に関連したテーマの特別展が開催されることも多い。

その他

EYEフィルム・インスティテュート図書館

EYE Film Institute Netherlands

Van Marwijk Kooystraat 14

1114 AG Amsterdam-Duivendrecht, the Netherlands

Phone: 020-589-1410

Email: bibliotheek@eyefilm.nl

Web: www.eyefilm.nl (オランダ語)／www.eyefilm.nl/en (英語)

ここには、日本に関する書籍と定期刊行物の充実したコレクションがある。ヨーロッパ系言語で書かれたものが主だ。蔵書は、あらかじめウェブサイトのデータベースでさがすことができる。日本映画も200点以上収蔵している。ほとんどが戦時期以降のもので、その4分の1はビデオですぐに視聴可能だ。このライブラリー・コレクションの並外れた点は何百ものシナリオがあることで、その多くが字幕作成の際の産物である。コピーが可能で、しかも一般の来館時間

外に研究者が閲覧できるよう、便宜を図ってもらえる可能性もある。

厚田・岩波映像資料センター

〒061-3601 北海道石狩市厚田区厚田292-2

電話：011-622-1115（札幌案内所）

　この小規模な地方アーカイブは、岩波映画製作所からフィルムプリント640本の寄付を受けて2003年に設立された。ここの気候（気温と湿度が低い）がフィルムの保存のために安上がりで良いというのがこの場所に建てた理由だったらしい。センターでは、数千プリントを所有する規模までコレクションを大きくする計画を立てているようだ。札幌から40km離れた、日本海側に位置するセンターの建物は、かつて小学校の校舎だった。文書類を収集するほか、所有しているフィルムの上映会も定期的に開催している。センターはいつも開いているわけではないので、事前の予約が絶対に必要だ（電話連絡が望ましいとのこと）。

荒川区立荒川図書館

〒116-0002 東京都荒川区荒川4-27-2

電話：03-3891-4349／ファックス：03-3891-4350

ウェブサイト：www.library.city.arakawa.tokyo.jp

　戦前の映画に興味を持っているならば、荒川区立図書館へ行ってみたいと思うにちがいない。ここは小さな公立図書館だが、貴重なビデオコレクションを持っている。特筆すべきは、東宝キネマ倶楽部のビデオシリーズをほぼ全巻所蔵していることである。このシリーズは会員限定販売であったため、入手が非常に困難なのだ。ありがたいことに、荒川区民でなくても図書館のカードを作ることができる。

アンソロジー・フィルム・アーカイブス

Anthology Film Archives

32 Second Avenue (at 2nd St.)

New York, NY 10003, U.S.A.

Phone: 212-505-5181／Fax: 212-477-2714

Email: robert@anthologyfilmarchives.org

Web: anthologyfilmarchives.org（英語）

　アンソロジー・フィルム・アーカイブスは、実験映画／実験映像を収集しているなかでは、おそらく世界でもっとも優れたアーカイブである。このアーカイブは、日本人の作品や文書類を意図的に収集しているわけではない。しかし、ニューヨーク市に住んで作品を制作している日本人アーティストは多いので、他にはない資料を持っていることがある。

池田文庫

〒563-0058 大阪府池田市栄本町12-1

電話：072-751-3185／ファックス：072-751-3302

ウェブサイト：www.hankyu-bunka.or.jp/about/ikedabunko.html

　池田文庫（蔵書数22万冊）は、阪急電鉄と宝塚歌劇団の創業者によって、宝塚文芸図書館として設立された。戦後、名称を池田文庫に変更。映画を含む、演劇・舞台芸術に特化した図書館である。映画関係では、おおよそ1,700冊の書籍、11,000冊の雑誌、400冊のシナリオ（そのほとんどが宝塚映画製作所［1951–1968］の資料）を所蔵している。またそれほど多くはないが、写真やプログラムのコレクションもある。

　オンラインで蔵書検索もできるが、戦時期の資料はある程度、この図書館の古いニュースレター「宝塚文芸図書館月報」からさがし当てることができるだろう（牧野守編、復刻版『近代映画・演劇・音楽書誌』第2巻–第5巻に収録）。前身の図書館にあったすべての蔵書は、個別にまとめられた特別コレクションとして保存されている。閉架書庫以外は入室自由。より重要な資料の閲覧には、事前の予約と紹介状が必要だ。だが、映画関連資料のほとんどは、すぐに閲覧ができる。

石巻市視聴覚センター

〒986-0102 宮城県石巻市成田字小塚58 メディアシップ1階

電話：0225-62-8182／ファックス：0225-61-1207

メール：info@ivic.jp

ウェブサイト：www.ivic.jp

　このセンターは、2011年3月11日の東日本大震災が起こったすぐ後に、地域の視覚歴史資料の収集に尽力した機関のひとつだ。所蔵資料のほとんどは写真だが、映像も収集している。ウェブサイトには、ストリーミング動画のデータベースがあり、その多くが昭和初期のものである。

市川市文学ミュージアム

〒272-0015 千葉県市川市鬼高1-1-4 市川市生涯学習センター（メディアパーク市川）2階

電話：047-320-3334／ファックス：047-320-3356

ウェブサイト：www.city.ichikawa.lg.jp/cul06/litera.html#

　2003年に脚本家の水木洋子が亡くなった後、市川市は100箱以上におよぶ脚本、原稿、雑誌・新聞の切り抜き、手紙など、蔵書類の寄贈を受けた。1950年代に数多くのすばらしい映画脚本を書いた水木の見事なこのコレクションは、地域のボランティア・グループによって整理と目録の作成が行われ、すでに熱心な研究者が数多く訪れるようになっている。

映画保存協会

〒113-0022 東京都文京区千駄木5-17-3

電話：03-3823-7633／ファックス：03-5809-0370

メール：info@filmpres.org

ウェブサイト：filmpres.org

　映画保存協会は映画保存の研究と実施に取り組む非営利団体である。そのウェブサイトは、映画保存の問題や日本での関連イベントの最新動向を把握するのにとてもよい。

NHKアーカイブス

〒333-0844 埼玉県川口市上青木3-12-63 SKIPシティ

電話：048-268-8000

ウェブサイト：www.nhk.or.jp/archives/

2000年代初め、NHKは全国各地にある地方放送局のロビーに視聴ブースを設けた。それぞれの視聴ブースは、埼玉県にあるNHKアーカイブスとつながっており、リクエストに応じて映像を提供する。データベースにある、多様なテレビとラジオ番組の記録は65万件におよぶ。各地の放送局から見ることができる番組は別個にデータベースがあり、ほぼ9,000件以上の視聴が可能だ。日本の現代史はもちろんのこと、放送史研究にとって重要かつ壮大な文化資源だ。

しかし、私たちが訪れた地方放送局のすべてで、お年寄りがうっとりと追憶にふけるために一日を過ごしに来ることをのぞいては、視聴ブースはいつも空席同然だった。インターネットを通じても、2～300件の短い映像サンプルを視聴することができる。まちがいなく、この巨大なアーカイブが進もうとする未来は明るい。最近では、公募プロジェクトの採択された研究者が特定の研究課題のために、川口市にあるアーカイブで大量に視聴できる制度を試行中だ「NHK番組アーカイブス学術利用トライアル」www.nhk.or.jp/archives/academic/)。

大阪府立図書館

〔大阪府立中央図書館〕

〒577-0011 大阪府東大阪市荒本北1-2-1

電話：06-6745-0170

ウェブサイト：www.library.pref.osaka.jp/site/central/

〔大阪府立中之島図書館〕

〒530-0005 大阪府大阪市北区中之島1-2-10

電話：06-6203-0474

ウェブサイト：www.library.pref.osaka.jp/site/nakato/

ここは、巨大な映画書籍（4,000冊以上）コレクションをもつ図書館のひとつだ。中央図書館と、美しい中之島図書館に分かれて所蔵されている。どの図書館にさがしている本があるか、事前にオンライン蔵書検索で確認しよう。ここにはビデオもある。

太田市立新田図書館

〒370-0313 群馬県太田市新田反町町877

電話：0276-57-2676／ファックス：0276-57-2677

ウェブサイト：www2.lib.ota.gunma.jp/branch

　田中純一郎はかつて『キネマ旬報』の編集長を務めていたこともある、大著『日本映画発達史』（184頁）の執筆者だ。『キネマ旬報』の前任の編集者たちは映画サロンの出身で、それゆえに直感や気分で論評を書いていた。他方、田中には産業史を書くむきがあり、調査やインタビュー、継続的な資料収集をもとにしてその筆をすすめている。

　田中は自身のコレクションを、故郷にある新田図書館に寄贈した。そのため図書館は、この寄贈と田中のライフ・ワークを記念し、映画祭を数年にわたって開催した。このフェスティバルの開催にともない、全6冊の分厚い資料集も刊行されている（114頁）。コレクション自体はすべて整理・目録化され、図書館のオンライン蔵書検索で検索が可能だ。書籍とスチル写真のリストは『田中純一郎映画資料活用調査研究』（新田町立図書館、1991年）で見ることができるが、すでに絶版になってしまった。このコレクションの中心は、書籍479冊、雑誌数種だが、そのほとんどはもっとアクセスしやすい図書館にも所蔵されているものだ。

　群馬県外の研究者にとって魅力的なのは、入念な整理分類のうえに保存された俳優や監督のスチル写真と、田中が作成した見事なスクラップブックである。スチル写真は、ほとんどが戦前のものだ。著者側がすべての権利を明確にする責任を負うなら、図書館側も、出版のためにそうした写真を複製するのをいとわない。田中は1917年、15歳の時にこの18冊のスクラップブックを作りはじめている。彼が初めて映画を見てから、たった2年後のことだ。それは、新聞の切り抜きが年とテーマに分けて整理されており、昭和初期まで続けられた。

　『日本映画発達史』を読むと、彼はありとあらゆる印刷物と個人インタビューから自由自在に引用しているので、珍しい資料が山のように見つかることを期待してしまうだろう。だが、図書館のコレクションは驚くほど小さい。これは田中が亡くなる前に、佐藤忠男に書庫から必要なものをさがし出して利用する

のを許したからのようだ。佐藤の複数巻にわたる日本映画史の大著（184頁）はそのおかげだろう。

大宅壮一文庫

〒156-0056 東京都世田谷区八幡山3-10-20

電話：03-3303-2000

ウェブサイト：www.oya-bunko.or.jp

入館料：一般300円（入館1回につき10冊まで閲覧可）

　この文庫は明治期から現在に至る大衆雑誌の最上のコレクションだ。所蔵の対象となっている映画専門の雑誌は『キネマ旬報』だけだが、他の雑誌も、映画文化をゴシップ面から考える上で不可欠の情報源である。索引目録は、冊子体、CD-ROM、オンラインデータベースの三種類ある——値段はいずれも急激に上昇しているが、それだけの価値はある。オンラインデータベースは、日本研究のある大学以外では契約している機関があまりないが、書籍版は広く流通している。

　すばらしい情報源であるものの、時代を遡れば遡るほど、徐々にその索引対象がまばらになることへの注意が必要だ。比較的網羅されている『キネマ旬報』の索引でさえ、1986年以降のものだけである。しかしながら、ここには戦後の『キネ旬』全巻の目次をコピーし綴じたものがある。早稲田の演劇博物館の閲覧室にもある資料だ。

　大宅壮一文庫を利用するためには多くの規則を守り、高い料金も払わなければならない。したがって、ウェブサイトをよく読んで、詳細に調査してから訪問するのがもっともよい。写真撮影は許可されているが、事前予約者にかぎられており、値段も複写より高価だ。

沖縄県公文書館

〒901-1105 沖縄県南風原町字新川148-3

電話：098-888-3875／ファックス：098-888-3879

ウェブサイト：www.archives.pref.okinawa.jp

1口につき10フィート分のフィルム購入費用の寄付を集めることで、戦時期のフィルムをNARA（21頁）から取り戻す市民運動が開始された。これを10フィート運動と呼ぶ。そして、これを正式に完了させる手続きを引き受けたのが沖縄県公文書館である。

　このアーカイブは、映像を見るのに沖縄でもっとも良い場所だ。所蔵資料はほぼ目録化され、オンラインで検索可能だ。フィルムはウェブサイトで簡単に見ることができる。しかし、コピーのできる動画がある一方、ストリーミングが無効となっている動画もある。所蔵資料については、仲本和彦の報告（194頁）を参照のこと。

おのみち映画資料館

〒722-0045 広島県尾道市久保1-14-10

電話：0848-37-8141

ウェブサイト：www.bbbn.jp/~eiga2000/

入場料：500円

　階段の下に隠れている小さな映画資料館は、日本でもっとも小さい映画ライブラリーかもしれない。この小ささこそが、本書にこの資料館を掲載せずにはいられなかった理由である。資料館の大部分は、その地域の映画史の紹介、とりわけ小津安二郎と新藤兼人の尾道訪問にあてられている。

おもちゃ映画ミュージアム

〒604-8805 京都府京都市中京区壬生馬場町29-1

電話：075-803-0033

メール：info@toyfilm-museum.jp

ウェブサイト：toyfilm-museum.jp

入場料：500円（中学生300円）

　2003年から大阪芸術大学が中心となって、いわゆる「玩具映画」を収集保存するためのプロジェクトがはじまった。2015年には、これをもとに、おもちゃ映画ミュージアムが京都に開館する。

「玩具映画」とは、一般に20秒から3分ほどの長さの短編映画であり、無声映画の時代に簡単な映写機を使って家庭で鑑賞されていたものだ。紙のフィルムからパテ・ベビーのフィルムまで、当時、家で映画を楽しむ方法はいろいろあったが、このプロジェクトでは日本でも人気を博していた35mmフィルムの玩具映画に重点的に取り組んできた。玩具映画として発売するために製作されたフィルムもあるが、多くは劇場公開された映画やアニメーションから抜き出した映像だ。ゆえにそれが、すでに失われてしまった映画の唯一現存するフィルムの一部であることも往々にしてある。

　京都市内の古い家に作られたこのミュージアムには、カメラや映写機のコレクションが驚くほど収蔵されている。900本以上にのぼる、ますます大きくなっているフィルムコレクションをもとに、上映会、講演会、体験講座を開催し、修復保存プロジェクトも継続して行っている。

オランダ視聴覚研究所

Nederlands Instituut voor Beeld en Geluid

(The Netherlands Institute of Sound and Vision)

Media Parkboulevard 1

1217 WE Hilversum, the Netherlands

Phone: 35-677-5555

Email: receptie@beeldengeluid.nl

Web: www.beeldengeluid.nl（オランダ語）／www.beeldengeluid.nl/en（英語）

　オランダ視聴覚研究所は、オランダ領東インドを日本が占領していた時期のフィルムプリントを保存している重要な機関だ。

オランダ戦争資料研究所

Nederlands instituut voor oorlogsdocumentatie

(Netherlands Institute for War Documentation)

Herengracht 380

1016 CJ Amsterdam, the Netherlands

Phone: 020-523-3800／Fax: 020-523-3888

Email: info@niod.knaw.nl

Web: www.niod.knaw.nl（オランダ語）／ www.niod.knaw.nl/en（英語）

　このアーカイブは第二次世界大戦や他の紛争に関する資料を保存している。日本のビデオはほんの一握りしかないが、このアーカイブが入手したフィルムはすべて、オランダ視聴覚研究所（前項）にも保存されている。他方、ここには日本占領期における東インド領の映画産業に関する、きわめて珍しい資料が所蔵されているとも聞く。

外務省外交史料館

〒106-0041 東京都港区麻布台1-5-3

電話: 03-3585-4511／ファックス: 03-3585-4514

ウェブサイト: www.mofa.go.jp/mofaj/annai/honsho/shiryo/

　日本映画がハリウッド映画とは異なることは明らかだ。その歴史を通じ、日本映画が海外市場を開拓するような展望が開けたことはほとんどなかった。この事実が、外務省のアーカイブに日本映画に関する記録がごくわずかしかない理由を説明してくれるだろう。つまり、海外で上映された日本映画はほとんどなかったため、映画産業に対して外務省が仲介の労をとる理由がなかったのだ。

　このアーカイブにある、映画に関連する文書のバインダーを順に並べると、合わせて60センチほどの厚さになる。なかには、世界中のさまざまな大使館からの手紙や電報、報告書といったものが未整理のまま入っている。そのほとんどは、著作権侵害の申し立てか、日本映画の海外上映に関するもののどちらかだ。後者には、戦前のソビエトで行われた、有名な上映に関する貴重な資料もある。

科学映像館

www.kagakueizo.org

　科学映像館はNPO法人科学映像館を支える会によって運営されているウェブサイトで、科学映像を800点以上、ネット上で見ることができる。このサイトは、かつて科学映画の監督だった人物がセルロイドの遺産をHD高精細ビデ

オで保存するために作成した。ただ、なかにはビデオで撮影された映画もある。ここでは、十字屋や日映科学映画製作所、岩波映画製作所、東京シネマといった重要な製作会社による代表的な作品が配信されている。

映画はすべて、かなり高品質の音声映像で配信されており、キーワードやジャンル、タイトル、製作会社で検索ができる。実際に訪れることのできる場所はない。

カトゥーン・ライブラリー・アンド・ミュージアム（オハイオ州立大学）

Billy Ireland Cartoon Library and Museum

The Ohio State University

110 Sullivant Hall, 1813 N. High Street

Columbus, OH 43210, U.S.A

Phone: 614-292-0538／Fax: 614-292-9101

Email: cartoons@osu.edu

Web: cartoons.osu.edu（英語）

映画とマンガとの関係が密接になるにつれて、映画版の原作となっているマンガにまで調査を広げたいと思うことが出てくるかもしれない。マンガを専門的に収集しはじめた大学図書館もあり——コーネル大学、カンザス大学、デューク大学などがある——、WorldCatを使えば、どこの図書館がどのマンガを持っていて、図書館間相互貸借を通じて貸し出しが可能かどうか一目でわかる。なかでも特筆に値するのが、オハイオ州立大学にあるコレクションだ。このカトゥーン・ライブラリー・アンド・ミュージアムには、数十万枚のマンガ原画と数万冊の書籍、数千フィートにおよぶ原稿資料、それに数百万枚の新聞雑誌マンガの切り抜きがある。オハイオ州立大学のマンガコレクションは他とくらべると小規模だが、現在でも点数を増やしており、また歴史的な資料や限定版のレファレンス資料があるという点でも、特に重要だ。

日本にもマンガやそれに関係する資料を集めている図書館は無いわけではないが、これほど膨大なレファレンス資料を使えるところはない。国立国会図書館は図書館法のもとでマンガの納本を受けているが、その目録は不十分だ。京

都精華大学の関連施設である京都国際マンガミュージアム（64頁）が、研究のための最高の施設になる日も近いだろう。

韓国映像資料院

한국영상자료원（Korean Film Archive）

ソウル特別市麻浦区ワールドカップ北路400

Phone: 02-3153-2001／Fax: 02-3153-2080

Web: www.koreafilm.or.kr（韓国語）／www.koreafilm.org（英語）

　韓国映像資料院の統計によると、1930年以前に製作された植民地時代の映画68本は、すべて現存していない。1950年代以前の映画は、231本のうち、たった19本しか残っていない。これらの映画はオンラインデータベースを通じて視聴できる。ライブラリーはかなり充実しているが、そこに植民地時代の資料はないようだ。あるのは、ずらりと並んだモニターで、イメージ・サーバーから文字通り数千ものフィルムをすぐ見ることができる。現地の展示室には1945年以前の歴史部門もある。また、韓国映像資料院では魅力的な出版事業も行っている。その中には植民地期のDVDと、韓国の映画に関する日本の雑誌記事を収集翻訳した重要なレファレンスブックもある。

北の映像ミュージアム

〒060-0001 北海道札幌市中央区北1条西12 さっぽろ芸術文化の館1階

電話: 011-522-7670／ファックス: 011-522-7195

メール: kitanoeizo2011@yahoo.co.jp

ウェブサイト: kitanoeizou.net

　まだ発展中のミュージアムだが、豊かな可能性がその基盤にはある。2011年札幌に開館し、とくに北海道が舞台や撮影場所となった映画やテレビドラマなどを中心に、地域の映画文化の保存に尽力している。そうした作品のデータベースも構築中で、ミュージアムではこの利用もすでに可能だ（また、現地では地図や映画のリストも100円で販売されている）。

　コレクションは、資料がどんどん集まっているので絶え間なく変化している

ものの、中核の部分は、北海道新聞の記者・竹岡和田男がこの地を訪れた映画製作者を取材しながら、キャリアをかけて集めたもので構成されている。また他にも、元ワーナーブラザーズ札幌支社長の山田昴や、映画評論家品田雄吉の兄・品田平吉が寄贈した貴重なコレクションもある。北海道で撮影された映画に関しては、脚本やポスター、チラシ等の収集まで努めてきた。ただし、そうした資料が映画ごとにすべてそろっているわけではない。珍しいものとしては、黒澤明や大島渚など、北海道で撮影を行った製作者たちからの手書きの手紙や、古い地方映画館の映写機といったものもある。また、戦前の『映画評論』や戦後の『キネマ旬報』もあり、後者に関しては、北海道への言及があるすべての記事の目録作成が試みられている。

　現時点ではおおよそ、書籍2,000冊、雑誌5,000冊、パンフレット5,000冊、ポスター1,500枚、脚本1,300冊、スチル写真1,000枚、宣伝資料3,000部を所蔵。研究者にもとても親切で、1枚10円でコピーしてくれたり、たくさんコピーしたい時は、資料を近くのコンビニに持ち出すことまで許してもらえたりする。場所自体は、とあるホテルの1階のスペースに設えられており、（日本映画におけるアイヌなどの）常設展や企画展、特別イベントも催されている。また、DVD視聴を希望する研究者用の設備もある。そこにあるDVDのうち50本くらいも、現在ここに所蔵された北海道関連の映画だ。北の映像ミュージアムは、東京のアーカイブと肩を並べるほどのコレクションはまだないものの、とくに地方映画史の研究をしているのであれば、覚えておくべき場所である。

京都国際マンガミュージアム

〒604-0846 京都府京都市中京区烏丸通御池上ル（元龍池小学校）

電話：075-254-7414／ファックス：075-254-7424

メール：問い合わせフォームを利用

ウェブサイト：www.kyotomm.jp

　マンガの博物館は日本全国に点在していて、たとえば東京国際マンガ図書館などもある。だが、京都精華大学のマンガ・アニメーション研究プログラムとの提携で開設したこのミュージアムは、まちがいなく日本で最良の機関だ。京

都国際マンガミュージアムは、小学校を改築した美しい建物のなかにあり、京都市の中心部に広々と開けた人工芝が、来訪者を迎えてくれる。恒久的に保存されるコレクションがあり、特別展でくり返し公開されている。また、壁は文字通り一万冊のマンガで埋め尽くされている。ここは訪れると、芸術に触れることをうながされるようなミュージアムだ。

　ここには研究閲覧室もあり、閉架書庫や収集がはじまったばかりの個人資料のなかから、マンガの請求と閲覧ができる。収集したコレクションは300,000点にもおよぶ。その数字は日々増加しており、寄贈される資料の多さはミュージアム側がどう整理すればいいかわからないほどだ。整理・目録化した資料のみ所蔵資料検索で検索可。18歳以上で、研究等を目的とするかぎりであれば、誰でも利用できる（研究閲覧登録が必要）。複写・撮影は禁止。

京都市国際交流協会

〒606-8536 京都府京都市左京区粟田口鳥居町2-1

電話：075-752-3010（代表）／075-752-1187（図書・資料室）／ファックス：075-752-3510

メール：office@kcif.or.jp

ウェブサイト：www.kcif.or.jp

　公益財団法人京都市国際交流会館は、数千本のコマーシャル・ビデオを所蔵している。京都に住んでいる誰にとっても有用な文化資源と言える。

記録映画アーカイブプロジェクト

www.kirokueiga-archive.com

　記録映画アーカイブプロジェクトの本部は、東京大学大学院情報学環学際情報学府にある。吉見俊哉と丹羽美之をプロジェクト代表に据え、東京藝術大学大学院映像研究科、東京国立近代美術館フィルムセンター、記録映画保存センターが協力して運営している。このプロジェクトは、日本のドキュメンタリー映画の収集、保存、公開、研究を目的とする。一連の刺激的なシンポジウムやワークショップの開催に加えて、彼らの活動のひとつに日本のドキュメンタリー映画情報のデータベース構築がある。サイトの名称は「記録映像.JP」（214頁）。

データベースでは、岩波映像、記録映画保存センター、桜映画社、資料映像バンク、読売映像（現・イカロス）、日映映像の所蔵する映像のデータが検索できる。

　もし興味のある映像が見つかれば、それをもつ機関への連絡に必要な詳細情報が得られる。もちろん、そこから先は、映像の所有者に自分で連絡しなければならない。残念なことに、業者のほとんどが映像ストックの販売を行っているので、研究者に映像を見せるかはわからない。ただ、問い合わせるのは大した手間ではない。

ゲッティ・リサーチ・インスティテュート

The Getty Research Institute

1200 Getty Center Drive, Suite 1100

Los Angeles, CA 90049-1688, U.S.A.

Phone: 310-440-7335

Email: griweb@getty.edu

Web: www.getty.edu/research/（英語）

　ゲッティ・リサーチ・インスティテュートは、日本の実験映像のフィルムとビデオを積極的に収集しはじめた。できたばかりのこのコレクションには、この本を執筆した時点でまだカタログが作成されていない。

国立教育政策研究所 教育研究情報センター 教育図書館

〒100-8951 東京都千代田区霞が関3-2-2

電話：03-6733-6536／ファックス：03-6733-6957

メール：library@nier.go.jp

ウェブサイト：www.nier.go.jp/library/index.html

　教育図書館は教育映画や文部科学省による映画界への関与を知るための、中心的資料源だ。なかでも、中田俊造文庫はこの研究領域で中核的な役割を果たす。中田俊造は、戦前から戦時中にかけて映画と関わった文部省の官僚である。彼の蔵書は570冊あり、全部で25件の珍しい文書もある。この図書館は利用のしかたがかなり難しい。少なくとも一週間前に来館予約が必要なことは、いち

ばん厄介だ（詳細は図書館のウェブサイトを参照）。

国立公文書館

〒102-0091 東京都千代田区北の丸公園3-2

電話：03-3214-0621／ファックス：03-3212-8806

ウェブサイト：www.archives.go.jp

　NARA（21頁）と比較すると、日本の国立公文書館は、あまりに建物が小さく、職員も少ない。日本政府が公的なアーカイブに興味がないことの裏付けだ。映画に関連する記録はほんの一握りしかない（「映画」「活動写真」「フィルム」という検索用語を使用）。蔵書目録はインターネット上にある。アジア歴史資料センター（次項）のデータベースでは見つからない公文書も所蔵している。

　あらゆる領域の資料を網羅する一方で、深く掘り下げることのできる歴史的にまとめられた資料がほとんどない。何が見つかるかは誰にもわからないので、政府の政策や検閲、プロパガンダ映画などを研究する者ならば誰でも、このウェブサイトを一度訪れてみるべきだ。検索すると公文書が一覧で提示され、それぞれ「公開」か「要審査」かが示される。前者では、驚くほど多数の公文書がデジタル化されている。閲覧ボタンを押すと、すぐに新しいウィンドウでその文書を見ることができる。「要審査」の公文書は、官僚的な審査の果てに利用可能となる。しかし良い結果が出るかはわからない。基本的には、依頼書に記入し、最善の結果を期待するだけだ。一方で、「公開」の文書やマイクロフィルムは、スキャンされていないものでも閲覧室ですぐに見られる。

国立公文書館 アジア歴史資料センター

〒113-0033 東京都文京区本郷3-22-5 住友不動産本郷ビル10階

電話：03-5805-8801（代表）／ファックス：03-5805-8804

ウェブサイト：www.jacar.go.jp

　このセンターには住所があるが、基本的にはバーチャルな機関だ。組織上は国立公文書館（前項）に属している。センターの訪問もできるが、閲覧室にはインターネット上でも利用できる同じデータベースのコンピューター端末がある

だけだ。このデータベースは、日本関連とアジア関連の文書を一体化させており、その文書資料は、国立公文書館、外務省外交史料館（61頁）、防衛省防衛研究所戦史研究センターに所蔵されているものである。明治時代から第二次世界大戦終結までを網羅する。資料はすべてスキャンされていて、ブラウザにプラグインをインストールすると、家でも見ることができる。

映画に関しても多種多様な資料がある。だが、その数自体は意外なほど少ない。「映画」での検索結果は1,300件程度しかない——検閲基準をめぐる議論から1939年の映画法の起草案までヒットする。思うに、文書のデータが比較的少ないのは、歴史的に日本政府が文書を公開するという意識に欠けていたことと関係しているのだろう。また、それだけではなく、非常に多くの記録が戦争中（そして戦争終結直後）に焼失する結果になった。だが、このオンラインデータベースの存在は、まさに政府の姿勢の変化を示すものであり、将来、研究者の前にもっと多くの資料が開示されることを約束してもいる。

国立台南芸術大学
Tainan National University of the Arts

72045 台南市官田区大崎里66号

Phone: 06-693-0100

Web: www.tnnua.edu.tw（中国語） ※英語サイトあり

　2003年、この大学はアンティーク・コレクターから日本統治時代のフィルム168本を買い取り、国立台湾歴史博物館の資金提供を受けたプログラムによりそれらを復元した。そのうちの135本には上映許可証がついており、当時の映画作品や、どのようにそれが利用されたのかについて、多くの情報を伝えている。

国立民族学博物館 みんぱく図書室

〒565-8511 大阪府吹田市千里万博公園10-1

電話: 06-6878-8271／ファックス: 06-6878-8249

メール: nme-lib@idc.minpaku.ac.jp

ウェブサイト：www.minpaku.ac.jp

　この博物館の図書室にある映画書籍コレクションは、国内でもっとも秀逸なもののひとつだ。その数は2,500冊以上にのぼる。

国家電影中心

Taiwan Film Institute

10051 台北市中正区青島東路7号4楼

Phone: 02-2392-4243, 02-2396-0760／Fax: 02-2392-6359

Email: service@mail.tfi.org.tw

Web: www.tfi.org.tw（中国語）

　台北にある国家電影中心は、親切で利用者への配慮が行き届いたアーカイブだ。ここは台湾の映画遺産を所蔵している。残念ながら推察されるさまざまな理由から、日本統治時代の映画関係資料の大多数が散逸してしまった。とりわけ、その時代の文書などを見つけるのが難しく、事実上何も残されていないと言ってもよい。ここにはフィルムもある。カタログには約60本の映画が登録されており、そのほとんどが「文化映画」である。アーカイブでは、フィルムのデジタル化と、それをオンラインで見られるようにする作業をはじめたところだ。

シネマテーク・フランセーズ 映画図書室

La Cinémathèque Française - La Bibliothèque du film

51 rue de Bercy, 75012 Paris, France

Phone: 01-71-19-32-00／Fax: 01-71-19-32-01

Email: contact@cinematheque.fr

Web: www.cinematheque.fr/bibliotheque.html（フランス語）

　シネマテーク・フランセーズの映画図書室は、1992年の設立当初は独立した機関だったが、2007年にシネマテーク・フランセーズに統合された。日本映画に関しては、150冊の書籍と220本のビデオを有している。ヨーロッパに日本映画を紹介した中心人物である弘子・ゴヴァースの私文書もある。また、この

図書室には、ポスターやスチル写真、カタログ、パンフレットのような、宣伝資料やその他頒布品の貴重コレクションがある。ウェブサイトにあるオンラインデータベースには、優れたインターフェイスが備わり、ノン・フィルム・マテリアルがすべてリスト化されている。人名、もしくはタイトルで検索が可能だ。

　この図書室のコレクションには日本語資料は少ないが、（英語を含む）ヨーロッパ系言語で資料調査をするには良い図書室である。フィルムプリントも、ほんのわずかだがもっている。あなたが必要とするものがあるかどうか、尋ねてみるとよい。

昭和館

〒102-0074 東京都千代田区九段南1-6-1

電話：03-3222-2577／ファックス：03-3222-2575

ウェブサイト：www.showakan.go.jp

　昭和館は、ちょうどあの靖国神社と皇居の近くにある。ここは、第二次世界大戦前後の日本人の暮らしを追想するために、1997年に開設された。6階と7階の展示を見るためにはお金を払う必要があるが、映像・音響室がある5階は無料だ。そこに、14台のコンピューターがあり、検索して多種多様な映像と音声資料を視聴できる。1930年代初期から1960年代までの映像が1,500点以上あり、その3分の2以上が、朝日、読売、毎日、日本ニュースといった大手製作会社によるニュース映画だ。長編や短編のドキュメンタリー映画や、ホームムービーもある。製作年やカテゴリー、キーワードで検索が可能。デジタル・ライブラリーには写真や大衆音楽、雑誌数誌の全文テキストがある。

　ここは、第二次世界大戦頃からの映像を見るには、とくに便利な場所だ。莫大な前沢コレクションの音声録音についても言及しておきたい。これら30,000点以上のディスクは、戦時期に発売されたSP盤のほとんどすべてを網羅しており、他のフォーマットのものも数多くある。当然ながら、映画音楽や弁士の録音も多数ある。SP盤については、分厚い『SPレコード60,000曲総目録』（アテネ書房、2003年）に索引が掲載されている。

ジョージ・イーストマン美術館

George Eastman Museum

900 East Avenue

Rochester, NY 14607, U.S.A.

Phone: 585-271-3361／Fax: 585-271-3970

Email: filmstudycenter@eastman.org

Web: www.eastman.org（英語）

　イーストマン美術館は映画研究にとって重要な拠点だ。だが、日本映画に関する資料はかなり少ない。フィルム（日本や日本との共同製作作品）61点と、その作品のポスターやスチル写真のコレクション（主に1990年代以降のポスター）100点を所蔵しており、ビデオも数点ある。私たちの知るかぎりでは、ここにある『妻よ薔薇のやうに』の英語字幕付フィルムプリントは、1930年代にニューヨークで公開された時のものの可能性がある。しかし、確証はない。

スターリング記念図書館（イェール大学）

Sterling Memorial Library

Yale University

130 Wall Street

New Haven, CT 06511, U.S.A.

Phone: 203-432-1775

Email: smlref@yale.edu

Web: web.library.yale.edu

　イェール大学は、日本映画に特化した書籍・雑誌の貴重なコレクションをもつ図書館というだけではなく、印刷された頒布品、とくに映画館プログラムやチラシ、プレスブックを積極的に収集しはじめている。その収集当初のものは、スターリング記念図書館の手稿と記録史料（Manuscripts and Archives）部署で利用できるようになってきたが、同時にコレクション自体も拡大し続けている。コレクションについての説明とオンラインでの検索支援はウェブサイトのガイドからアクセスできる（web.library.yale.edu/mssa）。それほど取り扱いに注意を要し

ないものであればコピー可能だ。ただし現物を図書館間相互貸出制度で借りたり、利用したりすることはできない。

　現在のコレクションは、ほぼ映画100本に相当するプログラムやチラシが中心であり、1980年以降のものに比重がおかれている。

中国電影資料館
China Film Archive

100082 北京市海定区小西天文慧園路3号

Phone: 10-6225-0916／Fax: 10-6225-9315

Web: www.cfa.gov.cn（中国語）

　北京にある中国電影資料館には、満洲国および日中戦争時代の映像と文書類が相当数残されていると言われている。残念ながら問題の性格上、こうした資料は現在公開されておらず、まったく手の届かないところにある。

　ところが、私たちが問い合わせた際に、資料館側はその資料の存在を認めている。また、記録資料をめぐる政策に重大な変化、すなわち情報開示へと向かうことを匂わせるような期待の持てる機運が醸成されていることも述べていた。とはいえ、戦争に関わるものは何であれ、いまだ機密とするに値する微妙な問題である。少なくとも、資料館が問題を放置しているわけではないので、いつの日か倉庫の扉が開かれるのを待ちたい。

調布市立中央図書館 映画資料室

〒182-0026 東京都調布市小島町2-33-1 5階

電話: 042-441-6181／ファックス: 042-441-6183

メール: tosyokan@w2.city.chofu.tokyo.jp

ウェブサイト: www.lib.city.chofu.tokyo.jp/area/move_service.html

　1934年の日活多摩川撮影所の開設、そして1942年の大映撮影所の設置によって、調布市は日本映画産業の一大中心地となった。この図書館は1995年に、映画に関する資料室を新設し、現在、25,000点もの資料を所蔵している。そこには、冊子のそろった数多くの雑誌、数千冊におよぶ書籍、多数の映画館プ

ログラムや撮影台本が含まれる。また、映画産業に関わる貴重な文書も大量にある。

帝国戦争博物館

Imperial War Museums

Lambeth Road

London SE1 6HZ, United Kingdom

Phone: 020-7416-5320／Fax: 020-7416-5374

Email: mail@iwm.org.uk

Web: www.iwm.org.uk（英語）

　帝国戦争博物館には膨大な映画コレクションがあり、その総数はおそらく50,000点以上におよぶ。オンラインデータベースが用意されているのだが、興味を喚起するだけで終わってしまう。なかには、カタログが不完全なコレクションもある。検索でひっかかる日本の戦争プロパガンダ映画はほんのわずかだ。それなのに、博物館側はオンラインデータベースに掲載されていない資料があると何度も示唆している。残念ながら、特定のレコードグループを選択して検索したり、閲覧することはできない。戦時期に関する研究を行っているのならば、訪れたほうがいい場所だ。

東映太秦映画村 映画資料室

〒616-8586 京都府京都市右京区太秦東蜂岡町10

電話: 075-864-7718

ウェブサイト: www.toei-eigamura.com

　太秦と呼ばれる京都のその地区が映画と関係を結んだのは1925年、「阪妻」（阪東妻三郎）がスタジオを設置した時にはじまる。数年後、かなりの数のスタジオが撮影所を開設した。しかし1960年代に映画産業が斜陽を迎えた後は、東映撮影所と京都映画撮影所（公式には松竹の地方スタジオ）だけが残っている。東映は1975年、撮影スタジオをテーマパークに衣替えしてゆくことで、他のスタジオがたどった運命を逃れた。いまでは、テーマパークと、時代劇やテレビ

番組の撮影スタジオの両方になっているのだ。訪れるまえにウェブサイトを確認しよう。そうすれば、撮影中のどこかに訪問をあわせて見学ができる。

　この事業がはじまった頃、テーマパークは財政的にも豊かだったので、映画資料室を設置できた。この初期に収集されたものがコレクションの中核を占めている。資料室には、『キネマ旬報』『映画評論』がほぼ完全に揃っており、すばらしい書籍コレクションもある。読書スペースはかぎられているものの、すべて閲覧可能だ。

　この資料室の要となるのは、きわめて膨大で完全な広告資料コレクションだ。1975年以降のメジャー映画はほぼ揃っている。その上、東映映画の、製作、ポストプロダクション、興行に関する非常に貴重な記録もある。データベースは最新の情報に更新されている（使用されているソフトは旧式ではあるが）。ある映画の題名をリクエストすれば、何がどれくらいあるかはすぐにわかるだろう。視覚資料（プレスキットやスチル写真、ポスターなどの広告資料）のコピーを購入できるかもしれないが、権利を明確にする責任は著者や出版社にある。初期映画の映像を集めた写真アルバムもある。このアルバムにある写真がいろいろな本に出てくるところからみても、東映のアーカイブは、おそらく日本でスチル写真を利用するのには、もっとも便利な資料源のひとつにちがいない。

　この映画資料室にはフィルムはないが、テレビで放映された映画をビデオで録画した中規模のコレクションがある。なかには、吹き替えの外国映画のビデオもある。ホームビデオとして発売されていない映画のビデオもある。最後に、映画村のなかにある映画文化館を見のがさずに。テーマパークはごくありふれたものだが、この映画文化館はそうではない。京都の映画製作に関するすばらしい展示を行っている。なかには、かつて撮影所があった場所や有名な映画人の墓をさがすことができるものもある。映画村開設から毎年、東映は映画人に対する特別功労賞を授与してきた。毎年の受賞者に関する展示が文化館の大部分を占めており、伊丹万作による手書きのシナリオ原稿から黒澤明愛用の船長帽まで、ありとあらゆるものがある。

東京都写真美術館

〒153-0062 東京都目黒区三田1-13-3 恵比寿ガーデンプレイス内

電話：03-3280-0099／ファックス：03-3280-0033

ウェブサイト：www.syabi.com

　東京都立写真美術館には、書庫に隣接した小さな閲覧室がある。そのコレクションは、2つのセクションに分けられているものの、両者の関連づけが十分でない。片方が蔵書ライブラリーだが、所蔵されている書籍と雑誌は比較的少ない。なかには映画に関する出版物もある。当然ながらそのほとんどはスチル写真に関するものだ。これら印刷物の資料に関しては、インターネット上で蔵書検索ができる。

　もう一方は、美術館が収集する大規模なスチル写真のコレクションだ。図書室には、このコレクションの画像データベースがある。映画の広告写真や、それ以外の映画に関連するスチル写真は収集していないようだが、ゾートロープやフェナキストスコープ、他の映画以前の視覚玩具の秀逸な実例品を有している。マイブリッジとマレーによる写真のオリジナルプリントも所蔵している。残念ながら、美術館が資料閲覧のために定めた規則により、日本に滞在していない研究者が利用するのは事実上不可能である。データベースはインターネット上にはなく、図書室に行って調査しなければならない。それも一度につき、たった数点の資料しか請求できないし、資料請求は2週間前に申し込まなければならない。計算してみればその困難さがよくわかることだろう。資料の閲覧には料金もかかる。

※**現在（2016年3月）、大規模改修工事のため休館中**

東京都立多摩図書館

〒190-8543 東京都立川市錦町6-3-1

電話：042-524-7186

ウェブサイト：www.library.metro.tokyo.jp

　都立図書館のひとつである立川市の多摩図書館は、雑誌に特化していて「東京マガジンバンク」と呼ばれている。コレクションには、雑誌17,000誌、新聞

190紙が所蔵されている（2015年3月末現在）。資料のうちのいくつかは、あらかじめ閲覧の予約をする必要がある。

　とはいえ、この図書館で紛れもない逸品といえるのは16mmフィルム9,399本だ。おまけにフィルムは映写機とともに借り出すこともできる。これらはもともと日比谷図書館に所蔵されていたもので、2009年に多摩図書館に移管された。図書館では『映画目録—1999年—』（194頁）も作成しており、これは戦後の公立図書館が出版した索引目録類の一例になっている。オンライン上の新しく更新されるカタログによっていくぶん無用にはなっているのだが、オンラインには1,000タイトルくらいが記されていない。この図書館は貸出図書館なので、インターネット上のカタログに掲載されているフィルムは公共上映の許可を得たものだけなのだ。

　所蔵する映画はおもにドキュメンタリーが中心で、今や古典となった代表的な作品が多数ある。岩波映画製作所だけでも350点の作品があり、加えて土本典昭や小川紳介といった有名な監督による重要な作品もある。オンラインガイドでは、コレクションは主題ごとにも分類されている（都立図書館ウェブサイト内「都立多摩図書館所蔵16ミリ映画目録累積版」www.library.metro.tokyo.jp/search/16m_film/tabid/126/Default.aspx）。

ドヘニー記念図書館 映画芸術図書館（南カリフォルニア大学）
Cinematic Art Library, Doheny Memorial Library

University of Southern California

3550 Trousdale Parkway,

Los Angeles, CA 90089-0185, U.S.A.

Phone: 213-740-3994／213-740-8906

Email: ctlibarc@usc.edu

Web: libraries.usc.edu/locations/cinematic-arts-library（英語）

　1980年代、マークが南カリフォルニア大学に大学院生としてもどった際、偶然に映画芸術図書館の書庫でお宝に出くわした。創刊からの10年分、ほぼ全巻揃った『映画評論』があったのだ。信じられないことに、袋綴じで未開封のま

まだった。つまり、半世紀もの間、誰もその雑誌を開かなかったということだ。おそらく、カタログにはまったく掲載されていなかったのだろう——しかもそのミスは放置されたままだった！

　これは何かの兆しだ、とも言えるかもしれない。この図書館は、世界でも最良の、映画に特化したライブラリーのひとつだが、日本映画のものは著しく貧弱である。とはいえ、図書館には秀逸なクリッピングファイルのコレクションがあり、なかには日本の監督や作品に関するファイルも数多くある。その収集対象はごく標準的だが、珍しく、希少なものも数多い。

豊田市郷土資料館

〒471-0079 愛知県豊田市陣中町1-21

電話：0565-32-6561／ファックス：0565-34-0095

メール：info@toyota-rekihaku.com

ウェブサイト：www.toyota-rekihaku.com

　地方在住のコレクター多田敏捷は、監督金森万象の個人資料をこの地域博物館に寄贈した。金森はマキノ・プロダクションの映画監督である。このコレクションには、彼の日記や牧野からの手紙、宣伝資料、シナリオ、そして衣装デザインのような製作準備段階の資料、マキノ・プロダクションの撮影セットの写真のほか、多種多様な珍しいもの（劇中字幕の原画、金森の眼鏡など）がある。コレクションへのアクセスに制限はなく、資料を出版物へ掲載することにも資料館側は協力的だ。ただし事前に訪問日時を連絡する必要がある。コレクションの目録は、資料館が発行した展示カタログ『マキノ映画の時代——豊田市郷土資料館所蔵映画資料目録』（豊田市教育委員会、1996年）の巻末で見つかる場合もある。

成田空港 空と大地の歴史館（NAA歴史伝承委員会）

〒289-1608 千葉県山武郡芝山町岩山113-2

電話：0479-78-2501／ファックス：0479-78-25022

メール：rekishi@naa.jp

ウェブサイト：www.rekishidensho.jp

　奇妙に感じるかもしれないが、かの有名な三里塚闘争を、建設反対派と空港を運営する国側とが協力してアーカイブ化しはじめたのである。三里塚闘争とは、成田国際空港の建設を止めようとする地元農民たちによって展開された、激しい抗議活動のことだ。彼らは自らを歴史伝承委員会と名づけたが、その名称からは、この闘争の歴史を次世代に伝える権利をもつのは我々だという自負心がうかがえよう。最終的に彼らは、双方が残した記録と物的資料を保存するアーカイブを作った——それも空港の敷地内にだ！（現在は航空科学博物館敷地内にある）

　収蔵品の中には小川プロダクションが三里塚に拠点を置いていた時代のコレクションや、映画作家福田克彦の私文書がある。とくに小川プロダクションの資料は豊富だ。その内訳は、16mmの未編集フィルムとネガ230缶、6mmの音声テープ96リール、カセットテープ247点、写真のアルバム72冊、フィルム359点、文書類を収めたボックス46箱だ。文書類には、電話の記録、製作日誌、シナリオ、ニュースレター、パンフレット、ポスター、チラシといった小川プロダクションの活動に関わるものや、その他の社会的活動に関わる記録が大量にある。音声テープとスチル写真はすべてデジタル化されており、調査が簡単だ——全映像素材のデジタルビデオへの移行も、今のところ進んでいる。

　コレクションは、研究者なら誰でも見られるが、アーカイブは別の倉庫にあるため、事前の申し込みが必要となる。新左翼政治運動や独立系映画の文化を研究するあらゆる人に価値のあるアーカイブである。

日本近代音楽館（明治学院大学図書館付属）

〒108-8636 東京都港区白金台1-2-37

電話：03-5421-5657／ファックス：03-5421-5658

ウェブサイト：www.meijigakuin.ac.jp/library/amjm/

　このアーカイブは、別名「音楽館」と呼ばれている。日本での近代音楽研究に関しては、おそらくもっとも優れたアーカイブのひとつだ。近年、明治学院大学の白金キャンパス内にある付属図書館の中に移管された。国立国会図書館（32頁）や昭和館（70頁）とくらべると規模は小さいが、数千点にもおよぶ録音

資料を所蔵している。

　この音楽館が異彩を放つのは、100人以上の作曲家の私文書を保管している点にある。これらの作曲家の中には、厳密に言うと、撮影所専属の作曲家はいない。けれども、非常に多くの「まじめな」（私たちではなく、専門司書の言葉）作曲家が、音楽館に名を連ねるにふさわしい映画音楽を書いている。重要な映画経歴が取り上げられている作曲家のなかには、早坂文雄、武満徹、伊藤昇、紙恭輔、柴田南雄、深井史郎、堀内敬三、山田耕筰〔作〕、その他が含まれる。「その他」には、映画音楽の基礎的な文献、『日本の映画音楽史』（田畑書店、1974年）の著者である秋山邦晴もいる。こうした資料を使用するためには事前申請が必要だ。音楽館の専門司書に連絡をとって、人名、映画やCDのタイトルを伝えるのがもっとも手っ取り早い。

　日本映画との関連は薄いかもしれないが、ドナルド・リチーが寄贈したストラヴィンスキーの原稿、手紙、パンフレットなどのコレクションがあることも記しておきたい。

日本大学芸術学部図書館

〒176-8525 東京都練馬区旭丘 2-42-1

電話：03-5995-8206

ウェブサイト：www.art.nihon-u.ac.jp/library/

　ここは、日本でもっとも古い（1929年から！）映画の研究・製作の課程をもつ大学のひとつだ。かつて、田中純一郎のような一流の映画史家を教授陣の一員として迎えていた。このため、芸術学部図書館には、貴重な映画関連資料のコレクションがあるという特色がある。たとえば、国書刊行会の復刻版で使われた『活動寫眞界』の底本は日大のものである。早稲田大学坪内博士記念演劇博物館や東京国立近代美術館フィルムセンターのように著名人の個人資料をもたない一方で、他では簡単に見つからない雑誌や著書・専門書がある。

　かつて図書館は一般に公開されていた。だが現在では、ほかの多くの大学付属図書館と同様、日大に所属がない場合、自分の大学の紹介状が必要になる。利用する前にウェブサイトで確認し、図書館と直接連絡をとることをすすめる。

ニューヨーク近代美術館 セレステ・バルトス国際映像研究センター

The Museum of Modern Art

The Celeste Bartos International Film Study Center

4 West 54 Street

New York, NY 10019-5497, U.S.A.

Phone: 212-708-9602

Email: fsc@moma.org

Web: www.moma.org（英語）

　セレステ・バルトス国際映像研究センターは、研究者をニューヨーク近代美術館の見事なコレクションへと橋渡しする役割をもつ。コレクションには、脚本やクリッピングファイル、書籍、定期刊行物が所蔵されており、加えてありとあらゆる特別コレクションもある。もちろん映像も多数保管されている。センターでは、ほとんどの場合、少なくとも2週間前に通知するという条件で視聴依頼に対応している。センターには過去のイベントの記録や録音資料もある。

バークレー校 C.V. スター東アジア図書館（カリフォルニア大学）

C.V. Starr East Asian Library

University of California

Berkeley, CA 94720-6000, U.S.A.

Phone: 510-642-2556／Fax: 510-642-3817

Email: eal@library.berkeley.edu

Web: www.lib.berkeley.edu/libraries/east-asian-library/（英語）

　カリフォルニア大学バークレー校C.V.スター東アジア図書館は、北アメリカにある東アジア関係の図書館としてもっとも重要な場所のひとつだ。日本映画に関わるコレクションは、2013年にハシクラ・コレクションを購入するまではごくささやかなものだった。ハシクラ・マサノブは、1970年代に映画の配給会社に勤め、後に有限会社ショウブラザーズを創立した。そして、1980年代後半から90年代に、そこから数点ほどの映画の目録を出版する。彼はこの過程で、書籍と雑誌を大量に収集した。

カリフォルニア大学がこのコレクションを獲得するにあたってはUCLAとバークレー校の協力があった。このコレクションには研究書1,700冊、専門叢書と年鑑が500巻、定期刊行物27誌がおおよそ400号分ある。加えてハシクラは、販促用の頒布品——パンフレットやチラシを、ほぼ映画10,000本分（正確には日本映画2,153本、アニメーション映画443本、外国映画6,682本）を保存しており、定期刊行物のほとんどと頒布品が、すべてUCLAで保存されることとなった。一方で、頒布品のコピーと研究書はバークレー校に行った。また、ごく一部の書籍と、2000年から2007年までの『キネマ旬報』のバックナンバーは、コピーを残した上で、ウィスコンシン大学マディソン校へ移された。

コレクションは、本書の日本語版が印刷される頃に到着する予定なので、そのときにはまだ公開されていないはずだ。公開されたあかつきには、ついに、アメリカの西海岸一帯で、とても頼りになる図書館と資料調査のための研究拠点ができることになるだろう。

八丁座映画図書館

〒730-8548 広島県広島市中区胡町6-26 福屋八丁堀本店10階

電話：082-546-9113

2013年、劇場運営会社序破急が福屋デパート10階に八丁座映画図書館をオープンした。コレクションの中心は、書籍3,000冊、雑誌2,000冊、ポスター1,000枚、パンフレット4,000冊、カタログ類である。このコレクションは、映画批評家花本マサミの個人資料をもとにしている。残念なことに、福屋デパートの改装にともない、2016年2月に閉館した。

羽島市映画資料館

〒501-6241 岐阜県羽島市竹鼻町2624-1

電話：058-391-2234／ファックス：058-391-7663

メール：問い合わせフォームを利用

ウェブサイト：www.hashima-rekimin.jp

大正時代から昭和初期にかけて、羽島市には約7つの映画館があった。なか

でも、もっとも大きく、ほかよりも相当長く生き残ってきたのが竹鼻朝日劇場だ。劇場は1931年に建設され、1971年に営業を終えた。そのあと長年にわたり、映画とは関係のない商売に建物を使用した後、オーナーは取り壊しを決意した。しかしそこで、地域の映画文化を偲ばせる最後の遺産を守ろうとする運動が市民により展開された。残念ながら時すでに遅く、市当局は修復が不可能だと結論づけた。市はこの建物を取り壊したのち、元の映画館のデザインを生かして新しく資料館を建てなおした（建物には、数世紀前に同じ地域にあった城のモティーフもあしらわれている）。取り壊し前、市民運動のグループは、建物内から5,000点ものポスターを発見。これが新しい建物に所蔵されたコレクションの中核となっている。このニュースが広まるやいなや、寄贈の申し込みが殺到した。

　現在では、岐阜県の劇場が定期的に資料館にポスターとチラシを送り、そのコレクションは最新のものに更新され、拡大し続けている。2008年時点で、映画8,000本分のポスターが24,196枚、ロビー看板441点、チラシ36,127枚、パンフレット951冊、プレスシート2,660冊、スチル写真21,024枚を所蔵。資料はすべて目録化されている。だが、資料を閲覧したいと思う研究者や博物館の学芸員などは、特定のリクエストをかなり前もって資料館側に伝えておかなければならない。

　建物の2階には、もとの劇場にあった興味深いものがいくつか置かれている。チケットや映写機、傘だけではなく、火鉢まである。これに加え、劇場で公開される最新映画の宣伝物のあいだには、ポスターが点々とテーマごとに陳列されている。

ハワード・ゴットリーブ・アーカイバル・リサーチ・センター（ボストン大学）

Howard Gotlieb Archival Research Center
Boston University
771 Commonwealth Avenue, 5th Floor
Boston, MA 02215, U.S.A
Phone: 617-353-3696／Fax: 617-353-2838

Email: archives@bu.edu

Web: hgar-srv3.bu.edu（英語）

　ゴットリーブ・アーカイバル・リサーチ・センターにはドナルド・リチーの私文書が納められている。最初に預けられたリチーの資料は、数はあまり多くないが——約12箱分——、とても貴重なものだ。なかにはリチーが商船隊員だった時に書いていた日誌もあり、これは後に出版された日誌よりも前の時代を扱っている。未発表の原稿もあるが、なかにはわずかながらも、小説や、リチーと母親との間に交わされた心温まる書簡まで含まれている。リチーの没後、彼が個人的に遺したものを友人たちが集め、そのすべてをボストンへと送ったのだ。このコレクションが完成すれば、さぞやすばらしいものとなるのではないだろうか。この文章を書いている時点では、まだその作業は完了していない。

　ボストン大学は、資料を自由に見ることができるようにするとしているが、それは簡単に資料を見ることができるという意味ではない。できるだけ前もって申請書を提出しなければならないし、ボストン在住でない研究者には調査への制限がつくこともあった。センターの開館時間は通常通りで、夜間や週末には利用できない。携帯電話のほか、カメラやポータブルスキャナも使えないので、速記で書き写す用意をしてから行かなければならない。だがこれらにまして酷いのが、コピーを取るには著作管理者（ピーター・グリリ）の許可を得なければならず、またその際にも30頁までという制限があることだ（1頁あたり50セントかかる）。ゴットリーブだと研究が遅々として進まない。

広島市映像文化ライブラリー

〒730-0011 広島県広島市中区基町3-1

電話：082-223-3525／ファックス：082-228-0312

メール：eizou@cf.city.hiroshima.jp

ウェブサイト：www.cf.city.hiroshima.jp/eizou/

　まず、広島市映像文化ライブラリーはフィルムアーカイブである。研究に有用な文書類はないものの、展示用にごくわずかな資料を所蔵している。1982年の設立時、おそらくここは日本初の地域フィルムアーカイブだった。フィルム

やビデオテープ、映写機を非営利団体や学校に無料で貸し出しながら、地域アーカイブとしての設立理念を守り続けている。所蔵するドキュメンタリー・ビデオと16mmフィルムのリストの一部がウェブサイト上にあり、それらは細かく分類されている。

　このアーカイブの強みは、やや古い独自制作のアニメーションと、当然ながら、平和運動に関するフィルムを所蔵していることにある。コレクションの規模はそれほど大きくなく、35mmフィルム545本、16mmフィルム1,878本、8mmフィルム241本を所蔵し、そのすべてが書類上で目録化されている。ビデオ3,693本も所蔵しており、そのうちの500本ほどが日本国内のものだ。ビデオやCDの視聴が一般にも開放されていて、予約も必要ない。これには、大した額ではないが使用料がかかる。24席の小さな試写室が16mmフィルムの上映に利用可能で、予約と1時間1,810円の利用料金が必要。169席を備える35mmフィルム用の部屋が一般上映に使われているが、残念ながら35mmはリクエスト対象外である。

法政大学大原社会問題研究所

〒194-0298 東京都町田市相原町4342（多摩キャンパス内）図書館・研究所棟5階

電話：042-783-2305／ファックス：042-783-2311

メール：oharains@adm.hosei.ac.jp

ウェブサイト：oisr-org.ws.hosei.ac.jp

　1919年に設立されたこの機関は、労働と社会問題を専門とするもっとも古い研究所だ。1949年に法政大学の一部となり、現在では、かなりの量の研究資源をウェブ上に保有する。オンラインデータベースが複数あり、そこにはポスターと写真が数千点掲載されている。そのうちの数百点は、映画、映画関連のストライキ、上映に関するものだ。ライブラリーには、映画業界での労働運動や組合活動についての書籍が数多くある。警察や組合、その他政治グループの珍しい資料も多い。大原研究所が所蔵する映画関連資料のほとんどは、蔵書コレクションのあちこちに分散しているが、なかには注目に値するコレクションの棚もいくつかある。

左翼の組織にとって、互いに連携をとることがごく当たり前のことだったため、手渡されるファイルのなかにとても多彩な組合活動や地方での運動、またはストライキにともなって作成された魅力的なパンフレット、ポスター、会報、チラシが入っていることも多い。こうした類いの資料は、総評（日本労働組合総評議会）の国民文化会議や日本映画演劇労働組合の資料を主軸とするコレクション内に保管されている。また大原研究所には、戦後の独立映画運動で作られた古典的な作品のビデオもある。同様に大正後期から昭和初期における、最初期の社会運動映画も多少所蔵されている。なお、この研究所には東宝争議に関する記録のすばらしいコレクションがある。

　大原研究所は、利用者に開かれた親切なライブラリーだ。この豊穣な知的財産を活用するには骨の折れる下作業も必要だろうが、日本で左翼映画運動を研究する誰にとっても重要な文化資源なのだ。

法政大学沖縄文化研究所

〒102-8160 東京都千代田区富士見2-17-1 ボアソナード・タワー21階

電話：03-3264-9393／ファックス：03-3264-9335

メール：okiken@adm.hosei.ac.jp

ウェブサイト：www.hosei.ac.jp/fujimi/okiken

　この研究所には沖縄に関するビデオが100本ほどある。沖縄映画について詳しく調べようとしたとき、那覇までの旅行が無理ならば、この研究所に行くのが良い選択肢になる。書籍と雑誌のコレクション（20,000冊以上）が充実している。

放送ライブラリー

〒231-0021 神奈川県横浜市中区日本大通11 横浜情報文化センター内8階

電話：045-222-2828／ファックス：045-641-2110

ウェブサイト：www.bpcj.or.jp

　公共の施設で、コレクションはそれほど大規模ではないものの、テレビ番組（NHKと民放局の双方）を対象にしたとても利用しやすいライブラリーだ。入り口で受付を済ませれば、データベースを検索できるようになり（オンライン上でも利

用可能だ)、見たい番組を申し込むと、指定された視聴ブースでその番組を見ることができる(テレビコマーシャルのように短いものであれば、別のコンピューターを使って番組を選び、そのまま視聴することもできる)。放送ライブラリーのコレクションには、1950年代および60年代に上映された、『大毎ニュース』などのニュース映画も含まれている。

毎日映画社

〒100-0062 東京都千代田区神田駿河台2-5 BS11ビル

電話:03-3518-4111／ファックス:03-5280-0030

メール:info@mainichieiga.co.jp

ウェブサイト:www.mainichieiga.co.jp

　毎日新聞社は少なくとも1930年から映像部門を設けていた。長編ドキュメンタリーの制作をはじめた最初の会社の一つだが、その作品のほとんどがニュース映画の形式をとる。ウェブサイトには、サンプル映像が数点ある。また、映像ライブラリーが保有する映像カタログも掲載されている。だが、彼らの本業は映像素材の販売だ。毎日映画社は、日活世界ニュースの権利も所有しているが、残念なことに昔あった閲覧サービスが終了してしまっている。

マーガレット・ヘリック図書館

Margaret Herrick Library

The Academy of Motion Picture Arts and Sciences

Fairbanks Center for Motion Picture Study

333 S. La Cienega Boulevard

Beverly Hills, CA 90211, U.S.A.

Phone: 310-247-3020

Email: 問い合わせフォームを利用

Web: www.oscars.org/library(英語)

　マーガレット・ヘリック図書館には興味深い資料がいくつかある。この図書館は日本映画について英語で書かれた出版物をほぼ完全に揃えている。ポスタ

ー・コレクションには日本で公開された国内外のポスターが相当数ある。データベースは検索可能で、ほとんどの場合、ポスターのスキャン画像が見られる。『トラ・トラ・トラ！』セット撮影で黒澤明が味わった悲惨な経験の内部事情を物語る、プロデューサーのエルモ・ウィリアムズの資料もある。そして、映画芸術科学アカデミーのアーカイブとして、毎年行われるアカデミー賞や、黒澤のような日本人アーティストが訪問した際の関連書類や映像・音声記録も保管されている。

この図書館ウェブサイトには、ロサンゼルス地域にある6つのアーカイブと図書館が所蔵する脚本を横断検索できる強力なデータベースもある。なかには貴重なコレクションもあり、日本語脚本の翻訳も少なくない。

松永文庫

〒801-0841 福岡県北九州市門司区西海岸1-3-5（旧大連航路上屋1階）

電話：093-331-8013／ファックス：093-331-8012

メール：matsunaga.bunko@gmail.com

ウェブサイト：www.matsunagabunko.net

2013年に現在の場所に開館した松永文庫は、松永武のコレクションがもとになっている。彼は、映画関連資料を長年かけて集めた後、1997年に個人図書館を創設、さらにそれを2009年に北九州市に寄贈した。ポスター、パンフレット、脚本、新聞の切り抜き、雑誌、スチル写真などのコレクションが総数で12,000点を超えるが、目録作成はまだ終わっていない。図書館スペースは市民に開放されていて、映画上映や企画展も催されている。

ミシガン州立大学図書館

Michigan State University Library

366 West Circle Drive,

East Lansing, MI 48824, U.S.A.

Phone: 517-353-8700

web: www.lib.msu.edu

デジタルメディアの円滑な運用にとって重要なのが「メタデータ」だ。これは、デジタルデータひとまとまりのなかに含まれるデータに対して準拠となる情報で（本につけられた昔のメタデータは目録カードのなかに蓄えられていた）、著作権保護と、オンラインに置かれた、もしくは実際の所蔵品に関するデータベース運営の両面で欠かすことができない。

マクロヴィジョンのコピーガードソフト制作からはじまったロヴィ・コーポレーションは、映画、ビデオ、音楽、テレビゲームなどのメディア向けメタデータ制作会社の最大手で、その作業を、彼らがカリフォルニアに拠点を移す2015年までミシガンの社屋で行っていた。彼らは、目録化したすべての対象——約160,000点のDVDと幾万ものゲームや音楽CDなど——をそこに保管していたが、2015年、その全コレクションをミシガン州立大学に売却したのだ。

アメリカで販売された日本のBD、DVD、音楽CD、テレビゲームがなんでもミシガン州立大で見つかる、ということもあり得る。ただし、いつからその資料が利用できるのかもまだはっきりしていない。ものの所在をつきとめるのに困っている研究者は、現在オンラインの蔵書検索にあるメタデータをしっかり調べると、その利用可否がわかるかもしれない。

武蔵野美術大学 美術館・図書館 イメージライブラリー

〒187-8505 東京都小平市小川町1-736 美術館棟2階

電話／ファックス：042-342-6072

メール：m-l@musabi.ac.jp

ウェブサイト：mauml.musabi.ac.jp

武蔵野美術大学イメージライブラリーは、日本でもっとも美しいといっても過言ではない図書館の中にある。薄いガラス面に囲まれた軽やかな空間で、全体がひとつの大きな本棚のように感じられる。イメージライブラリーがあるのは奥の隅の薄暗い場所で、大学のチェアーコレクションのあるガラス張りの部屋に面している（とてもうまい具合で、見事なスペクタクルになっている）。

このライブラリーで注目されるべきはビデオのコレクションだ。とくにドキュメンタリーと前衛映画には大きく重点がおかれている。17,000作品を取り揃

えるが、その多くはVHSやLDなどの旧世代フォーマットになっている。また、フィルムプリントも相当数保有している。こうした作品の多くが他の場所では見られないものなのは、率直に言って気になるところだ。実験映画の研究に興味があるひとにとっては、これは重要な資料になる。オンラインデータベースやビデオ視聴ブース、グループ視聴ルームなどもある。外部の研究者は、調査希望の申請を2週間以上前に出さなければならない。

山形ドキュメンタリーフィルムライブラリー

〒990-0076 山形県山形市平久保100

電話: 023-635-3015／ファックス: 023-635-3030

メール: library@yidff.jp

ウェブサイト: www.yidff.jp/library/library.html

　山形国際ドキュメンタリー映画祭（YIDFF）は、アジア随一のノンフィクション映画祭である。映画祭の開催は2年に1回だが、フィルムライブラリーは年中運営されている。ライブラリーは研究者の訪問を歓迎しており、私たちはそこで内容の深いドキュメンタリー映像に出会えるだろう。書籍や雑誌も何冊かはあるが、このライブラリーの魅力はビデオとフィルムのコレクションにある。

　コンペティションに参加するために提出されたビデオ／DVDが蓄積され、このコレクションができあがった。そのため、映画祭が開催されるごとに数千本ずつコレクションが増えてゆく。他とは異なるこのようなかたちでの収集のため、このコレクションには初開催の1989年以降の世界のドキュメンタリー状況がきれいに映し出されている。その上、コンペティション部門で上映されたすべての映画は、映画祭側が字幕作成と上映のためにフィルムを購入しているので、私たちもフィルムで見ることができる。YIDFFは、回顧上映プログラムのすばらしさでも知られているが、これらのフィルムのなかにはコレクション内にフィルムとビデオで保存されているものもある。ライブラリーには、5つのビデオブースと、（16mmと35mm）フィルムが上映できる40席のシアターがある。

　山形県は2011年3月11日の被災者がもっとも多く避難した場所だったため、

映画祭ではプログラムが特別に組まれ、数十本の震災関連ドキュメンタリーが上映された。2014年には震災関連のアーカイブもライブラリー内に設けられた。そこにあるドキュメンタリーには、テレビ番組からホームムービーに至るすべてが含まれている。東日本大震災に関する最重要のコレクションであり、現地ではそのすべてが見られる。

山梨県立図書館

〒400-0024 山梨県甲府市北口2-8-1

電話：055-255-1040／ファックス：055-255-1042

メール：ken-tosho@lib.pref.yamanashi.jp

ウェブサイト：www.lib.pref.yamanashi.jp

　この県立図書館には、弁士梅村紫声の個人資料が豊富にある。梅村は、1917年、弁士としてのキャリアを浅草キネマ倶楽部ではじめ、その後、帝国館、電気館、神田キネマなどの有名な映画館に次々と勤めた。このコレクションには、書籍2,102冊、雑誌5,898冊がある。書籍の中には数十点のシナリオもある。1923年の関東大震災ですべてを失っていなければ、コレクションの量はもっとあったことだろう。残された資料のほとんどは『梅村紫声文庫目録』（山梨県立図書館、1987年）に掲載されている。これは国立国会図書館（32頁）の閲覧室で利用可能だ。

　この目録では、コレクション内の数ある雑誌について詳細に記されており、その中のいくつかは非常に珍しいものだ。梅村が寄贈した資料の中には、クリッピングアルバムや手紙、ノートも含まれる。だが信じられないことに図書館側は、こうした資料が私的な性質をもつことを理由に、それらの非公開を決めてしまった。彼らは、とある弁士が残した唯一無二の記録の上であぐらをかいているようなものだ。思うに、それを知った本人は、草葉の陰で泣いているのではなかろうか。

立命館大学アート・リサーチセンター

〒603-8577 京都市北区等持院北町56-1

電話：075-466-3411

ウェブサイト：www.arc.ritsumei.ac.jp

　立命館大学アート・リサーチセンター（以下ARC）では、初期映画についての基礎調査が多数行なわれた。ARCは、京都の文化・芸術界とその歴史を多様な側面から調査し、アーカイブ化することに力を注いでいる組織だ。センターには、日本映画史における京都の中心的役割を明らかにするという展望があった。そこで、冨田美香（現：フィルムセンター主任研究員）のもとで魅力あるいくつかのプロジェクトが展開された。

　たとえば、産業に関するデータベースでは、明治・大正期に公開（公演）された膨大な量の映画と連鎖劇について、タイトルと各地域の興行記録を集積している。ふたつめはマキノ・プロダクションに関わるもので、このプロジェクトではフライヤーやスチル写真、ニュースレターやポスターのコレクションのほかに、映画監督の並木鏡太郎、カメラマンの田中十三、宣伝主任の都村健らが遺した、牧野にまつわるさまざまな資料がもとになっている。3番目のプロジェクトもよく似た資料を含むものだが、こちらは戦前期および戦中期の大映撮影所を対象としており、かつての製作スタッフが語るオーラルヒストリーも含まれる。最後に、4番目のプロジェクトは、日本における最初の映画スター尾上松之助のフィルモグラフィーに焦点を当てたものだ。重要なことは、こうしたデータベース化プロジェクトが、コレクション（なかには、ARCが一時的に借りているだけのものもある）のスキャンを作業に含めていることである——つまり、ひとつひとつの資料を画面上ですぐに閲覧できるようにしているのだ。

　センターの長期的な目標は、それぞれのデータベースを横断するインターフェイスを構築することにある。このアイデアはつまり、京都の映画文化の研究をうまく導くためのしなやかなデジタルシステムを作り上げようとするものだ。例を挙げれば、ある映画のタイトルを検索すると、産業データベースから封切館と公開日がわかり、マキノのデータベースからは、ロビーで配られたパンフレットや、宣伝資料を見ることができる、そんな日がいつか来ることだろう。

　現時点ではこれらのデータベースは未完成だが、運用はされている。オンラインでも利用可能だが、元となる資料の出所が複雑なこともあり、おそらく当

面の間はパスワードで保護されたままだろう。ARCのホームページへアクセスすると、プロジェクトの雰囲気を味わうことはできるものの、すぐにパスワードの入力を求められ、そこから先へは行けなくなってしまう。

　立命館大学の図書館には、映画に関する書籍と雑誌のコレクションがある。その数は増え続けており、全巻揃った『キネマ旬報』も所蔵している。ARCには収蔵庫があり、フィルムの収集も開始している。現時点においては、その大半が大阪で撮影されたテレビコマーシャルの映像で、約3,000点ある。また、かつてマキノ映画が販売していた映写機一式まである。それぞれのプロジェクトに所属している研究者は、コレクションを訪れるひとがいれば快く応対をしてくれるが、できるだけ前もって予約を入れておくことが必須だ。スキャンされた資料は、著作権をしっかりと守るのであれば、出版物のために使うこともできる。

　最後に、ARCを訪れた後は、牧野省三、マキノ雅弘、尾上松之助、そして衣笠貞之助への墓参を忘れてはならない。彼らは皆、すぐ近くにある等持院の墓地に眠っている。

ロシア・ゴスフィルモフォンド

Госфильмофонд России（Gosfilmmofond of Russia）

Domodedovo, Moscow Oblast, at Beliye Stolby Microdistrict, Gosfilmofond Prospekt, 8, Domodedovo, Moscow Oblast, 142050, Russia

Phone: 495-980-44-86

Email: gff@gff-rf.ru

Web: gosfilmofond.ru（ロシア語）※英語サイトあり

　1991年、山形国際ドキュメンタリー映画祭で第二次世界大戦に関する映画の回顧上映が行われ、マークもプログラムの作成に参加した。映画祭のコーディネーターたちは、植民地で製作された映画、とくに満洲映画協会（満映）の作品の上映を熱望していた。ほどなく、そのうちの一人が、満映フィルムの多くが最終的にソビエト連邦に接収されたという噂を偶然聞きつける。そして、彼もまた同様に、他の誰もがはねつけられてきた例の厚い壁に阻まれることになる。

このロシアのアーカイブは、それらを保管していないと主張したのだ。

　だが1993年に、ある実業家がゴスフィルモフォンドにぶらりと立ち寄り、その映画を「発見した」。もしかすると、長期にわたる所蔵情報の機密指定がとつぜん解除されたのかもしれない。あるいは、窓口の男はこの情報が機密だとは知らなかったのだろう。だが、おそらくは、その映画から金の匂いがしたのだ。実業家は、300リールのフィルムすべてを買い取り、自分の会社、テンシャープを通じて販売しはじめた。そして彼は、信じられないほど高価なビデオセットを購入しないかぎり、研究者による閲覧依頼を拒むことまでしたのである。

　フィルムの現物は、現在もゴスフィルモフォンドにある。おそらくナイトレイトフィルムから作成された上映用のインターネガだ。もともとは、ソビエトが1945年の満洲侵攻のあとで満映から差し押さえたものだろう。その後、東京国立近代美術館フィルムセンターは、研究者の閲覧や公開のために、このフィルムプリントからデジタル・リマスターを作成してきた。図版が満載の『満州の記録』（集英社、1995年）をみると、その映画がどのようなものか、感覚的につかむことができるかもしれない。これらのフィルムをフィルムセンターで利用するために、常石史子がゴスフィルモフォンド所蔵のフィルムのリストを作成したので、詳しくは『NFCニューズレター』（「ロシア・ゴスフィルモフォンドの日本映画 調査・収蔵完了報告」61号、2005年6月–7月、12–16頁）を参照してほしい。このロシアのアーカイブは、ほかにも日本映画を所蔵しており、フィルムセンターが所在を確認の上、可能なかぎり日本に返還させている。

第2章
古書店案内

マニアックな愛書家ならば、以下の古書店のことは知っておかなければならない。ここでは読者が必要とし、欲しいけれども手が届かないようなものを数多く持っていそうな、映画に関する書籍、雑誌、コレクター商品その他に特化した店舗だけを掲載した。急速に姿を消しつつあるものの、地方の古書店には映画本の書棚がある場合が多く、専門店よりもかなり安い値段がついていることもある。そのようにお宝があなたを待ち受けているのだから、近所の古書店をのぞいてみるのは決して無駄ではない。

ザ・ベスト

＠ワンダー

〒101-0051 東京都千代田区神田神保町 2-5-4

電話／ファックス: 03-3238-7415

メール: wonder@atwonder.co.jp

ウェブサイト: atwonder.blog111.fc2.com

　古書店「ヴィンテージ」同様、＠ワンダーも書籍以上に、大衆文化関連の雑誌、ポスター・パンフレット類に力を入れている。SF、スポーツ、ミステリー、サブカルチャーのような分野もおさえているが、この店の売りは映画である。一階フロアーの半分は、映画関連で占められており、読者が想像する以上のポスターやパンフレット、チラシ、写真、業界誌、雑誌（ほとんど人気のあった映画が中心だが）、それ以外のものもここにはある。書籍も非常に充実していて、奥の壁いっぱいに並んでいる本は、たいてい一誠堂や矢口書店よりも値段が安く、新刊の書籍ばかりにも集中していない。

一誠堂書店

〒101-0051 東京都千代田区神田神保町 1-7

電話: 03-3292-0071／ファックス: 03-3292-0095

メール: mail@isseido-books.co.jp

ウェブサイト: www.isseido-books.co.jp

1903年創業の一誠堂が、おそらく映画を取り扱っている神田の古書店でもっとも専門的で最良の場所であることはまちがいない。その他の分野も広く扱っているが、映画にかなりの力点をおいており、取扱中の書籍類を分厚い目録にして毎年発行している。映画本のセクション──入口右側！──は、一見大きく見えないものの、奥の部屋にかなりの蔵書がある（とくに雑誌）。目録で確認もできるが、できれば直接連絡をとって、必要なものがあるかどうかを尋ねるのがよい。

　店舗はこぎれいでよく整理されており、気の利く店員もいる。また、会社組織としては、海外の図書館とのやりとりにとても長けている。蔵書を充実させようとしている大学図書館員であれば、絶版の映画本や古い映画雑誌を揃えで入手しようとするとき、一誠堂はまずはじめに問い合わせるべき業者のひとつだ。ここは、矢口書店と並んで、第3章で「ザ・ベスト」とする主要参考書籍の多くを見つけることのできる、希少な場所のひとつである。一誠堂は、明治・大正期の出版物や私家版など、復刻された古本や貴重書を買い取っている数少ない業者の一つでもあり、多くの売り手がここを利用している。そのため、販売書籍の品揃えが一誠堂はいつも良い。さらに驚くことに、多くの新刊本が刊行直後の数ヶ月あまりでここの棚にたどり着くらしく、新古本を少しだけ安い値段で買うのにもここは良い場所なのだ。さがしている本の在庫がない場合でも、注文をいれておくことができ、見つかり次第、店舗からの連絡がある。

　一誠堂には、かなりビジネスライクだという問題もある。また、概して映画を扱う古書店のなかでももっとも高い値をつける傾向にもある。市場価格以上の不適正な価格をつけることはほとんどないが、格安の値段をつけることもあまりない。ベストな助言としては、まず一誠堂に入るまえに、他の神田古書店をいくつか調べてみて、比較しながら購入するのがよい。

稲垣書店

〒116-0002 東京都荒川区荒川3-65-2

電話：03-3802-2828／ファックス：03-3807-7314

　稲垣書店はへんぴな場所にあるものの、訪れずに済ませてしまってはならな

い。ここの店も小さいが、大きな倉庫も所有している。店主である中山信如氏は、この上なく博学で本当に気さくな古本屋さんだ。映画の古本屋さんに関する興味深い著作を数冊書いている人でもある――たとえば、『古本屋おやじ―観た、読んだ、書いた』(筑摩書房、2002年)。矢口書店ではつれなくされたり、一誠堂でつめたくあしらわれてしまったりするかもしれないが、稲垣書店では中山さんと楽しくおしゃべりできるはずだ。とくにここは、時期を問わず日本映画研究の基礎的文献や学術誌を渉猟するのにとても良い場所である。中山さんは店舗を閉めたままにしていることもあるので、訪れる前に一報を入れてみてほしい。

ヴィンテージ

〒101-0051 東京都千代田区神田神保町2-5 神保町センタービル1階・2階

電話／ファックス：03-3261-3577

メール：spvy7sn9@gamma.ocn.ne.jp

ウェブサイト：www.jimboucho-vintage.jp

　ヴィンテージは、映画、テレビ、音楽関連の雑誌、ポスター、パンフレット類に力を注いでいる店だ。戦後の大衆誌や古くなった本や雑誌も少しおいてあるが、もっとも目を惹くのは、ポスターやパンフレット、映画館プログラム、スチル写真、宣伝資料、チケットである。ファンの要望にうまく合わせた値付けをしていて、そのために扱っている範囲も手広い。

木本書店

〒114-0023 東京都北区滝野川6-71-5

電話：03-3915-7018／ファックス：050-3737-7023

メール：問い合わせフォームを利用

ウェブサイト：honya-kimoto.jimdo.com

　東京で映画に特化した古書店の老舗のひとつが木本だ。この店舗は小さいものの、すぐ近くには倉庫や支店もあるので、全部の大きさは3倍はあることになる。支店はマンガのような人気の商品に焦点を当てているが、倉庫には数多

くの映画の書籍、雑誌がある。なにか特定のものをさがしている時は、たとえそれが書棚になかったとしても、店主に尋ねてみるのがよい。

杉本梁江堂

〒530-0012 大阪府大阪市北区芝田1-6-2 阪急古書のまち

電話／ファックス：06-6371-1176

メール：問い合わせフォームを利用

ウェブサイト：www.ryoukoudou.com

　関西でもっとも古い書店のひとつが杉本梁江堂だ。阪急梅田駅につながる古書店街、「阪急古書のまち」のなかにあるので便利である。他の店も訪れてみるべきなのは言うまでもないが、杉本にはすばらしい映画本がとても良い価格でおいてあることがしばしばある。

古本のオギノ

〒542-0073 大阪府大阪市中央区日本橋1-13-20

電話：06-6631-2009

　国立文楽劇場の真向かいにある古本のオギノは、書籍、プログラム、ポスター他の品々を選りすぐって取りそろえている。残念なことに、2015年10月に閉店してしまった。

矢口書店

〒101-0051 東京都千代田区神田神保町2-5-1

電話：03-3261-5708／ファックス：03-3261-6350

メール：yaguchi@mbk.nifty.com

ウェブサイト：homepage3.nifty.com/yaguchi/

　1918年開業の矢口書店は、映画演劇を専門にしているもっともふるい古書店だ。ここの品揃えは一誠堂ほどディープではない感じだが、書籍にせよ、機関誌、シナリオ、古雑誌、パンフレット、チラシその他にせよ、いろいろなものがあるので、こちらのほうが読者の興味を惹くことだろう。かつては、時々つ

けられていた不適正な値段で名を馳せていたこともあったが、近年はだいぶ良くなって、平均的に見ると一誠堂よりも少しだけ安い傾向にある。

店舗は、一誠堂よりも小さく、応対もそれほどビジネスライクではない。海外図書館との取引をはじめるようにもなっていて、しっかりとした目録も発行している。それゆえここも、図書館員が蔵書を集める際には、もう一つの問い合わせ先としてよいだろう。ここのホームページにあるオンラインデータベースも役に立つが、店舗自体も見て回るのが楽しい場所だ。一誠堂の通りの先にある店なので、買う前に両方でよく確かめるのがよい。

その他

鎌倉キネマ堂

〒248-0006 神奈川県鎌倉市小町2-11-11

電話／ファックス：0467-22-6667

メール：kinemado@jcom.zaq

ウェブサイト：www.kinemado.com

　この店舗の持ち主は、長らくレコード業界で働いていた人で、インターネット販売をはじめるほどたくさんの本を収集していた熱狂的な映画ファンである。まだ品揃えが十分でなかったときには小さなカフェだったが、そこが今、書店や映画上映スペースにもなっている。店舗は、若宮大路にある鳩サブレーの豊島屋のわきの小道を入った奥に位置する。書籍、ポスター、石原裕次郎の音楽でいっぱいだが、客席はそれほど多くない。ウェブサイトからも本の注文ができるが、鎌倉を訪れる際には、おそらく円覚寺にある小津安二郎と木下惠介の墓に参るのだろうから、お茶をするためだけでも立ち寄ってみるとよい。

　ちなみに、是枝裕和監督が映画化したマンガ『海街diary』に登場する「山猫亭」のモデルは鎌倉キネマ堂だそうだ。

カルチャーステーション

〒156-0056 東京都世田谷区八幡山3-32-23

電話：03-5317-4901／ファックス：03-5316-5870

メール：info@culturestation.co.jp

ウェブサイト：www.culturestation.co.jp

　お好みのアイドルの顔で彩られたビールのポスターやジグソーパズル、その他いろいろなものと一緒にならんだ、広末涼子のオリジナルティーポットを手にすることのできる場所がここだ。書棚の大半は大衆雑誌で占められている。壁面はアイドルで揃えられ、ある人物に関する特集号が一カ所に集められている。ここはすべてがマニア向けなので、ものすごく古いものとか、余計かもしれないが、男性タレントについてのものなどを期待してはならない。カルチャーステーションは、ちょうど良いことに大宅壮一文庫への道の途中にあるので、駅へ帰る際に、文庫で見たものの原本を手にすることも可能だ。

ブンケン・ロック・サイド

〒101-0051 東京都千代田区神田神保町2-3

電話／ファックス：03-3511-8226

ウェブサイト：homepage2.nifty.com/bunken

　姉妹店の文献書院と同様、ブンケン・ロック・サイドはサブカルチャー、とくにアイドルとロックに焦点を絞っている。しかし、映画関連の商品も少しあり、とくに、アニメ、特撮、俳優関連の雑誌やパンフレットがあるので、通りの先にある＠ワンダーやヴィンテージほどの量はないものの、のぞいてみる価値はある。

マルベル堂 新仲見世店

〒111-0032 東京都台東区浅草1-30-6 新仲見世通り

電話／ファックス：03-3844-1445

メール：sinnaka@marubell.co.jp

ウェブサイト：www.marubell.co.jp/promtop.html

　本以外のものを売っている場所をいくつか紹介してゆくなかでは、90年以上もブロマイド（プロマイドとも言う）を取り扱っているマルベル堂に言及しなけれ

ばならない。ブロマイドとは、基本的に、ファン向けに販売されたポケットサイズのスター写真のことだ（アーロンの義理の母親は1950年代からのものを大量に所有している）。日本にはかつてブロマイド屋があちこちにあったが、その最初の店の一つでもあるマルベル堂が、いまや最後のひとつになってしまった。浅草・浅草寺のそばに位置し、昔の映画スターから、アイドル、プロレスラーまでいろいろな人物の写真を販売している。だがあまり安くはない（小さな写真でも300～400円くらいする）。

浅草を訪れるときには、六区（昔の映画館があった一帯）を歩き、電気館と大正館跡を捜して、浅草寺に行って、映画弁士塚を見つけ、それからマルベル堂に立ち寄って、大好きな銀幕俳優のスナップ写真を手に入れること。

さまざまな古書店と連携しているウェブサイトもいくつかある。かび臭い古本がぎっしり積み上げられた店先での至福の喜びや驚きは経験できないものの、いざという時には確かに便利なのだ。

スーパー源氏 sgenji.jp
神保町に事務所のある、もう一つのよく知られた古本・古書データベース。

日本の古本屋 www.kosho.or.jp
古本・古書を見つけ出すのには、おそらくここを利用するのがいちばん簡単だろう。ここのネットワークは日本中に拡がっている。

Book Town じんぼう jimbou.info
ここは神保町にある書店の公式ウェブサイトであり、世界でももっとも多くの古書店が集まっている。このサイトには書籍検索のできるデータベース、即売会やイベントの情報、よくできたこの地区のインタラクティブマップなどがある。

最後に、その他おすすめの古書店を以下に挙げる。ほとんどが実店舗を持たないオンラインショップである。近年ますます、各書店がアマゾンでも商品を販売するようになってきているので、そこものぞいてみるとよい。

シネマジャパン www.cinejp.com
たなべ書店 www.tanabeshoten.net
古書 蛯原 www.k-ebihara.com
古本ひばり堂 hibari.ocnk.net
ムービーボックス www2.comco.ne.jp/~libro/

　この章を読むと、まさに私たちのように夢中になってしまうはずである。本屋から本屋への午後の散策（古本屋ブラブラと私たちは呼んでいる）の刺激的な喜びを知ったわけだ。以下の3項目は、そんなことをしてみる時に役立ててほしい。

古本屋ブラブラ：中央線

　戦後の文学者や映画製作者の多くは、JR中央線沿線の駅近くに住んでいた。私たちが想像するに、そうした芸術文化にとって、長い間もっとも重要な社会空間だった新宿で夜遅くまで飲み騒ぐのに中央線がいちばん便利だったからではないだろうか。このことは、中央線沿線の書店がまた、映画本を愛好する誰しもにとって重要な場所だった理由の説明にもなるかもしれない。私たちもこの沿線に住んだことがあって、自分の書棚には荻窪や、高円寺、吉祥寺などの場所で出くわした本が並んでいる。どこか一カ所店をみつけて行けば、その他の場所すべてがわかる地図があるので、それをもらうとよい。

古本屋ブラブラ：南森町から天満

　この大阪近辺にある書店の数は、高田馬場や東京の中央線ほどは集中していないが、尋ねてみるに十分な店舗がある。ほとんどの古書店は、地下鉄南森町駅とJR天満駅の間のアーケード下に軒を連ねている。

古本屋ブラブラ：早稲田から高田馬場

　東西線早稲田駅からJR高田馬場駅の間には、古書店が20店舗以上はある。その多くが映画関連の書籍や雑誌をもっていて、神保町よりもかなり値段が安い。早稲田から穴八幡宮を通り、早稲田通りを行くあたり、または、高田馬場からだとJRの駅を右に行き、明治通り交差点を渡ったあたりから古書店が軒を連ねはじめる。西早稲田からだと明治通りを北に向かい、早稲田通りを右に曲がったところだ。古書店のウェブサイトに地図がある。

第3章

映画の書誌・文献解説

文献史

　この節には、一握りの収集家・研究者が行ってきた、魅惑に満ちた歴史調査の道のりが描きだされている。彼らは収集に執心した狂人たちで、そのフェティッシュなエネルギーを映画フィルムやブロマイドより文献にむけたのだ。日本映画史の言説領域への見取り図があらわされた手頃な本を彼らが出版してくれたことを通じ、その映画スターや映画フィルムを上回る言葉への愛情から、私たちは多大な恩恵をうけている。

　こうした著作は、映画に関わる出版物の歴史化を担おうとする彼らの試みだけでなく、時には映画の知をカテゴリー化する方法論の科学的考察にも役立つ。このことには実践的な意味合いがある。たとえば、1950年代の産業動向について調査したいというひとがいたとする。しかし、日本のシステムの多くは映画書を、数少ない特定のサブカテゴリーを含む「映画」や「映画史」といった大きなカテゴリーで分類しているだけなので、適当なものが見つかるまで文献の山をあさりまわらなければならない。

　東京国立近代美術館フィルムセンター（43頁）のように、映画出版物の分野を扱うのに国会図書館の分類よりも利便性の高い分類システムを組織内で構築しようと尽力している機関もあるが、それらは一般利用ができない。カテゴリー分類の不備は、ある意味、識者界隈が映画に払ってきた意識の欠如と同期しており、しばしばこうした著者が個々人で行ってきた映画の知という財産の整理は、映画研究をそれなりの学問として確立するには報われない努力ともなってしまっていた。彼らが作り上げたシステムは時に風変わりなのかもしれない。だが、実践レベルではいまだ、設定した主題をどの書物が論じているのかが見定められるカタログとして役立つのだ。

　以下にはそれらを、初版の刊行年順に列挙する。

山口竹美『**日本映画書誌**』映画評論社、1937年

　本書は初の本格的な映画書籍のレファレンスブックである。1897〜1937年までを対象に年度ごとにまとめられている。山口の扱う書誌情報は広範囲にわ

たる。目次や頁数まで記載しているため、図書館間相互貸借を通じた利用に便利だろう。巻末には映画雑誌創刊号を年度順に並べた目録があるが、扱われている情報には不備や欠落がある。牧野守編『近代映画・演劇・音楽書誌』（ゆまに書房、1992年）所収の復刻版巻末には、山口自身の肖像写真が付されている（次々項参照）。

岡田真吉『**映画文献史**』大日本映画協会、1943年

　記憶すべき数少ない戦時期の書物であり、大日本映画協会より発行された日本映画選書シリーズの一冊である本書は、映画書の歴史を物語っている（巻末付録には、彼が好んだフランスの無声映画理論家による随筆の翻訳も6つ収録されている）。太平洋戦争の真っ只中に出版されたことを考えると、その焦点がヨーロッパやアメリカの書物に向けられ、他方で日本人の著者が除外されているのがとにかく不思議だ。岡田は総力戦の現状に意識的である。敵国について書くにあたり、細心の注意を払っていることを読者に周知している（エイゼンシュテインが欠落しているという明らかな構成は、そのことを示していると思われる）。だが彼には、外国の書籍を手に入れにくい時期に、見逃されている書籍が自分の著作を通して人々に知られることこそが大きな誇りだったのだ！

　言うまでもないが、海外のどのような映画書が戦前戦中の日本で流通していたのかを知る見取り図として、本書がもっとも便利なのはこのためである。

牧野守 編集・解説『**近代映画・演劇・音楽書誌**』ゆまに書房、1992年

　戦前の文献資料と図書館収蔵目録の復刻版（全8巻）。第1巻は山口竹美『日本映画書誌』（106頁）の復刻版だ。本書では映画書が出版年別に整理されており、書名／人名索引があるほか、ほとんどの項目には目次も記載されている。第2巻から5巻には、宝塚文芸図書館が月刊で出版した、映画や演劇に関する記事や図書の目録が収録されている。1936年から1943年11月までの期間を扱い、主題内容の分類が幅広いため、記事の主題を把握するためには冊子を月ごとに調べていかなければならない。だが、（牧野の『日本映画文献書誌』とちがって：119頁）項目には頁数が付されているので図書館間相互貸借には便利である。第6、7巻

では、牧野守が厳選した「文献史」に関わる論文が編纂されており、すばらしい。もっとも古い記事は1910年のもので、1943年までの記事が収録されている。参考図書一覧、書評、歴史叙述、岡田真吉の1943年の著作『映画文献史』（107頁）の全文など、そうした記事はまるで福袋である。

別巻には、映画ジャーナリズム、映画書、統計データなど、復刻資料の補遺に加えて、牧野自身の日本映画書誌研究の歴史までが綴られている。

今村三四夫『日本映画文献史』鏡浦書房、1967年

権威的な位置づけは辻恭平の『事典 映画の図書』にとって代わられ、まちがった記述などによっても価値がそこなわれてしまったが、本書は今でも日本映画の主要参考文献に留まっている。今村は本書を、海外の著作とその翻訳に力点をおいた岡田への応答として出版した。本文は、書誌編・雑誌編・通信編の3部に分かれ、各部は映画出版物の通史からはじまる。第1部には1,200冊の書籍が目次とともに記載されている。第2部は、各定期刊行物とその主要論者の特徴を手みじかに解説し、この上なく貴重である——本書を今でも欠かすことができないのはこのためだ。そして最後は、チラシやポスター、日刊紙での映画批評の歴史についての短い章で締めくくられる。

今村の書誌研究は、映画出版物の発展を歴史的に説明しており、これによってこそ本書は、とくに映画ジャーナリズムや映画研究の歴史を調査しはじめるのに役立つものになっている。

辻恭平『事典 映画の図書』凱風社、1989年

本書は私たちのお気に入りだ。まちがいなく日本映画研究での最重要書誌文献である。誰もが手にするべき一冊だが、現時点では少しばかり値が張るだろう。

辻は日本中を旅し、そこにまだ知られていないお宝がないか図書館を訪ね歩きながら本書の調査を行った。その中で何度も稀覯本に出くわし、どの図書館がそれらを所蔵しているのかをこつこつと書き留めていった。辻自身が集めた相当数の蔵書と、研究者やコレクターの友人から得た助言が組み合わさり、90年におよぶ映画書の歴史に関する膨大なデータが結集されたのだ。本書の索引

は、3,170人の著者による4,863冊もの書籍を記載。機関誌や会報を加え、その総数はおおよそ6,000項目におよぶ。また、項目それぞれには、内容に関する注釈を添えた通常の書誌情報も付け加えられている。主題の見出し構成はいささか大まかすぎるかもしれないが、特定の主題（監督名など）によって、この大まかな分類でのさらなる書籍のグループ分けがなされてもいる。本書は、日本映画研究に関しては議論の余地なく、まさしく真っ先に挙げられるべき情報源だ。

重政隆文『**勝手に映画書・考**』松本工房、1997年
　　同　　『**映画の本の本**』松本工房、2002年
　　同　　『**映画批評は批評できるか 番外篇**』松本工房、2003年

　文字通り、数百もの映画に関する本の書評を試みる、3冊のシリーズ本。これが大阪芸術大学の教授である一個人によって行われたことを思うと、いささか内容が偏執的であり、また私的なのも否めない。しかし、映画論についての論考というメタな視点を提示しうる点では、類例の見当たらないものだ。3冊目の著作は、映画批評家や研究者ではない人物の出版物に焦点を当てている。

中山信如『**古本屋「シネブック」漫歩**』ワイズ出版、1999年
中山信行『**一頁のなかの劇場──「日本古書通信」誌上映画文献資料目録全107回集成**』稲垣書店、2015年

　特異だが本当に楽しいこの2冊は、東京の映画専門古書店である稲垣書店の博学な店主が著わした本だ。

　『古本屋「シネブック」漫歩』では、映画本や映画雑誌が彼自身の趣向で魅力的に解説されている。取り上げられているのは800冊ほどで、それらが主題に基づいて構成されている（たとえば「川島雄三をめぐる本」など）。重政隆文と視点がかなり異なるのは、ひとつには、こうした本の歴史だけでなく市場価値にも触れていることにある。

　『一頁のなかの劇場』も同様にユニークだ。古本屋の店主によるデータ偏重の覚え書きだと、ひとは言うかもしれない。しかし、その分厚い本には、中山が1983年から2013年まで日本古書通信に掲載した、107の目録が復刻されてい

る。各目録には、本の主題と売れ行きを記した概要があり、どのくらいの書籍をいくらで販売したかというデータまである！　また本書にある他の文章では、特別売れ行きが良かった本が大きく取り上げられている。まとめて見れば、ここでは、日本のとある映画書店の成り行きが物語として語られているのだ。『一頁のなかの劇場』は、まさしくある種の映画史であり、なぜ私たちが、映画と同じくらい日本の映画本の文化を愛しているのかがここに暗示されている。

『映画基本書目：大正・昭和・平成』日外アソシエーツ、2009年

　辻恭平の労作（108頁）には代えられないのは明らかだが、少なくとも、その刊行後に出た2008年までの書籍を扱っているのが本書である。しかしながらカテゴリー分けが大まかすぎる上、本書では細目を付す努力もほとんど払われていない。各章は年代順に整序されているが（一方、辻は書籍の分野別に分類している）、おそらく項目を編纂するのに他機関の電子データベースを利用しているだけなので、やはり辻とはちがい、目次に見られる1990年以前の書籍についての項目がない。だが、テレビアニメのような辻が扱っていない分野をいくつか取り上げているため、より包括的なものにはなっており、結果的に11,555冊もの出版物が取り上げられている。

　著者名索引は付されているが、最後の事項索引はほとんど使いものにならない。たとえば小型映画については、章の中に実際にあるものの、その索引が本文のどのページかではなく章全体の最初の部分を指しているだけなので、求めるものを見つけるのに章全体を熟読しなければならないのだ。本書には本書なりの使い道があるが、おおむね辻の著作の補遺に過ぎないだろう。

映画批評史に関する論文

アーロン・ジェロー「映画の批評的な受容——日本映画評論小史」『観客へのアプローチ』藤木秀朗 編、森話社、2011年、111〜127頁

「キネマ旬報創刊1,000号 映画日誌――大正8年7月−昭和32年7月」『キネマ旬報』1000号〔1957年9月特別号〕、165〜186頁

Joseph Anderson, "Japanese Film Periodicals," *The Quarterly of Film, Radio, Television* 9.4 (Summer 1955): 410–423.

牧野守「日本映画雑誌変遷史 映画雑誌の誕生とその発展、多様化」『キネマ旬報』1135号〔1994年7月上旬特別号〕、26〜31頁、および、「日本映画雑誌変遷史（続）1960年代から今日に至る映画雑誌の盛衰」同誌1137号〔1994年7月下旬特別号〕、40〜45頁。または同誌掲載の他記事も参照のこと。

吉山旭光『日本映画界事物起源』「シネマと演芸」社、1933年、170〜181頁

登川直樹 他「日本映画批評発達史 1–10」『キネマ旬報』1191〜1193号〔1996年5月上旬〜6月上旬特別号〕、1195号〔1996年7月上旬夏の特別号〕、1197〜1202号〔1996年7月下旬〜10月上旬号〕

和田矩衛「日本映画論争史」『キネマ旬報』156号〔1956年9月下旬号〕、103〜107頁

岸松雄「年月と映画批評――我流本邦映画批評家史」『映画評論』第21巻10号〜第22巻2号、第22巻6号〜第23巻2号、1964年10月〜1965年2月／1965年6月〜1966年2月

Kenji Iwamoto, "Film Criticism and the Study of Cinema in Japan: A Historical Survey," *Iconics*, (1987): 129–146.

飯島正「ぼくの批評史」『映画評論』第15巻6号、1958年6月、16〜21頁

権田保之助「本邦映画社会問題関係書解説」『大原社会問題研究所雑誌』第1巻3〜5号〔1934年9月〜11月号〕（復刻版『近代映画・演劇・音楽書誌』第6巻所収、ゆまに書房、1992年、402〜444頁）

映画批評集と講座

　映画批評や映画理論の本は、単著だけでなくアンソロジーの形でも出版され、文字通り何百冊もある。だがその中には、ほんのわずかだが、映画論を歴史的な観点から幅広く集めたり、その時代の批評や研究でもっとも良いものを複数

巻にまとめた良書がある。それらは、さまざまな主題に関して便利な情報をもたらすだけでなく、映画研究や映画文化の方向性や視点、性質、奥行きを見定めるのにも役立つ。また、多くが雑誌記事から集められたものなので、日本国外の機関のように、日本映画に関わる定期刊行物をあまり所蔵していない図書館の助けにもなるだろう。

『**今村太平映像評論**』ゆまに書房、1991年

　もっとも重要な日本の映画批評家、理論家のひとりであり、とくにドキュメンタリーやリアリズム、映像文化、アニメーションに関する文章で著名な今村太平が、戦前戦中に書いた10冊の著作の復刻版。とりわけ、比較的希少な初版本の複製なので価値が高い。今村も、その他多くの著者がたびたび行っていたのと同様、時折、実用に合わせて戦後版を改訂している。

東京国立近代美術館フィルムセンター 監修
『**映画公社旧蔵 戦時統制下映画資料集**』〔**全34巻**〕ゆまに書房、2014〜2016年

　本書は、映画論集というよりも、映画公社が所有していた、映画に関する数多の資料を集めたものだ。映画公社は映画産業の統制を強化するために1945年6月に設立された短期間の組織で、その年の11月には解体される。公社は前組織からの資料を引き継ぎ、映画記事・批評から観客調査、占領地域における映画の調査報告から国内劇場の説明まで、さまざまな映画資料の山を築いていた。これらは現在、フィルムセンターの貴重書庫で戦時期の映画に関する書物の宝庫となっている。

佐藤忠男、岸川真 編著『**「映画評論」の時代**』カタログハウス、2003年

　『キネ旬』の主要な競合誌のひとつ、『映画評論』からの記事を1冊に集めたもの。『ベスト・オブ・キネマ旬報』（116頁）ほど膨大ではないが、1950年以降の雑誌の目次が収録されている。

山田和夫 監修『**映画論講座**』合同出版、1977年

　おおむねが、日本共産党とつながりをもつ作家や映画製作者によって執筆された全4巻の論集。本書は、順に、映画理論、映画史、映画製作、映画運動を取り上げている。なお、別巻に『映画の事典』（132頁）がある。

和田矩衛 編『**現代映画講座**』創元社、1954〜55年

　1950年代中頃の映画論考を集めた興味深い一篇。全6巻からなるこの書籍は、順に、製作と歴史、技術、脚本、演出、演技、鑑賞法を取り上げている。

『**現代日本映画論大系**』冬樹社、1970〜1972年

　映画に関する戦後の出版物のなかでもっとも重要な一冊である、この全6巻の労作は、時代（1巻につき約4年間）と主題に基づいて編纂された戦後映画批評の集大成である。選考には編者の好みが反映されているが、全体的には25年以上にわたる映画論議や映画言説をきわめて横断的に取り上げている。各巻には、このアンソロジーには含まれていない期間に出版された、その他主要論文についての解説や参考文献一覧も付されている。

今村昌平 他編『**講座 日本映画**』岩波書店、1985〜1988年

　今のところ、日本映画に関する、複数巻のアンソロジー（講座）のうちで最良の書。歴史的時代区分に即して分けられた8冊の巻に、歴史上重要な映画人のインタビューや著名研究者の書き下ろし論文が盛り込まれている。各巻には、佐藤忠男と新藤兼人による日本映画史とシナリオ史についての各々の連載論文が収められている（後者は『日本シナリオ史』岩波書店、1989年にまとめられている）。

牧野守 監修『**最尖端民衆娯楽映画文献資料集**』ゆまに書房、2006年

　18巻におよぶこの復刻資料集には、牧野の『日本映画論言説大系』とくらべると、ジゴマの小説版や映画スターの伝記、検閲にまつわる逸話、また田中栄三や牛原虚彦、帰山教正といった重要映画人の著作のような、大衆的な書籍が収められている。

Aaron Gerow, ed. ***Decentering Theory: Reconsidering the History of Japanese Film Theory***. Tokyo: Josai University, 2010

　日本映画の理論を紹介、批評した、*Review of Japanese Culture and Society*（Issue 22）の特別号。権田保之助や中井正一、今村太平、吉田喜重、蓮實重彥の英語訳とそれについての論考を収録する。

岩本憲児 他編『**日本映画史叢書**』森話社、2004〜2011年

　日本映画とナショナリズム、ジェンダー、第二次大戦、1960年代、時代劇、メロドラマなどの主題に焦点を当てた、全15巻にわたる一大叢書。多くの巻を岩本憲児が編集し、とくに今日の若手映画研究者の研究を数多く集めている。

映画史研究誌刊行委員会 編『**日本映画史探訪『映画への思い』**』
田中純一郎記念日本映画史フェスティバル実行委員会、1998〜2003年

　アンソロジーや講座というよりも、映画史に的をしぼった全6巻の目録・評論集である。各巻は、そこに住んでいたことのある田中純一郎に敬意を表した群馬県新田市後援の映画史フェスティバルに連動して、毎年出版された。全体的にこの本では、田中の人物像についてや、彼の書いたものだけでなく、彼の所蔵していたいくつかの歴史的な貴重書の復刻、新たな研究者の書き下ろし論考なども取り上げられている。また、田中の著作一覧も滞りなく紹介されている。

黒沢清 他編『**日本映画は生きている**』岩波書店、2010〜2011年

　この全8巻からなる叢書は、『講座 日本映画』（113頁）以来、映画に関して初めて「講座」的叢書を刊行する岩波書店での出版が最終的に決定するまで、作り上げるのに実に何年もかかった。この2つの叢書の間にはいくつか似ている部分があり、学術論文と映画製作者の話を合わせて掲載していることや、編者のなかに何人かの著名人を加えた販売戦略を取っていることなどが類似している。出来上がったものは『日本映画史叢書』（前々項）ほどすべてがしっかりとしたものではない――残念ながらタイトルも単純すぎる――が、映画史、アニメ、ドキュメンタリー、監督／俳優、マイノリティー、文化産業に関する最先

端の研究を収めている点で、この分野における主要文献のひとつである。

牧野守 監修『**日本映画論言説大系**』ゆまに書房、2003〜2006年

　戦前の映画理論・批評の主要作品を何本か収録した（1冊のなかに複数の書籍が復刻されているものもある）30巻におよぶ復刻版。最初の段階では、ほとんど流通しなかった貴重書もいくつか含まれている。また、各巻には充実した内容の解説が付されてもいる。主に、権田保之助、岩崎昶、津村秀夫、飯島正、帰山教正、清水光、長谷川如是閑、板垣鷹穂、北川冬彦、岸松雄、柳井義男といった著名論者の作品に加え、映画法関連の国会討議の複製も収録する。

Filme aus Japan. Berlin: Freunde der Deutschen Kinemathek, 1993

　日本映画に関するドイツ語の批評の概要集。ベラ・バラージュが1924年に書いた早川雪洲論にはじまり、ドナルド・リチーが1965年に書いた論の翻訳で締めくくられている。総数56本の論文が取り上げられ、執筆者48人の略歴紹介のほか、複数言語のさまざまな書籍や記事を引用した102本の映画のあらすじも付されている。伊丹万作や増村保造、大島渚などの重要論文も（すべてドイツ語だが）掲載している。

新興映画社 編『**プロレタリア映画運動の展望**』大鳳閣書房、1930年
ミシガン大学日本研究センターオンライン復刻シリーズ、2004年、quod.lib.umich.edu/c/cjfs/bbx2327.0001.001

　会社ではなく、映画集団である「新興映画社」が編纂した書籍。本扉には、岩崎昶や岸松雄、小林多喜二、蔵原惟人など、プロレタリア文学・映画の舞台で活躍していた名前を含む、20人の論者が並んでいる。論文はプロキノの出版物から集められており、その映画運動の活動が絶頂期だったころの自画像を映しだしている。

『ベスト・オブ・キネマ旬報 上 1950–1966』キネマ旬報社、1994年
『ベスト・オブ・キネマ旬報 下 1967–1993』

　この全2巻の分厚い冊子は、1950年以降の『キネマ旬報』に掲載されたもっとも重要な記事を集めたものだ。この『キネマ旬報』が日本で最重要の映画雑誌であるにもかかわらず、古いバックナンバーを所蔵している機関は少ないので、海外の研究者にしてみると本書はありがたい。『キネ旬』をそのまま再録しているため、映画の広告も少し入っている。

　そして最後に、日本の雑誌・書籍の復刻版、とくに牧野守が編集したものに付された研究者の解説をつぶさに強調しておかないと、私たちの落ち度となってしまうだろう。それらもまた、戦前戦中の日本での、しっかりとして示唆に富んだ映画理論や映画批評の歴史を形づくっているのだ。

目録および書誌

　目録と書誌が文献史の核心をなしていることは明らかである。以下に挙げる著作では、学術研究よりも目録そのものに、つまり見取り図を描くよりもそのリスト化に傾注したものをとくに取り上げた。

ザ・ベスト

『**映画・音楽・芸能の本 全情報 45/94**』日外アソシエーツ、1997年
『**映画・音楽・芸能の本 全情報 95/99**』日外アソシエーツ、2000年
『**映画・音楽・芸能の本 全情報 2000–2004**』日外アソシエーツ、2005年

　正直なところ、本書は非常に使いづらく、以下に挙げている書籍と同じレベルにはない。

　しかしながら、最近の映画本でまともな目録を見つけるのにも苦労する。これら3巻は、戦後に出版された映画、音楽、芸能の書籍をリスト化している。か

なりわかりやすくは見えるのだが、イライラするほど使いづらい。冊子は小さく、小さい字がぎっしりとしている。ごく一握りの批評家や監督には特定の項目が用意されているが、その他のカテゴリーはすべて漠然と捉えられているため役に立たない。また、まごつかせるような誤字脱字で台なしにもなっている（誰よりも「蓮實重彥」の漢字のあやまり！？！）。ありがたいのは、3冊目の版で多くの書籍に目次が付されたことだけだ──『事典 映画の図書』（108頁）より古い時代に対しては、これを利用する理由があまりないのだから。今村三四夫（108頁）や辻恭平のような労作が他に現れるまでは、少なくともこれが1989年から今日までの期間の膨大な書籍を扱う目録だ。

『大宅壮一文庫雑誌記事索引総目録』 大宅壮一文庫、1985年

　大宅壮一文庫が作成した冊子版雑誌主要索引目録で、明治期から1985年までの期間を対象としている。後に出版された追補で、索引の対象が1995年までに延長された。その後は1988年以降のものを紹介しているだけではあるが、ウェブ版（213頁）が主要な情報源となっている。この索引目録は基本的に2つの部分に分かれていて、人名索引では、とくに映画スター研究に役立つ豊富な情報源が用意され、件名索引には個々の映画やジャンル、製作会社、職種などの見出しがあり、十二分に詳しい。索引には全体的に映画雑誌が含まれておらず、古ければ古いほど対象の範囲もまばらになるが、戦後の大衆誌の対象範囲は卓越している。

『キネマ旬報』 2月15日号

　由緒ある映画誌『キネマ旬報』は、1970年代中頃から前年度の映画を総括する特別号を毎年発行しはじめた。これらは「ベスト・オブ〜」調査として広く知られているのだが、粗雑で、非科学的なものだ。しかしながら、この号の他の部分には、前年度に発行された冊子の全索引をはじめとして、とても有益な情報が詰まっている。映画・ビデオ産業の動向を示すデータや、映画祭受賞作品のリスト、国内映画祭の記録、出版された書籍リスト、その年の出来事、問題、論争をまとめた記事なども添えられている。その年に封切られた全映画の、

製作会社と公開日ごとにリスト化された表は、もっとも重要なひとつだ。この表には出演者と製作スタッフ、上映時間、紹介記事が掲載された『キネ旬』の号数が付されている。

　戦前の時代、『キネ旬』の１月号もしくは２月号には「新作映画一覧」が付されていた。そこに並ぶのは、大半が外国の作品ばかりだが、各映画の配給会社と製作会社、発声映画か無声映画か、リール数、星取表、映画の批評が掲載された号数などの情報が供されていた。早稲田大学坪内博士記念演劇博物館が、過去30年間の索引目録を１冊のバインダーに集めて保存していることは覚えておくと便利だ。なお、1930年代にも同様の号が毎年１月に発行されている。

Dudley Andrew and Paul Andrew. *Kenji Mizoguchi, a Guide to References and Resources*. Boston: G.K. Hall, 1981

　ここまで映画製作者個々人に関する本は意識的に省いてきたのだが、理由は単に、それらがもっとも見つけやすいものだからだ。WorldCatや早稲田大学のオンライン蔵書目録を著者名で検索すれば簡単に引き出せるだろう。また、そうした本がさまざまな言語で数多く書かれているのも言うまでもない。しかし、その中でどうしても勧めておきたい労作がひとつある。単にそれが英語で書かれているからということではもちろんない。

　映画製作者に関する書誌情報は簡便なリストがほとんどで、しかも日本語出版物では外国語で書かれたものが入っていることはきわめて少ない。しかし、まったく反対に、この本では全項目に秀逸な説明が添えられている。冒頭をなす、溝口健二監督の経歴を批判的に概観した序論は、あらすじを加えたフィルモグラフィーまで付され、もっとも優れた溝口論のひとつとして今もあり続けている。だが、この分厚い本の肝心な部分はその書誌情報にあり、日本語、英語、フランス語、その他の言語で書かれた映画評、論文、インタビュー、書籍がそこに含まれている。説明には十分な長さがあり、分析が生き生きとしていて、引用も数多く含まれ、読む楽しみまでを実際に味わえる。この書誌文献を読むだけで、溝口健二について多くを学ぶことができるのだ。

　このアンドリュー兄弟の著作は、私たちが鋭意努力して目指しているひとつ

のモデルである——それは実に、あなたが手にしているこの本で私たちが目指しているものなのだ。

笹川慶子 編著『**日本映画雑誌所在調査報告書——日本映画資料の所在調査及びデータベースの構築**』2015年

　関西大学の笹川慶子は、公益財団法人三菱財団の助成を受けた研究成果として、数多くの人や機関からの助けを借りながら（アーロンも、プロジェクトの研究協同者の一人）、日本および海外における映画雑誌の所在を明らかにする試みを行った。

　そのすべてを見つけ出すことは不可能なので、彼女は以下のような主要機関のコレクション——演劇博物館、川喜多、神戸映画資料館、フィルムセンター、松竹大谷図書館、イェール大学、アイオワ大学、シカゴ大学、ミシガン大学、バークレー校、コロンビア大学、UCLA、プランゲ文庫、池田文庫、早稲田大学図書館、ハーバード大学——に焦点を絞っている。その成果は総頁数1,800頁におよぶ2巻本になり、1,644冊の定期刊行物が盛りこまれた。フォーマットはシンプルで、各定期刊行物（50音順で並ぶ）に対して、すべての号が列記され、それぞれの号がコレクション内にある場合に応じて、各主要アーカイブの該当欄（フィルムセンター、演博、早稲田、川喜多、松竹、神戸、池田、UCLA、コロンビア）に印が付くか、もしくはその他欄で他機関への注記が加えられる。

　これは完全ガイドではなく、作成作業が大変だったのだろうと推察される問題も生じているが、なにがどこにあるかは1頁で（もしくは数頁で）明確に感じ取れる——同様に、映画関連誌がどれほどあったのかと仰天するほどの印象も受ける。かさばるとはいえ、便利な資料だ。

牧野守 編『**日本映画文献書誌——明治・大正期**』雄松堂書店、2003年

　「文献史」の巨人である牧野守が、戦前の映画雑誌すべての全号にただ一人で索引を作成した、数十年にわたる不屈の努力の成果だ。彼はこつこつと類似の出版物をここに取り入れている。この種の、この大きさでまとめられた索引目録は他に存在しないため、本書の価値はきわめて高い。しかしながら、年次と

記事の題名でしか揃えられておらず、主題による見出し分けがされていないため、いささか使いづらさは否めない。著者と作品タイトルの索引によって個々の作家や映画作品は調査しやすくなるはずだが、主題を広く捉えることまではできない。牧野はこの昭和初期版も用意している。しかし、こちらはワープロから手書きの分類カードに至るまで、いろいろなメディア上に留まったままである。

　CD-ROM版が切望されているのだが、昭和初期版と同様に近い将来には出そうもない。

その他

Jim Cheng. ***An Annotated Bibliography for Chinese Film Studies***. Hong Kong: Hong Kong University Press, 2004

　この優れた書誌目録には満洲映画協会を詳しく解説している節がある。ほかに、日本が同化政策のもとで中国映画の日本化をこころみた時代に関する、さまざまな項目がある。

塚田嘉信『映画雑誌創刊号目録』（大正篇、昭和篇、補遺篇）塚田嘉信〔私版〕、1965～1966年

　塚田嘉信によるこの有名な無償の労作では、1913（大正2）年から1960年代半ばまでの間で、彼が見つけたかぎりの全映画雑誌の創刊号（全部で671冊）の情報がリスト化されている。想像されるとおり、実際には最初の号の目次しか付されていないため、用途はかぎられる。また他にも問題があり、各巻で50部以下しか出版されていないため、これを持っていると思われる図書館は早稲田とフィルムセンターだけだ（古書市場でも見かけたが、それを手に入れるには、相当の金額を積まなければならないのは確かだろう）。塚田やその他の人たちが雑誌索引などをリスト化した本をほかにも数多く自費出版してきたが、過去数十年の間で復刻版が増えたことで、それらの大半が無用なものになってしまっている。

飯島朋子『**映画の中の本屋と図書館**』日本図書刊行会、2004〜2006年

　私たちはこの2巻からなる参考文献をここから省くことができなかった。これは映画と図書館について語る、奇妙で大変面白い映画・書誌目録である。ひとりの図書館員によって書かれた（おそらくは図書館員のために書かれた）本書は、世界の映画に現れる図書館の映画表象を調べるための手がかりになる。

John Allyn. *Kon Ichikawa: A Guide to References and Resources*. Boston: G.K. Hall, 1985

　この著者は彼が進駐軍と映画産業の連絡係として働いていた兵役時代に、はじめて日本映画との接点をもつようになったという。溝口健二の解説本（118頁）と同様、著者アリンは、市川崑に関する日本語、英語、フランス語すべての参考図書の収集を本書で試みている。市川の簡潔な経歴紹介と批評検討の後に、製作スタッフ、作品データ、およびかなり詳しいあらすじの入ったフィルモグラフィー（1946〜1980年）があり、そうした大量の書籍がここに盛り込まれている。またその次の章には、市川に関する、もしくは彼自身の文章（1956年から1979年までのもの）についての、見事な説明を添えた書誌情報がある。

　内容的には、日本語資料がたった一握りだけしかなく、アーカイブ資料のリストもたしかに時代遅れではある。しかし、市川の長きにわたる経歴の前半部分について、英語とフランス語の文献を調べるためには、本書はいまだ有力な資料だ。

プロキノを記録する会 編『**昭和初期左翼映画雑誌**』別巻（**日本社会主義文化運動資料10**）戦旗復刻版刊行会、1981年

　1981年、プロキノの元メンバーによって左翼映画運動の雑誌・新聞に関する立派な復刻版が作成された。その別巻である本書には、『新興映画』『プロキノ』『プロレタリア映画』『映画クラブ』の総目次が収録され、雑誌への索引も執筆者ごとに付けられている。また序論には、元メンバーらの回想や復刻版の解説も収められている。

『宝塚文芸図書館月報』宝塚文芸図書館、1936年7月〜1943年12月

　『宝塚文芸図書館月報』は1936年から1943年12月まで刊行されたもので、牧野守『近代映画・演劇・音楽書誌』(107頁)で復刻されている。この月刊の出版物では、多種多様な雑誌に索引を付し、図書館が新たに入手した書籍に注記を添えていた。復刻版第2巻には、映画についての一年間分の連載がある。索引には、ほとんどの有名雑誌、および、あまり有名でないものも数多く含まれ、対象月の誌面にある注目すべき記事が取り上げられている。映画の欄は、シナリオ、映画業界、理論など、いくつかの小見出しに分けられていて、あまり分析的ではないが便利だ。索引は完璧では決してないのだが、記事の頁数まで記載されていることも多く、図書館間相互貸借を利用するときには大いに役立つ。他方、各項目には映画研究者がほとんど手を付けていない演劇雑誌からの記事も含まれている。

　この時代を研究しているひとは、きっとあまり見かけない文献が出てくるので、各号に目を通すとためになるはずだ。

藤川治水『**地方映画書私誌──北海道・東北地方**』治水文庫、1988年

　自費出版された地方映画史の書誌目録で、日本北部に焦点を絞っている。藤川は地方映画史の作成を推進する主唱者のひとりである。

本地陽彦 編著『**日本映画雑誌タイトル総覧**』ワイズ出版、2003年

　そのはじまりから2000年までの1,100冊におよぶ映画雑誌の創刊号を、各雑誌が刊行されはじめた年ごとにリスト化したもの。現在も絶版ではなく入手は容易だが、塚田嘉信の『映画雑誌創刊号目録』(120頁)に取って代わるものではない。おもに、80頁程ある雑誌の表紙に目を通すのが楽しい。

牧野守「**プロキノ関連文献リスト**」『現代と思想』第19号、1975年3月、113〜117頁

　牧野守は、プロキノ運動の元メンバーたちとともに主宰した座談会(「プロキノの活動」)のなかで、短いが秀逸な日本プロレタリア映画同盟に関する、また

はこのもとで書かれた著作を集めた、文献一覧を付け加えている。研究者の視野からこぼれやすい数多くの資料が列記されている。

イヤーブック・映画年鑑

　映画年鑑は、いずれの年でも、その映画状況を理解するのには欠かせない。そこには情報資源が驚くほど豊富にある。映画産業、算出された統計（製作、配給、興行成績、輸出入、検閲などに関する）、さまざまな会社の役員構成、劇場や機関、その年の出来事の総括、映画作品や人物のリストなど、その多くにこれらが、詳細かつ、同時代的に書き記されている。時には映画評論家が積極的に関わり、たとえば序論や、その年に製作された映画の批評が部分的に入ることで、年鑑が、全体においても部分においても、映画芸術の動向を説明する批評分析になっていることもある。それゆえ映画年鑑は、ある時代や映画の産業面を調べる際、まず最初にあたる文献となることが多い。

　最初期の映画年鑑は再版を重ね世に出ていた一方、戦争末期に年鑑として書かれた文章は出版されなかった。1936年から1939年までには、英語で書かれた年鑑もあった。1925年以来、ほぼ毎年少なくとも1冊の出版物にまとめられてきた。だが、その年々をとおして出版社や方針が非常にまちまちで広がりがあるため、まずは、辻恭平の『事典 映画の図書』（108頁）にあたるのがよい。ここには、時代の評価に堪えうるもの、もしくは／と同時に、面白いもののみを挙げる。

ザ・ベスト

『映画年鑑』（出版者に変更あり）
　主要かつ最長を誇る映画年鑑。時事通信社は、1950年から1970年までに戦後初となる年鑑を出版し、のちに時事映画通信社が1973年から引き継いだ。統計、産業構成、フィルモグラフィーが、その年々の出来事に関する記事ととも

に優れている。各会社や映画関連機関（映倫や映連などの）の業績報告、役員リストを掲載。映画人ら多数の住所まで知ることができる。各年鑑には、全国の映画館をすべて列記した『映画館名簿』という別冊ガイドが付されている。

岩本憲児、牧野守 監修『**映画年鑑 昭和編 I**』日本図書センター、1994年
　　　　　　同　　　　『**映画年鑑 戦後編**』日本図書センター、1998年
　これらは、異なるタイトルで作成されてきた30年近くにおよぶ映画年鑑の、きわめて重要な復刻版だ。「昭和編」は、国際映画通信社発行の「年鑑」1926年から1945年までを対象とし、「戦後編」は、1950年から1960年まで時事通信社で毎年発行されたものを扱っている。統計や業界人などに加えて、映画とその産業動向に関する論点にあふれたエッセイ（とくにその初期の巻にあるもの）もまた、このなかではとりわけ貴重である。ここに、その時代の映画産業の貴重なスナップショットを見出すことができる。

東京国立近代美術館フィルムセンター 監修
『**戦時下映画資料 映画年鑑昭和18・19・20年**』日本図書センター、2006年
　戦時期3年間の映画年鑑のために用意され、発行されることのなかった原稿の復刻版。

その他

江藤努、中村勝則 編『**映画イヤーブック**』社会思想社、1991〜1998年
　長くは続かなかったもうひとつのイヤーブックで、1991年から1998年の間に公開された個々の映画作品の紹介を中心にしている。Vシネマのリストがあるのに加えて、同様のイヤーブックよりも批評的な論評も含まれている。

十重田裕一 編『**映画館**』ゆまに書房、2006年
　コレクション・モダン都市文化シリーズ（第19巻）に収録される、市川彩の国際映画通信社が発行した800頁におよぶ『昭和5年版 日本映画事業総覧』の一

番良質な復刻版。これは1930年代以前の興行・配給事業を調査する上で、非常に貴重な資料である。ほとんどのデータがそれ以前の年度をカバーしているので、それまでに発行された1925年、1926年、1928年版にほぼ取って代わるものだ。これは、牧野守と岩本憲児の『映画年鑑 昭和編I』（124頁）にも収められているが、このゆまに書房版には、たとえば他の資料から復刻した補完図表の付録がずらりと並ぶのをはじめとして、貴重な資料が巻末に増補されている。これに加え、すばらしい解題や主要参考文献一覧、興行実践に関する雑誌記事への索引を付した1895年から1945年までの見事な関連年表もある。

『映画 ビデオ イヤーブック』（Film & Video Yearbook）キネマ旬報社、1990〜1999年

キネマ旬報社が1990年代に出したイヤーブック（詳細な解説は136頁を参照）。各年の映画作品紹介に注力している。

Japanese Films. Tokyo: UniJapan Film, 1958–

日本映画の海外展開支援を目的とする非営利団体ユニジャパンより、息の長い英語のイヤーブックが毎年3月に発行されてきた。本書は、それゆえにおおむね商業向けのカタログで、長らく独立系よりも大手製作会社の作品に焦点を絞る傾向にあった。だが、近年ではその対象がより広範になってきており、産業統計や主要な映画人の連絡先まで掲載している。

小藤田千栄子 他編『女性映画監督がおもしろい』パド・ウィメンズ・オフィス、2004〜2005年
　　　　　　同　　　　『女性映画がおもしろい』パド・ウィメンズ・オフィス、2006年〜

『別冊 女性情報』が年一回発行する冊子で、日本および海外の、女性が監督した映画のほか、男性が作る、女性主人公を中心に据えたものをいくつか加えた映画作品に焦点を当てている。数人の女性評論家が映画作品を選んで解説を書いていたり、他にも、その年のベスト5のリストや概説も付されている。2006

年版からタイトルが『女性映画がおもしろい』になった。取り上げられる映画の数はかぎられているが、このシリーズには類例がなくユニークだ。

『地域における映画上映状況調査 映画上映活動年鑑』国際文化交流推進協会（エース・ジャパン）、2004年〜

　この不定期的に出版されるイヤーブックは、日本の興行システムに関するデータの宝庫である。これは日本コミュニティシネマセンターが発行する重要出版物のひとつだ。この機関のメンバーシップには、主要な配信網には乗らない映画文化に寄与している映画祭やミニシアターのすべてが参加している。内容は号を重ねるごとに変化しているが、各都道府県それぞれの興行状況のきわめて詳細な分析が含まれている。

佐藤忠男、山根貞男 編『日本映画』芳賀書店、1976〜1985年

　この短命に終わったイヤーブックには図版がたくさんある。また、当時の日本映画文化がイメージできる優れた批評論考も掲載されている。1976年から1985年まで出版された。

『PR映画年鑑』日本証券投資協会、1959〜1967年

　これは、1950年代のブームの際に隆盛をきわめたPR（広告）映画限定のイヤーブックだ。その形式は特徴的で、『PR映画年鑑』には映画製作者と公民館（そのレンタル費を含む）がリスト化されている。だが、もっとも注目すべきは映画リストで、そこには製作者、上映時間、完成日、あらすじその他のデータが記載されている。1960年版には59年版に掲載された作品も入っていて、さらに59年以前の映画をリスト化したともある。独立系ドキュメンタリー映画の才能育成を図る実験場のような役割があったPR映画製作の多様性を見るのには、この年鑑が役に立つ。フィルモグラフィーは、確かに完全ではなく、作品を取り上げる基準も述べられないままになっている。

事典・辞書

　映画事典・辞書は、この学問の基礎となるもので、基本概念を思考するための用語や枠組みに関して、基準となる定義を提唱する。残念なことに、日本ではそのような事典がきわめて少なく――これもまた、映画研究のひどい状況の証だが――10年に1冊ほどの割合でしか出てこなかった。近年では、美術出版社の2冊の映画事典のように、論点が豊富な文献もいくらかはあるものの、基礎用語や概念についての議論には活気が欠けている。海外の研究者から見ると、こうした書籍は基本的な定義や情報以上に、日本でこの学問がどのように形成されているかを見るための見取り図ともなる。

ベスト・オブ・ベスト

岩本憲児、高村倉太郎 監修『**世界映画大事典**』（Encyclopedia of World Cinema）日本図書センター、2008年

　作成に10年を要した本書は、今日までに日本語で出版されたなかで、もっとも重厚な映画の事典である。全般的に世界の映画を対象としているため、日本に関する項目は少数派になる。しかしながら、これは4,000もの項目をもつとても分厚い事典で、日本の映画研究の主要な担い手たちによって書かれている。

　また、その編者たちは項目の策定や選定において優れた決断を行っている。ジャンルや製作会社、有名監督などの古い基準とは別に、弁士、映画運動、論争、政策、検閲、映画祭、その他いろいろな日本関連の項目が含まれている。他のアジア地域、南米、アフリカをカバーしていることは、欧米中心であることが明々白々な英語版の映画事典の傾向を是正するのに役立つ。付属冊子には、欧和文間での映画用語の対応表、年表、便利な索引がある。

ザ・ベスト

Jonathan Clements and Helen McCarthy. ***The Anime Encyclopedia: A Guide to Japanese Animation Since 1917***. Berkeley, California: Stone Bridge Press, 3rd Revised Edition, 2014

　3,000項目以上の索引と、他項目へのレファレンスが各項目に備わる本書は、大正時代から現代までの主要なすべてのアニメーション映画を取り揃えた金字塔である。項目には、製作データ、製作年、数名のスタッフクレジット、あらすじがある。基本的にその後半部分は気の利いた作品評で、アニメファンのお気に入りの作品を酷評し、彼らの目を覚ましてきた。本そのものはファンが書きまとめたものなので、品評基準はそれにふさわしくルーズだ。そのため残念なことに、日付、番組話数、ローマ字表記、設定説明、名前——その他になにかあるだろうか？——が信用できないと思わせてもしまう。また、必然的に、現代の作品のほうに比重がおかれてもいる。そうとはいえ、本書は日本アニメーションの世界についてのきわめて重要なレファレンスガイドだ。

横田正夫、小出正志、池田宏 編『アニメーションの事典』朝倉書店、2012年

　本書はアニメのデータブックではない。この分野随一の学識者が作成した、全アニメーション——日本のアニメだけでない——についての本当の百科事典である。前半部は、個別の項目を50音順に構成したものではなく、むしろ別々の著者がこの分野の主要領域——理論、歴史、技術・表現、文化、産業、社会、教育、心理学——を概説し、理解の助けとなる論文が並べられている。後半は、アニメーション研究の同一領域——歴史、作家研究、テクスト分析ほか——のなかから選ばれた研究例の紹介にあてられている。そして最後の部分が、用語、主要アニメ制作者の人物歴紹介、書誌情報の事典となっている。

　本書は、アニメーション研究を行う誰もにとって欠かせない金字塔である。だが限界もあり、とくに、アニメーションに対してかなりあっさりとした技術的な態度をとっていて、海外のアニメ研究を席巻してきたエキサイティングな理論的問題の多くには、わずかながらの言及があるだけだ。今村太平についての

言及は一度きりで、トーマス・ラマールについては全く言及していない。

村山匡一郎 編『**映画史を学ぶクリティカル・ワーズ**』(Critical Words for Film History) フィルムアート社、2003年

　判型は小さいが、映画研究と映画史の用語を程良く、約半頁から1頁を使って定義づけている非常に役立つ本だ。項目は、ヘイズコードのような歴史的用語から、イデオロギー装置のような、おおよそ学術研究で使われる概念まで幅広く扱う。書籍の内容は、10年ごとに区切って年代順に分けられ、主として概念や映画運動、新しいジャンル、技術など、その時代にあらわれる必須用語を説明している。時間的区分のようなものは、ある用語に関しては問題となるものの、その項目と各章の概論で、より長い時間枠にそれらを位置づけるようにしている。

　各章には、個々人に関する項目もいくつかあり、おおくは監督だが、時には映画理論家も取り上げている。ひとつの章につき、おおよそ25の項目がある。執筆者は主に専門家であり、また、時代ごとの必見映画リストも掲載している。全体的に学生にとって価値の高い本である。2013年に新装増補版が刊行された。

Mark Schilling. ***The Encyclopedia of Japanese Pop Culture***. New York・Tokyo: Weatherhill, 1997

　1960年代とそれ以降に重点をおいた大衆文化に関する優れた資料。かろうじて「百科事典 encyclopedia」の体を成すのにも必要な厚みがある。文章は砕けているかもしれないが、本書は日本のポップカルチャーのなかでもっとも際立つジャンルや、映画スター、現象に関する真面目な研究書である。

Chris D. ***Gun and Sword: An Encyclopedia of Japanese Gangster Films 1955–1980***. Poison Fang Books, 2013

　これは、1955年から1980年までの、多様な日本のヤクザ映画を扱う、800頁以上にわたるレファレンスブックである。著者であるクリス・D.は、2000年代を通じロサンゼルスにあるアメリカン・シネマテークの番組作成者を務め

ていた人物としてもっとも有名だ。彼はそこで、印象深いさまざまなアジア映画を上映していた。また、*Outlaw Masters of Japanese Film*（I.B. Tauris, 2005）のほか、たくさんの小説、短編集も出している。

　本書は、このジャンルの詳細な歴史と日本語の用語の解説ではじまる一方、製作会社ごとに分けられた新しい構成をとっている。どのように各社が、ヤクザ映画お決まりの形式にひねりを加えているのかを考察しており、かなり納得できるのだけれども、主要会社以外で作られた映画も加えることは本の最後にたくさんの「その他」の章を作るように著者に強いることにもなる。残念なことに、索引はたった3頁しかなく、彼が一番良いと思う映画だけを選り抜いている。ファンの心情という観点からこの事典が書かれたのだということが、この点に証されている。

　索引内のカノンとなる作品選別に目をやると、ある読者は『子連れ殺人拳』（1976）と『用心棒』（1961）がそばにあることを嫌がるかもしれない。しかし私たちには、その選別のおおらかな多様性やD.の書き方自体もまた、新鮮で楽しく感じられるのだ。D.が賞賛するのは、胸躍るような映画製作であり、それが、映画製作者個々人の熱くもあり冷めてもいる情熱を切り出してくる（たとえ本書が非常に作家主義的だとしても）。他方、製作会社ごとに分けられている本に索引がないことには、どの会社がそれを製作したのかをまず知っていないと、さがしたい映画を見つけることが実質的に不可能だということにもなる。また、会社がわかっているときでも、言語間での対照索引がないので、英語タイトルまでわかっていることが必要にもなる。

山下慧、井上健一、松﨑健夫『**現代映画用語事典**』キネマ旬報社、2012年

　本書と村山（129頁）の事典は、ともに歴史、ジャンル、制作技術、産業、理論の用語をカバーしているが、こちらは技術方面寄りで、学術方面は軽い。また個々人に関する項目もない。時代劇や日活アクションのようないくつかの項目には数頁が割かれているものの、ほとんどは半頁以下の記述に留まる。扱う用語は400以上にのぼる。

Jasper Sharp. *Historical Dictionary of Japanese Cinema*. Plymouth. UK: Scarecrow Press, 2011

　本書はScarecrow Pressが出版する歴史大事典シリーズに収められた日本映画の巻である。映画史家であり、オンライン研究誌*Midnight Eye*を共同で立ち上げたキュレーターであるジャスパー・シャープが執筆した。520頁にもなる本書は、日本映画の歴史を研究するのにはすばらしい資料だ（価格が日本映画を研究する学生の手に届くものだったら、なお良かったのだが）。妙なことに、事典そのものは300頁程で、活字が非常に大きいという事が目についてしまう。一方で、冊子のかなりの重さに隠れて、内容が決して包括的ではないということが見えにくい。たとえばここには、帰山教正やマキノ雅弘、勅使河原宏、伊丹万作（おそらくは項目のある十三よりも重要な）といった人物を含む監督自身の項目が欠けている。抜け落ちているものがわかるひとには、本書の選定がいくぶん恣意的に感じられることだろう。

　しかしながら、叙述はしっかりしているので、このシャープの事典を書棚に加えることにやぶさかでない。本書巻末には200頁の付録があり、映画会社のリストや、人物（個別の項目がないひとだけ）および、作品タイトルがそこに含まれている。本書の利用法は、とりあえずそうした名前の読みかた・漢字を知ることだ。他方で、巻末の参考文献一覧はすばらしくよくできている。残念なことに、付録のリストには頁数が添えられておらず、索引もない。そのせいで、この事典はさらに使いづらいものになってしまっている。項目のテキスト検索ができるebook版を購入するのがよいかもしれない。項目の充実した内容をみると、これがシャープのこれからの人生をかけて継続されるプロジェクトとなり、さらに分厚くもっと完璧になった新版が、のちのち出版されることをただ祈るばかりだ。

Tom Mes and Jasper Sharp. *The Midnight Eye Guide to New Japanese Film*. Berkeley, California: Stone Bridge Press, 2005

　*Midnight Eye*のウェブサイト（231頁）の補完雑誌である本書は、現代の日本映画についてのガイドブックで、20名の監督についての充実したプロフィール

と、100本近い作品の生き生きとした分析が盛り込まれている。対象は絞られているものの、何を論じ何を省くかの決断はうまくなされている。

その他

蓮實重彥 他編著『映画』（エナジー小事典 第6号）エッソ石油広報部、1985年

　縦15センチの本当に小さな本で、たった144頁しかない——とにかく本当に薄い本だ。出版元も、とある石油会社である。しかしここには、1980年代をリードした映画批評家の書く項目がいくつか含まれ、「事典」という概念に対する創意工夫が体現されている。本書は、重要な専門用語や人物などに対して正確な論述をしようとするものではなく、むしろ映画的な言辞、たとえばアスファルト、階段、キス、扉、雨、手——すべてが異なる映画的文化・時代をまたいで記されている——の一覧表だといえる。畳、忍者、人力車のような、日本映画に特徴的な項目も、わずかながら含まれている。少なくとも私たちは、煉瓦のような重くて分厚い他の参考図書の間にこの小冊子を加えておきたい。これによって、権力と影響が強いこの批評家グループをここで紹介することができるし、それにもまして日本映画の活字文化の豊かさをも証明できるからだ。

山田和夫 監修『映画の事典』合同出版、1978年

　印象的な本書は、マルクス主義批評家・歴史家である山田和夫が監修を務めた。よくある短い名簿録（撮影スタッフも含まれる）、映画関係統計、専門用語を説明する総合的な辞典が重要な部分を占めている。しかしながら、本書の一番の価値は歴史資料のコレクションにある。山田は映画産業と国家権力との関係につねに関心を抱き、大量の行政資料を編纂した。そこには、政府規程や代表的検閲事項、また、アメリカ占領軍からの指令書を選りすぐったとても良い資料が盛り込まれている。

岩崎昶 他編『**映画百科辞典**』(Encyclopedia of Cinema) 白揚社、1954年

　岩崎昶、谷川義雄、宮島義勇、今井正などを含む、戦後映画界における数多くの著名人によってこの辞典は編纂された。収められた項目の大部分は、いまや必要のないものになってしまったものの——とくに『世界映画大事典』(127頁)の出版で——、1950年代頃の専門用語の定義を知るのには、本書もいまだ格好の資料である。少なくとも、その当時、映画がどのように理論化されたのかを知るための参考として興味深いのは確かだ。

倉橋健、竹内敏晴 監修『**演劇映画テレビ舞踊オペラ百科**』(Pocket Book of Theatrical Arts) 平凡社、1983年

　事典としてはベストではない——項目の多くが短すぎる——が、手早く調べるのには十分な本。

梅屋庄吉『**活動写真百科宝典**』梅屋庄吉、1911年

　基本的には、冒険好きの実業家・梅屋庄吉が設立した映画会社、M・パテー商会が取り扱った映画の目録である一方、本書は、さまざまな科学や研究領域に即して分類された映画による人類知の百科事典として屹立している。それは、あたかも映画——そして梅屋——が、近代の知の宝庫としてここに現われているかのようだ。『日本映画論言説大系』(115頁)の第23巻で復刻されている。

川添利基 編『**キネマ・ハンドブック 映画辞典**』聚芳閣、1925年

　戦前に出された事典は他にもあるが、本書は、数多くの専門用語の意味が議論され体系化されてゆく、日本映画史上のとりわけ興味深い時期に出版されたものである。

岡田晋 他編著『**現代映画事典**』〔改訂版〕美術出版社、1973年

　映画研究における真の事典として初の試みだったが、今ではやや時代遅れになってしまった。しかし、項目数が少ない分、それぞれの記述が幅広く、長く

なっており、佐藤忠男や松本俊夫、佐々木基一、羽仁進、岩崎昶といった著名人が執筆している。

浅沼圭司 他編『**新映画事典**』美術出版社、1980年

1973年の『現代映画事典』に新たな項目と書き直しを加えた改訂版で、蓮實重彥や浅沼圭司、波多野哲朗などの執筆者も加わっている。

石川弘義 他編『**大衆文化事典**』（Encyclopedia of Popular Culture）弘文堂、1991年

映画を含む、日本の多様な大衆文化についての優れた事典。各項目に書誌情報があるので、ある場合にはこの文献から研究を開始するのもよい。だが、映画に関する項目はやや不十分である。

Verne Carlson. ***Translation of Film / Video Terms into Japanese***. Burbank, California: Double C Publication, 1984

この日英（米）事典は、プレプロダクションからポストプロダクションまで、あらゆる映画製作の場面で出くわすどんな専門用語も、ほとんどカバーしている。本書は、国情に詳しくないハリウッドのプロデューサーが日本へ仕事に行くときを想定して書かれており、日本語を上手に発音しやすくするために、独特なローマ字表記が使われている。冊子の終わりには、映画製作でよく使われるフレーズもリスト化されていて、"Are there experienced personnel?"「製作の経験者はいないのか？」と "This will not do"「これはいけない／これはダメだ」が私たちのお気に入りである。

山口康男 編著『**日本のアニメ全史──世界を制した日本アニメの奇跡**』テン・ブックス、2004年

本書の付録にはアニメーション専門用語の語彙解説集が付されている。項目の多くが英語から借用されたカタカナだが、その意味はこの制作文化特有のものになっている。アニメで、とくに翻訳家のような仕事を真面目に行おうとす

る人なら誰でも、この用語集がきわめて役立つものなのがわかるだろう（山口のこの著作に関しては、さらに193頁の項目を参照）。

フィルモグラフィー

　包括的なフィルモグラフィーは、出演者・スタッフ情報、公開日、上映時間、またある時は物語のあらすじ、技術仕様、封切館名、寸評まで、広範囲におよぶ個々の映画情報を提示することに特化した参考図書だ。しかし日本には、作られた映画が膨大にあっても、出演者やスタッフの（登場人物の名前を含めた）情報を十分に揃えた包括的フィルモグラフィーは少ない。そのために、『キネマ旬報』の作品紹介や、もう少し（監督や俳優などに）特化したフィルモグラフィーをよく調べなければならないのだ。インターネットにある戦後のキネマ旬報紹介、日本映画データベースに当たってみるのもよい。だが、その記載がまちがっていることもあるため、フィルモグラフィーは必ず、他の出版物資料や映画自体と突き合わせながらチェックすべきである。

ザ・ベスト

スティングレイ、日外アソシエーツ共編『**アニメ作品事典──解説・原作データ付き**』日外アソシエーツ、2010年

　長らく山口且訓と渡辺泰の『日本アニメーション映画史』（192頁）が、日本のアニメーションの主要な歴史としてのみならず、主要なフィルモグラフィーとしての役割も果たしてきた。

　本書は、映画、テレビ、OVAを含む日本アニメ6,400本ほどの作品の基本的な出演者・スタッフ情報を揃えることによって、そうしたフィルモグラフィーに取って代わろうとする試みである。おおよそ3分の2に解説が付き、半分ほどに原作情報が付されている。公開日順に時代を追って並べられたアニメ映画の索引のほかに、もうひとつアニメ原作者の索引もある──が、妙なことに監

督やその他重要スタッフの索引はない。それゆえ本書は、個別の作品について研究するのには大きな助けとなるものの、一つ一つのテクストをジャンルや作家研究のなかで横断的に研究するのには使いづらい。

『映画 ビデオ イヤーブック』（Film & Video Yearbook）キネマ旬報社、1991～1999年

　日本で製作または公開されたすべての映画を記録する、キネマ旬報社が行ってきたプロジェクトの続編である（138～140頁）。この頃には、刊行物が毎年発行のイヤーブックに変更となり、1990年代の映画について把握するのにとても重要なツールとなった。悲しいことに1999年を最後にプロジェクトは中断している。

Stephen Cremin, ed. *The Asian Film Library Reference to Japanese Film*. London: The Asian Film Library, 1998

　リング付のバインダーにそのまま挿まっているので、むしろ怪しげな代物に見えるが、これこそまさに日本映画にとって重要なレファレンスブックだ。「映画」と「人名」の2巻にわかれている。2,259本におよぶ映画の記述では、作品タイトルが漢字、ローマ字、さらに英訳（ただし公開時につけられた別タイトルはない）で表記される。そして、基本的な出演者・スタッフ情報とごく最小限のデータがこれに続く。第2巻に収録の人名は膨大で、項目を参照すると、3,000名を優に超える人数のフィルモグラフィーがあるのに気づく。すばらしいことにクレミンは、数百もの映画製作者の人名を監督と俳優全員に加えて採録したのだ。長音記号を使っていないものの、人名のローマ字表記もまず信頼できるようにはみえる。使い道の多い見事なレファレンスブックである。

　だが、突きつめたところでは、日本映画の製作規模を考えると取り上げられている映画は少ない。無声映画の時代は、本書ではとくに物足りない。それでもこのレファレンスブックは、数少ないローマ字表記の人名／タイトルの索引本として、日本語を読むスキルのないひとにとって必携の一冊である。

『**FC：フィルムセンター**』東京国立近代美術館フィルムセンター、1971〜1993年

　FCは、フィルムセンター（以下NFC）が、1971年から1993年までの間に特集上映プログラムのたびに発行してきた一連のカタログだ。エッセイが掲載されることもある一方、詳細なフィルモグラフィーにこそカタログの主眼はある。通常、上映される映画1本に付き1頁、出演者・スタッフ情報やプロットの要約、史的観点からのコメントが掲載されている。たいていはNFCの研究員が執筆しているため、このフィルモグラフィーは日本語で出版されたなかではもっとも詳細で正確なもののひとつである。

『**クラシック映画ニュース**』無声映画鑑賞会、1959年〜

　無声映画鑑賞会は、約50年間、少なくとも月に1回、東京で弁士付きの無声映画上映を続けてきた。『クラシック映画ニュース』とは、基本的には、毎回の上映の際に配布したり、会のメンバーに送付したりしてきた上映プログラムである。小冊子かもしれないが、その月に上映された作品毎に詳細な出演者・スタッフ情報、あらすじを載せている。加えて、映画スターの人物紹介や会のメンバーによる短い回想、会のニュースもある。数多くの作品が、会がこれまでに出版してきた600号を超える冊子のなかでくり返し紹介されてもいるが、無声映画時代や戦前の映画に関して、これは今もなお価値ある情報源である。

Alexander Jacoby. *A Critical Handbook of Japanese Film Directors: From the Silent Era to the Present Day*. Berkeley, California: Stone Bridge Press, 2008

　アレクサンダー・ジャコビーによるこのハンドブックは、映画監督約150人の略歴とフィルモグラフィーを備えている。もっとも著名なドキュメンタリー監督も含まれるが、ほとんどは劇映画の監督だ。フィルモグラフィーは、正確を期すために念入りに調査、照合されている。このカテゴリー内にある他の書籍とくらべると選り抜かれたものは少ないが、人物紹介では他の追随を許さない。そうした幅広い調査に基づき、叙述の充実した批評性のあるものになっている。

Stuart Galbraith IV. ***The Japanese Filmography: A Complete Reference to 209 Filmmakers and the Over 1250 Films Released in the United States, 1900 Through 1994***. Jefferson, North Carolina: McFarland & Co., 1996

　日本語が読めないひとにとっては重要な書籍だ。日本のレファレンスブックを使えるひとにとってもアメリカ公開時の題名と公開日を完備する情報に関しては、これが今も必要不可欠である。ガルブレイスはビデオの発売に関しても載せているが、年月の経過と技術の進歩（ガルブレイスの本はDVD革命の幕開けの頃に出版されており、そして私たちの時代には高精細映像に転換しつつある）により、この部分はあまり役に立たないものになった。

『世界映画作品・記録全集』（キネマ旬報増刊：659号、711号、760号、813号、862号、914号、974号、1007号）、キネマ旬報社、1975〜1989年

　『日本映画作品全集』（139頁）につらなるもので、日本映画と外国映画の両方を収録し、隔年出版される映画書の体裁をとっていた。このため1989年まで続くこの全集は、フィルモグラフィーや映画産業の状況を記したイヤーブックとしても使える。各作品の「映画紹介」がある『キネ旬』掲載号数も付されている。

日本映画史研究会 編『日本映画作品辞典・戦前篇』（Complete Dictionary of Japanese Movies from 1896 to 1945 August）〔世界・日本映画作品辞典シリーズ第Ⅰ集〕科学書院、1996年
　　　　　　　同　　　『日本映画作品辞典・戦後篇』（Complete Dictionary of Japanese Movies from 1945 August to 1988 December）〔世界・日本映画作品辞典シリーズ第Ⅲ集〕科学書院、1998年

　映画作品と映画製作者についてのこの長大な辞典は本棚の一角をすべて占めるほどで、日本映画研究にとって不可欠なツールになっている。日本映画史研究会が行ったこのプロジェクトは、日本のあらゆる映画と製作者のリストを作

成する試みだった（科学書院によるもう一方の関連プロジェクトでは、日本で上映された外国映画の俳優と製作者も対象にされている：148、154頁）。ほとんどの情報は、たった3つの情報源——『キネマ旬報』、『クラシック映画ニュース』、政府の検閲記録——だけから集められたものである。だが、この規模で公開日やフィルモグラフィーの特定ができるものとしては、何よりももっとも信頼のおける情報源だ。戦前と戦後という2部構成で、それぞれの部は5冊程度で構成されている（可能な場合は、外国映画の戦前・戦後篇や日本映画の俳優・スタッフ篇、外国映画の俳優篇など、他の冊子への相互参照も付される）。収録対象の大きさを数字で示すと、日本映画で製作者16,441人が収録されており、キネマ旬報社の『日本映画人名事典』の8倍にあたる（この人名事典の巻については、155頁の項目も参照）。

　また本書は他の資料をさがす手助けにもなる。たとえば、日本映画の定期刊行物は索引が不十分なため、数巻を1頁ずつ斜め読みしなければならないこともよくある。本書の項目をみれば、公開日が正確にわかり、その日付前後の雑誌を引くことからはじめられるので、記事の探索がはるかに迅速になるのだ。戦前のリストには封切りされた上映館も示されていて、ここから映画館プログラムのコレクションをたどることもできる。

　できれば本書も、つねに他のものと照らし合わせて読まれるべきだ。ありがたいことに、すべてのタイトルと人名にひらがなで読み仮名がふられている。一方、本書のサイズのわりには、それぞれの映画のフィルモグラフィー記述がかなり短く、数名のスタッフと、ごくかぎられた数の俳優が配役名なしで掲載されていることには留意すべきだ。各フィルモグラフィーに集められた情報の少なさをみても、同社発行の俳優やその他個人のフィルモグラフィー記述は完璧だとはいえないだろう。それゆえ、このシリーズは、充実したフィルモグラフィーとしてではなく、主要な情報を得るのにもっとも役に立つ情報源となる。

『日本映画作品全集』（キネマ旬報増刊619号）、キネマ旬報社、1973年

　ある部分で『大鑑』（140頁）のプロジェクトを引き継いでいる本書では、終戦後から1972年末までに公開された日本映画9,932本を取り上げることが試みられた。すべての作品は128頁ある巻末に50音順で列記され、ごく短いフィルモ

グラフィー情報と『キネマ旬報』の「映画紹介」掲載号数が付されている。巻頭では、そのうち、芸術的価値が高いとみなされた映画1,893本（と戦前の映画454本）が、著名評論家の書く短い解説によって、50音順で紹介されている。戦後映画の研究をしていたり、『キネ旬』の映画批評や記事（「映画紹介」掲載号と同じかその前後の号に掲載されていることが多い）をさがしていたりするのなら、とても手軽なツールだろう。

『**日本映画作品大鑑——映画文献史初めての作品全集**』キネマ旬報社、1960〜1961年

　本書は1945年までに日本で公開された、日本映画と外国映画、長編映画と数本の短編映画を含む33,500本を、はじめて包括的にリスト化したものである。映画業界誌の出版社で、日本で製作・公開された全映画の記録作成に長年尽力してきたキネマ旬報社によって編纂された。キネマ旬報社の本は、フィルモグラフィーや人物評伝のスタンダードと見なされてきたところがある。しかし、比較的に早い段階でのこのプロジェクトには、誤りが数多い。フィルモグラフィーも、索引を付けず公開日順に作品を列記しているため使いにくい。

　かつてフィルムセンターでは、本書の項目をそれぞれ切り取って索引カードに貼り付け、50音順でファイルに綴じた目録を所蔵していた。出演者・スタッフ情報も、科学書院の書籍と同程度にかぎられたものだったのを踏まえると、雑誌『キネマ旬報』のどの号にそれぞれの作品の「映画紹介」が掲載されているかがきちんと記されているという事をのぞいては、科学書院の辞典のほうが実用性で上回ってしまっている。ただし、本書および、この後に続く労作は、日本で製作されたすべての映画を書籍の形で目録化しようとしたキネマ旬報社の努力の成果なのだ。

朱通祥男 編、永田哲朗 監修『**日本劇映画総目録——明治32年から昭和20年まで**』日外アソシエーツ、2008年

　各項目あたりの情報量は、科学書院の辞典とたいした差はない（たまに解説が一行ついていることを除いて）。しかし、文字サイズがはるかに小さく、全部がぎっ

しりとひとつの本のなかに詰め込まれている。タイトルに反し、ここでは、ほかの辞典にはない文化映画やドキュメンタリーの収録にしっかりと努めている。その結果、1899年から1945年の間で計16,985本の作品を収録。出演者や製作者の索引はないものの、公開日の索引はその日の劇場で何がかかっていたのかを知るのに役立つだろう。

『ぴあシネマクラブ 日本映画編』ぴあ

　基本的には映画鑑賞者向けのガイドブックで、数多くの映画に短い紹介文がついて、毎年出版されていた——*Leonard Maltin's Movie Guide*のようなたぐいのものだ。ただ、単に分厚いというだけで、作品を評価するレビューもない（初期のものには批評的なレビューがあったのだが）。長い間、このシリーズは、日本映画研究に真剣に取り組む人たちにとって欠かすことのできないものだった。その他多くのレファレンスブックよりも安く、すぐに使えるフィルモグラフィーを備えているだけではなく、タイトルの読みかた（いつも正確とはかぎらないが、良い手がかりになる）や、VHSやDVDの販売があるかを確かめるのにも役立った。俳優と映画製作者の索引もついている。ぴあは何年も前に発行を停止したが、初期の何冊かは今なお価値あるガイドブックだ。

『ぴあシネマクラブ 外国映画編』ぴあ

　上記の外国映画編の冊子。外国映画の邦題、もしくは邦題しかわからない場合に、外国映画の原題を確かめるためのクイック・レファレンスにもなる。

その他

『映画・映像業界就職ガイド』キネマ旬報社、2002年〜

　本書は映像業界の仕事につくための入門書かもしれない。だが、日本映画やテレビ制作会社によるガイドブックと事典は、『芸能界紳士録』（151頁）より詳細な情報が得られる点で大変役に立つ。2002年から2013年までほぼ毎年出ていたが、それ以降はまだ出ていないようだ。

スティングレイ、日外アソシエーツ 共編『**映画賞受賞作品事典 邦画編**』(Movie Award-Winning Japanese Films) 日外アソシエーツ、2011年

　数多くのレファレンスブックでは、映画賞のいくつかを巻末付録でリスト化していたり、またキネマ旬報で行われてきたベストテン投票の歴史のように、一つの賞の受賞歴をまとめていたりする。しかし、本書は少々異なる。実際、この本はフィルモグラフィーで4,200本の映画作品を列記し、それぞれに短い出演者・スタッフ情報と解説、さらに国内外の両方でどの映画賞を取ったのかが記されている。およそ82の映画賞や映画祭が対象となっているが、明らかな見落としも多少ある。巻末の索引でのみ、映画賞がグループ分けされている。外国映画の巻もある。もし、それぞれの年度でどの作品がその映画賞を受賞したのかを知りたければ、日外アソシエーツの『映画の賞事典』を見るとよい（次々項）。

江藤茂博『**映画・テレビドラマ原作文芸データブック**』勉誠出版、2005年

　原作者のフィルモグラフィーを集めた魅力的なコレクション。映画とテレビに脚色された作品をすべて網羅している。江藤がリスト化した『鞍馬天狗』の映像化作品の数を示すつもりだったが、あまりにも多すぎて途中でわからなくなってしまった。120人の作家を取り上げているが、その選定は恣意的にみえる。江藤の基準は、原作の評判とは真逆の、映像化された作品の人気にあるようだ。そう考えれば、永井荷風や安部公房、村上龍、村上春樹——列挙するときりがない——のような作家が除かれていることに納得がいくだろう。とはいえ、ほぼすべてのフィルモグラフィーには、他では見当たらないような作品（とくにテレビ番組）が含まれている。映画については、どちらかというと日外アソシエーツによる原作事典（147頁）のほうがしっかりしている。

『**映画の賞事典**』日外アソシエーツ、2009年

　『映画賞受賞作品事典』（前々項）とは異なり、この事典は個々の作品ごとにではなく、受賞歴で構成されている。約101の国内外映画賞・映画祭を、各賞についての短い解説と、受賞作の年代順リストつきで取り上げている。付された

索引では受賞者名による検索ができる。映画賞や映画祭のチョイスには不満をもつひともいるだろうが、日外のもうひとつの賞事典とあわせて読めば、とても便利な本になるだろう。

読売新聞文化部 編『**映画百年──映画はこうしてはじまった**』キネマ旬報社、1997年

　158頁の説明を参照。

David Kalat. *A Critical History and Filmography of Toho's Godzilla series*. Jefferson, North Carolina: McFarland & Co., 1997

　1995年の『ゴジラvsデストロイア』までの全ゴジラ映画を歴史的に分析する、充実したフィルモグラフィー。豊富なカルト的うんちくで、とても楽しいレファレンスブックになっている。

Stuart Galbraith IV. *Japanese Science Fiction, Fantasy and Horror Films: A Critical Analysis and Filmography of 103 Features Released in the United States, 1950–1992*. Jefferson, North Carolina: McFarland & Co., 2007

　先述の溝口健二本（118頁）のような書誌情報はないものの、スチュワート・ガルブレイス4世はフィルモグラフィーの模範をこの本で示している。ガルブレイスのこのプロジェクトの大部分は、彼がSFやホラーのような空想映画のカノンと定めた作品（1950～1992年）について、歴史的文脈と批判的な見方を解説した103本のあらすじで成り立つ。本書の巻末には、公開時の作品タイトル、国内外の公開日、評価、上映時間、さらに完全な出演者・スタッフ情報を含み、製作会社別に構成された充実したフィルモグラフィーがある。残念なことに、1994年の初版と本書との唯一のちがいは値段の高さだ。

Thomas Weisser and Yuko Mihara Weisser. ***Japanese Cinema: The Essential Handbook***. Miami, Florida: Vital Books, 5th ed., 2003

　低俗ジャンルに限定すると、ワイサー夫妻の著作であれば、次の2冊の事典のようにもう少し良いものがある。本書では、陳腐なアンチ・インテリ主義が耳障りなものであればあるほど、まちがいと見落としが目につき、許し難く感じるのだ。そして、もしこうした本を実際に買えば、全体の冗長さにイライラさせられるだろう。写真は良いが。

Thomas Weisser and Yuko Mihara Wisser. ***Japanese Cinema Encyclopedia: The Sex Films***. Miami, Florida: Vital Books, 1998

　5cmもの厚みがあるピンク映画のあらすじ本——誰かがこれをやらなければならなかったのだ。1963年から1998年までの映画を対象としているが、作品タイトル、公開日、製作会社、最小限の出演者・スタッフ情報しかないとおり、わずかな情報だけに限定されている。この本の一番の魅力は、まちがいなく歴史的コンテクストを踏まえつつ、あらすじを簡潔に記していることにある（もちろん、お決まりの星付評価もある！）。ピンク映画の公開日、作品タイトル、タイトルの英語訳は信用できないことで悪名高いので、注意して使おう。

Thomas Weisser and Yuko Mihara Weisser. ***Japanese Cinema Encyclopedia: the Horror, Fantasy, and SciFi Films***. Miami, Florida: Vital Books, 1997

　ワイサー夫妻のピンク映画フィルモグラフィーの姉妹編にあたるこの本は、1955〜1977年の作品を『ゴジラ』から『さまよえる脳髄』までなんでも対象にしている。ピンク映画の巻と同様に、英語のタイトルと日付情報は信頼できるものではなく、フィルムのデータもごく最小限だ。研究者ならこの本を飛ばしてガルブレイスの本にあたるほうがよいだろう（143頁）。しかしワイサー夫妻の好みは、ほんとうに……幅が広い。ガルブレイスの本はもうけ主義的なB級映画を無視しがちで、この本ほど最高にチャーミングな写真は載っていない。

Beverley Bare Buehrer. *Japanese Films: A Filmography and Commentary, 1921–1989*. Jefferson, North Carolina: McFarland & Co., 1990

　本書には、メジャーな映画86本の、詳細なあらすじと多少のコメント、基本的な出演者・スタッフ情報が収録されている。集められた作品は、妙に規範的であると同時に恣意的なようにも感じる。おそらくは選ばれた映画の本数が少ないためだ。巻末に優れた英語の文献案内があり、定期刊行物の記事も含まれている点で重要だ。

Peter Grilli, ed. *Japan in Film: A Comprehensive Annotated Catalogue of Documentary and Theatrical Films on Japan Available in the United States*. New York: Japan Society, 1984

　副題によってすべて言い尽くされてしまっているが、この本は「アメリカで視聴可能な日本に関するドキュメンタリーと劇映画の解説付き総合カタログ」だ。グリリによるこの本では、600本以上の映画が取り上げられており、そのうちの130本が長編映画である。各項目には、作品データ、出演者・スタッフ情報、あらすじ、評価、配給情報が記載されている。配給会社の多くは、存続していないか、作品に対する契約が切れているかもしれない。だが、いまだその多くが業務を続けてもいる。ドキュメンタリーのほとんどは、グリリが作品をさがし回った49の大学コレクション内に所蔵されている。WorldCatにある16mmフィルムの情報がきわめて信頼できないので、英語字幕の付いた上映プリントでどれが利用可能なのかが本書を見るともっともよくわかるのだ（少なくとも1984年の時点では）。

日外アソシエーツ 編『**全国映画ドラマロケ地事典**』日外アソシエーツ、2011年
　このような本はこれまでなかったので――個人エッセイやツアーガイドに似たいくつかの本は別として――この著作の価値は高い。だが本書には、バスで通り抜けできるような大穴があいている。おもに1990年以降に制作された映画とテレビドラマを対象としている。ただ、重点は圧倒的にテレビドラマにお

かれ、その時代に製作された映画の大多数は取り上げられていないようだ。だから、たとえば青山真治監督作品のどれかが撮影されたのは北九州のどこかをつきとめようと思っても、本書には期待できないということだ。

内容は2部に分けられている。第1部は、ロケ地の地域別で（最初が地方、次に市や区、最後に特定の地域名）整理されている。しかし、この部分の7割を関東地方が占めているという事実があり、これが再度、映画がこの本のなかでは重視されていないことを強調してしまっている。第2部は、映画とテレビドラマの題名で50音順に整理され、各タイトルの下にさまざまなロケーション地が列挙されている。くり返しになるが、もしロケ地を確かめたいのなら、一回くらいはこの本を見てもよい。だが率直に言って一部のインターネット・サイトのほうが、必ずしも信頼できるわけではない情報だとはいえ、もっと良いものがあると言わざるをえない。

川崎五朔 編 『**戦前日本映画総目録──附・優秀映画詮衡録**』 日本映画研究会、1994年

 1931年から1945年までに製作された長編映画の自費出版による目録である。完全なものではないので、『日本映画作品辞典・戦前篇』（138頁）の代わりになるものではない。だが、年度ごとでリスト化し、撮影所別にまとめてあるため、ある年の、ある特定の撮影所や製作会社の主要作品を見るのには使いやすい。巻末には面白いチャートがあり、映画5,544本が、現代劇vs時代劇、または16のジャンルに分類され、数値化されている。

『**東宝SF特撮映画シリーズ**』 東宝、1985年〜

 A4サイズの上質紙に印刷された十数冊におよぶこのシリーズには、東宝SF・怪獣映画の主要作品が数多く、写真のみならず、脚本やプレスブック、絵コンテ、広告素材を含む、かなり詳細な参照資料とともに収録されている。

スティングレイ、日外アソシエーツ 共編『**日本映画原作事典**』（Original Works of Japanese Films）日外アソシエーツ、2007年

　全体的に本書は、江藤茂博の著作（142頁）よりも徹底している。映画のタイトル順に整理され、原作タイトルでの索引も付されている。長所は原作の出版情報があることと、江藤の著書には見当たらないプロットの要約がしばしばあることだ。しかしながら作家別の索引はない。

全日本映画教育研究会 編『**日本教育映画総目録**』大阪毎日新聞社、1937年

　この比較的短い目録は、雑誌『映画教育』1937年1月号の付録である。しかし、ここからは当時の幅広く多様だった教育映画の様子をうかがい知ることができる。

映像文化製作者連盟 編『**日本短編映像秀作目録──映像作品で見る日本の100年**』映像文化製作者連盟、1999年

　本書は5,000本の非劇場用映画を列記した目録で、そのほとんどが戦後の作品である。本書刊行以前の映画100年間で、もっとも重要と見なされた短編映画100選からはじまる。しかし、これが実に議論を呼ぶリストなのだ。本書は映像文化製作者連盟より発行されたものだが、ここは1953年に設立され、その後数十年にわたっていくつかの対立論争をずっと続けていたのである。

　このように説明すればわかるだろうか。つまり、そこには有名な新左翼の政治ドキュメンタリーがどれも見当たらない。だが、この後の部分をみると、確かにその年に映画賞を受賞した作品が、連盟の構成員171人とともに（その連絡先と、それぞれがもっとも誇りに思う5本ずつの作品も添えて）列記されているのである。映文連は、こうした映像に関するデータベース（映文連「作品登録」データベース：221頁）を運営しているのだが、その資料の大きさや形式をみても、この本との関連を見出すのは困難だ。

『**日本特撮・幻想映画全集**』〔改訂版〕朝日ソノラマ、2005年

　勁文社から1997年に出版された書籍を増補、改訂したもの。この情報がぎ

っしり詰まった1冊には、1948年から2004年までの特撮映画857本が列記され、すべてが10年ごとに整理されている。データに捧げられたこの情熱は、どんなSFオタクも誇りに思うだろう。ビデオの販売も記されている。

『日本ニュース映画史——開戦前夜から終戦直後まで』〔改訂版〕 毎日新聞社、1980年

　第二次世界大戦中、ニュース映画はすべてひとつに整理統合され「日本ニュース」と呼ばれるようになった。戦後、作品とその権利はNHKの手にわたったが、毎日新聞社では『一億人の昭和史』シリーズの一部として、その一連の作品（1940〜1945年）のすばらしい図録が制作された。内容についての簡素な説明に加え、264号あるニュース映像それぞれから引き伸ばされた1コマが、1頁大か、それ以上の大きさで掲載されている。これらは川崎市市民ミュージアム（27頁）や昭和館（70頁）などの機関で映像を見ようとするときに、とくに役立つだろう。

世界映画史研究会 編 **『舶来キネマ作品辞典——日本で戦前に上映された外国映画一覧——』**（Complete Dictionary of Imported Movies up to 1945 August）〔世界・日本映画作品辞典シリーズ第Ⅱ集〕科学書院、1997年

　　　　　　同　　　**『舶来キネマ作品辞典・戦後篇1——日本で戦後（1945-1988）に上映された外国映画一覧——』**（Complete Dictionary of Japanese Movies from August 1945 to December 1988）〔世界・日本映画作品辞典シリーズ第Ⅳ集〕科学書院、2004年

　外国映画上映を項目別にまとめた、これら複数の冊子が2部構成になっている辞典には、他の科学書院の辞典と同様の長所や短所がある（138頁、および154頁を参照）。だが、とくに『ぴあシネマクラブ 外国映画編』（141頁）が対象としていない作品については、公開日や外国映画の原題と邦題の両方を調べるのに便利だ。本章には載せなかった、外国人俳優に関する分厚い辞典（『世界映画人名辞典』）への相互参照が付されている。

『USIS映画目録』 東京米国大使館映画部、1953〜1966年

　占領期、GHQは民主主義の方法——少なくとも彼らがそう見なすもの——を日本人に教え込むために短編映画を用いた。そして、こうした映画が広く鑑賞されていたのは、マークが *Forest of Pressure*（191頁）で説明するとおりだ。それらは、日本全国の県立図書館や、まったく思いがけない場所でも散見される。

　かつてマークは、そうした映画が保管されている場所に出くわしたことがある。米国製作の2ヶ国語上映ガイドを完備した作品が、徳島県立文書館内の掃除用具入れに、実際にいっぱいになるくらいあったのだ。こうしたコレクションは他の市や県立の図書館でも見かけた。占領が終わった後に出版されたこの目録シリーズは1953年から1966年までの間、不定期で刊行された。これをみるとアメリカが日本中に配給した作品のタイトルが感覚的につかめる。この目録は、あまり多くの部数が出回っていない。しかし、実物の映画は思ったより簡単に見つかるのではと思われる。おそらく、NARA（21頁）でもこの目録をすべて揃えているはずだ。

吉澤商店定価表

　初期映画の時代、吉澤商店は大手四社の中でもっとも傑出した映画の輸出・製作業者であり、吉澤の出版活動はそのひとつの象徴だった。その雑誌『活動寫眞界』や、吉澤商店の商品を掲載した一連の目録があり、そこには映画だけではなく幻燈スライドや映写機も含まれていた。目録はさまざまな名称で残っているが、このうち1905〜1910年のものは、牧野守監修の『日本映画論言説大系』第22巻、『明治期映像文献資料古典集成②』に収録されている。また、その巻には1912年の「通俗教育調査委員会」による目録もある。この目録には、作品リストの他に、フィルム尺や、短長両方の作品説明も記載されている。

人名事典

　名前の読みかた、人物データ、フィルモグラフィー、また時には批評・論評

などを入手するのにも、こうした事典が便利である。ここでも、映画製作にたずさわる人物についてのレファレンス資料でスタンダードなものをキネマ旬報社が用意しているが、日外アソシエーツもキネマ旬報社が残した空白をいくらか埋め合わせるのに一役かっている。残念ながら前者が2番目に出版した『日本映画人名事典』では監督と俳優だけにしか焦点を当てておらず、その他の映画関係者について調べることが難しくなっている。日外が最近制作した事典には、その他の（全員ではないが）映画製作スタッフが含まれている。とくに日本で映画文化がいかに軽んじられてきたかを考慮するなら、質の良い人物事典ですら必ずしも正確だとはかぎらないことに読者は気をつけるべきだろう。名前の読みかたなどのデータに関しては、いくつかの異なる情報源を常にチェックするのがベストだ。

ザ・ベスト

川本三郎 編『映画監督ベスト101・日本篇』新書館、2003年

　実際、本書はかなり良くできている。基本的な情報は短く、取り上げられていない重要な監督も数いるが、項目はおおむね分析的に書かれ、名高い映画批評家たちの各監督に対する簡潔で時に鋭いコメントも添えられている。こうした点は、1988年のキネマ旬報社による監督事典（153頁）を想起させるし、2009〜2010年に出版されたキネマ旬報社の監督特集（152頁）を上回っている。

盛内政志『映画俳優事典（戦前日本篇）』未來社、1994年

　本書は人物事典の中でも良書のひとつにかぞえられる。盛内が『クラシック映画ニュース』（137頁）に書いた500人近くにおよぶ一連の人物伝は、これがもとになっていた。オリジナルで、署名の入った文章のように——匿名で味気のない典型的な項目とは反対に——本書の項目は普通の事典よりもやや長めで、読むとはるかに面白い。私たちにとっては残念だが、彼が戦後篇にとりかかることはなかった。

日外アソシエーツ 編『**映像メディア作家人名事典**』日外アソシエーツ、1991年

　今では、おおむね『日本の映画人』(156頁)に取って代わられてしまっているが、本書には監督や俳優だけではなく、主要な事典では取り上げられていない製作スタッフもその他大ぜい掲載されているため、その価値はいまだ高い。プロデューサー、脚本家、撮影カメラマンなどの人物を調べるのに便利である。日外の事典の多くがそうであるように、感情を排した辞書的な書きかたで、その点がキネマ旬報社の事典とは異なる。人名の読みかたや基本的な人物情報・フィルモグラフィーは、各項目に用意されている。

『**芸能界紳士録：芸能手帳**』連合通信社、1972年～

　映画やテレビ、音楽産業では「青本」(なぜか想像できる)として知られている、製作会社、撮影所、芸能事務所その他に関する主要住所録である。毎年更新されていて、きわめて値段が高い。そのため、古書店に行くと大幅に値下げされた旧版がよく見つかるということにもなっている。「赤本」(『タレント名簿録』153頁)とともに、アーティストの連絡先を見つけるのに一番適している。

キネマ旬報社 編『**現代日本映画人名事典 女優篇**』(Illustrated Who's Who of Modern Japanese Cinema. Actress)キネマ旬報社、2011年
　　　　　同　　　『**現代日本映画人名事典 男優篇**』(Illustrated Who's Who of Modern Japanese Cinema. Actors)キネマ旬報社、2012年

　キネマ旬報社の最新俳優事典は、さまざまな需要に折り合いをつけようとしているが、中途半端になってしまった。「現代」に重点がおかれており、その点で『日本映画人名事典』(155頁)刊行後の1990年代半ば以降にデビューした俳優を広く対象に収めている。すべての項目がある程度の長さになっていて、少なくても2段組頁の縦1段くらいはある。

　だが本書では、この本で外された他の新しい俳優にもっと多くのスペースを割くかわりに、「現代の日本映画界にかけがえのない足跡を残したと思われる」古参の俳優らを対象に加え、多くの頁を費やすことになってしまった。それがどのように判断されているのかも不可解なままだ。たとえば、原節子に多くの

スペースを割いているが、彼女は50年間映画に出演していない。岸田今日子の頁はないが、彼女は2006年に亡くなるまで映画に出演していた。

　それぞれの巻ごとに約350名の俳優が取り上げられているが、もし彼らが往年の映画スターを愛好するファンのご機嫌をとらないことにしていれば、それぞれの巻にもう40、50人のあらたな俳優が加わり、本書は本当に「図版入り現代日本映画の人名事典」になっただろうに。

J.S.C. 撮影人名鑑編集委員会 編『**撮影人名鑑**』日本映画撮影監督協会、2010年
　本書には日本の撮影カメラマン――少なくとも日本撮影監督協会のメンバー――に関する人物情報と連絡先、主要な経歴と作品歴が掲載されている。住所氏名録のようなものなのだが、ヘンリー小谷や柴田常吉のような物故者や先駆者に関する興味深い頁（もちろん住所はない！）もある。巻末にあるすばらしい図表は、カメラマンの系譜を時代と撮影所ごとにたどったものだ。

『知っておきたい映画監督100・日本映画編』（100, Directors of Japanese Films）キネマ旬報社、2009年
『知っておきたい21世紀の映画監督100』（100, Film Directors of 21st century』キネマ旬報社、2010年
　役に立つ情報源ではあるが、もしキネマ旬報社がこれを1990年代半ば以来出ていない、映画監督に関する包括的人物事典の代わりに出版したとしたら残念なことだ。各監督に2頁あてられ、代表作何点かの短い紹介が頁の脇に添えられている。最初の巻は年代順になっているが、索引および自主製作出身の監督や女性製作者のような近年の動向に関する2頁のコラムもいくつか添えられている。巻末にある年表と映画賞のセクションは役立ちそうだが、項目のほとんどは分析的に書かれていない。一番の問題は、このような2冊の制作を決めたことにある。基本的に完全版のかわりに出された簡約版監督事典であり、誰を取り上げ、どう配置するかという方針にも疑問がある。私たちは、本物の監督事典をキネマ旬報社が近いうちに出してくれるのを望むしかない。

『**タレント名簿録：芸能手帳**』連合通信社、1965年〜

　『芸能界紳士録』(151頁)と姉妹編になる赤い表紙の本で、別名「赤本」として知られている。活躍中のタレントとその連絡先が記載されており、映画やテレビ、音楽業界の俳優・歌手の、現在の連絡先をさがすのに最適な本だ。

『**テレビ・タレント人名事典**』日外アソシエーツ、2004年

　テレビタレントについての良いガイドブック。とりわけ今では、テレビ放送局が映画制作にますます関与するようになってきたので、映画にも彼らが出てくることがよくある。しかしながら、刻々と変化する業界の今に関しては、『タレント名簿録』(前項)や『TVガイド』による「タレント」年鑑が、より最新の情報に即している。

『**日本映画監督全集**』(**キネマ旬報増刊 688号**)キネマ旬報社、1976年
『**日本映画・テレビ監督全集 = The Directors**』キネマ旬報社、1988年

　1990年代に出たキネマ旬報社の監督事典が、入手可能な最新版の本(いまでは10年以上前のものだとしても)かもしれない。だが、もっと古い旧版にも、それ自体に見る価値はある。なぜなら、それらには最新版にはない別の人物や、別の執筆者が作成した別の文章、時には異なった情報も収録されているからだ。たとえば初期の監督については、一番最初のものがベストで、岸松雄のような、そうした監督と個人的に知り合いだった古参の批評家が描く、かなり詳しい人物情報が入っていることもある。2番目のものは、存命中の人物と死去した監督を分けているのがかなり奇妙だが、時には一流批評家による前者への鋭い批評コメントも見られる(何をもってこの作家を定義づけるのかが簡潔に述べられており、こうした人物について考察するのに良い手がかりとなる)。図書館——および研究者——は、3冊全部所蔵するよう努めるべきだ。

永田哲朗 編『**日本映画人 改名・別称事典**』国書刊行会、2004年

　映画人はありとあらゆる理由により名前を改める。生まれたときにつけられた名前があかぬけていない。演劇出身で師匠の名前を受け継いだ。テレビやオ

リジナルビデオ制作で働いていることを隠そうとして、偽の芸名を使う。スランプ続きの経歴が終わったことを、新しい名前で表明する。元の名前にあきてしまった。占い師がそうするように言う。その理由が何であれ、経歴の過程で2、3回の改名を目にするのは珍しくない。

　本書は、まさに2つ以上の名前で活動してきた映画人に関する人名事典である。関西の映画ファン新聞『大阪映画教育』のコラムとしてはじまったもので、後に永田がこれを書籍の形に発展させ、3,600名以上の人名（当然だが、人物自体はもっと少ない）を取り上げた。巻末の完璧な索引を利用すれば、途方に暮れるほど増殖した改名を調べるのが簡単だ。

日本映画史研究会 編『日本映画人名辞典・俳優篇』（Complete Dictionary of Actors and Actresses in Japan）〔世界・日本映画作品辞典シリーズ第Ⅴ集〕科学書院、2005年
　　　　　　同　　　　『日本映画人名辞典・スタッフ篇』（Complete Dictionary of Movie Staffs in Japan）〔世界・日本映画作品辞典シリーズ第Ⅵ集〕科学書院、2005年

　この俳優および映画製作者に関する長大な辞典は、キネマ旬報社の最新版俳優事典で取り上げられた4,500名をはるかにしのぎ、俳優11,000名以上、さらに製作スタッフ16,000名以上の掲載を誇る。しかしこの辞典では、人物ごとに作品が列挙されているにすぎない。人物情報は生没年月日のみだ。だが他方で、人名と映画タイトルにはきちんとふりがなが付けられており、さらに整理番号からは、科学書院のフィルモグラフィーにある項目が参照できるようになっている。そのため、各人に対して列挙された映画リストは、その科学書院のフィルモグラフィーにどんな出演者・スタッフ情報が記載されていたかに左右されてもしまう。そこにはかぎられた情報しかないこともあるので、本書の各人に対するリストでも、多くの人物について不完全になってしまうのだ。それでもやはり、あまり有名ではなく、他の事典には見当たらない人物名の読みかたから調べはじめるのには、かなり役立つ本である（こうした読みかたをどこで確認したのか定かではないが）。

『日本映画人名事典』（女優篇、男優篇、監督篇）キネマ旬報社、1995〜1997年

　この全5巻の人名事典の中心部分は、1979〜1980年刊行の『日本映画俳優全集』と、『日本映画・テレビ監督全集』（153頁）から作成されているが、これ自体がさらに前の『日本映画監督全集』（153頁）を基にしている。この事典の男優・女優篇は、監督の事典よりも薄いが、項目の執筆者が異なるため、今でも両方をチェックするのがよい。この版は、周りを見渡しても飛びぬけて優れた人名事典である。著名人とあまり知られていない人物の両方を、同じくらいの長さで取り上げ、監督1,385名（20代の若い独立系映画監督も含む）、女優2,035名、俳優1,952名を収録している。

　本書がとりわけすごいのは、その編集方法に帰する。キネマ旬報社では実際に、自社の名声と業界でのつながりを駆使して、すべての人に（少なくともまだ存命中であれば）連絡をとり、彼らを尋ねて調査を充実させていった。そしてこれが、優秀な批評家を数多く含む編集スタッフによって書き改められたのである。この編集プロセスを通じ、本書は、人物情報、とくに人名の正しい読みかたに関して、もっとも信頼のおける——絶対にまちがいがないわけではないが——情報源となっている。

猪俣勝人、田山力哉『日本映画俳優全史』（女優編、男優編、現代編）
社会思想社、1977、1986年

　文庫本なので、自分の書棚に入れておくのに入手が簡単な人物事典である。全部で3巻あり、ひとつが男優編、もうひとつが女優編、さらに1986年には、当時10代・20代だった若い俳優に関する三つめの巻が加わった（田山単独で編集）。各巻はふたつの部分に分かれ、著者の選んだAリストとBリストがそれぞれに著されている。項目の解説は短い。だが、観客が価値を見出したこうした映画スターの魅力がよくわかる。Aリスト俳優の主要作品も列記されている。フィルモグラフィーのほとんどは初版から更新されていない。

佐藤忠男 編『**日本の映画人——日本映画の創造者たち**』日外アソシエーツ、2007年

　本書は対象を、俳優や監督以外の1,472名におよぶ人物にまでさらに広範囲に拡げることで、『映像メディア作家人名事典』(151頁) に取って代わるものとなった。そのなかには、配給会社、録音技師、批評家、研究者、作曲家、撮影カメラマン、プロデューサー、撮影所、映像作家、弁士、字幕翻訳家、映画祭コーディネーター が含まれる。存命中の人物に送られた、個人的関心についてのアンケート調査の結果が掲載されているのが面白い。

『**明治～昭和初期 俳優名鑑集成**』ゆまに書房、2005年

　14巻からなる戦前の俳優事典——映画と演劇の俳優が対象——の復刻版で、『日本映画俳優名鑑』のようなシリーズも含まれる。イメージの宝箱（こうした本は、主にファン向けに売られていたので）であり、その時代のファンカルチャーの価値ある証言でもある。

その他

『**映画スター全集**』平凡社、1929～1930年

　本書は、全10巻からなる、無声映画時代からの人物事典である。各巻で4、5人の俳優を特集している。ある巻では、最初から3分の2頁が豪華な写真で埋め尽くされている。そのあとで、それぞれ人物情報に切り替わるが、そのいくつかは自叙伝的だ。本書は当時のファンを対象にしたものであり、その後の研究者に向けたものではないため、筆致は軽快で楽しい。本の友社で2000年に復刻再版されたので、すぐに入手できる。

マツダ映画社 監修、無声映画鑑賞会 編『**活動弁士——無声映画と珠玉の話芸**』アーバン・コネクションズ、2001年

　この小さな本の大部分は、弁士の小伝がいくつかと、有名な無声映画劇場の解説で占められており、多少不可解な映画作品のあらすじも含まれている。ま

た、著名弁士27名の人物録も本書には収録されている。

近代日本社会運動史人物大事典編集委員会 編『**近代日本社会運動史人物大事典**』日外アソシエーツ、1997年

　1920年代から、マルクス主義は日本の映画界のなかで強い勢力を持っていた。この事典には、有名無名を問わず、左翼系の映画製作者とプロデューサーの略歴が掲載されている。厚木たかや上野耕三、加納竜一、その他多くの重要論者に関する人物情報が見つかるだろう。黒澤明や今井正のような有名人物についてでも、ここにある特定の視点から描かれた経歴を見ると面白いはずだ。残念ながら人物の選定は、徹底して戦前に比重がおかれている。

『**芸能人物事典――明治 大正 昭和**』日外アソシエーツ、1998年

　この独創性のない人物事典が対象とする範囲は非常にせまく、ざっと見るのにもほとんど役に立たない。

『**声優事典**』キネマ旬報社、1994年

　項目が半分しかないということを除けば『声優名鑑』(次項)と同じ。したがってこれに煩わされる必要もない。

『**声優名鑑**』成美堂出版、1999年

　日本の声優には、活気とともに少し変わったスターシステムもあり、本書はその声のもつアウラの力を証し立てている。優に700頁以上あり、女性1,026名と男性868名が名前のふりがなつきで掲載されている。データには、出演作品、生年月日、出身地、本名が記載され、すべて顔写真入りで美しく飾られている。

倉田喜弘、藤波隆之 編『**日本芸能人名事典**』三省堂、1995年

　とくに戦後の俳優に関するもので、記述はきわめて短く、それゆえあまり役に立たない。

野田真吉『**日本ドキュメンタリー映画全史**』社会思想社、1984年

　「日本ドキュメンタリー映画全史」と謳ってはいるが、この戦後ドキュメンタリーの立役者のひとりが書いた短い本は、むしろ日本のノンフィクション映画製作者についての人物事典に近い。

マツダ映画社 監修、無声映画鑑賞会 編『**日本無声映画俳優名鑑**』アーバン・コネクションズ、2005年

　マツダ映画社（49頁）によるもうひとつの出版物である。翻訳会社であるアーバン・コネクションズとの協力で制作された。その最高経営責任者ラリー・グリーンバーグは、無声映画のファンだ。フィルモグラフィーは不完全で、掲載人数も少ない（174人の名前しかない）が、重要な情報源ではある。人物選定は無声映画時代の「番付」と1970年代の投票に基づいている。本には図版が豊富にあるので、マツダ映画社のコレクションで何が売られているかを知りたいひとにとっては、本書が手がかりになるだろう。

年表

　日本の著者は、年表、すなわち時系列のタイムラインが好きだ。これは出版界にある根強い慣習で、本やカタログの巻末に索引は無いけれども年表を目にするのはよくあることだ。私たちなら絶対に後者よりは前者をとるだろう。だが年表は、とくに研究プロジェクトを開始する際、映画史のなかのある特定の時期や時代の全体像を感じとりたいと思う場合にまさに意味をもつ。ここでは5つの良書を挙げてみよう。

読売新聞文化部 編『**映画百年——映画はこうしてはじまった**』キネマ旬報社、1997年

　映画100周年を記念するこの本の前半は、見開き記事のありふれたコレクションだが、後半が日本映画の長い年表になっている。これは谷川のものほど複

雑ではないが、より直線的な記述で映画界に焦点を当てている。人名と作品タイトルによる索引がある。

佐藤忠男『**日本映画史**』〔**増補版**〕岩波書店、2006～2007年
　佐藤による代表的な映画史の第4巻は、大部分を日本映画の長い年表が占めている。

松浦幸三 編著『**日本映画史大鑑――映画渡来から現代まで・86年間の記録**』文化出版局、1982年
　この年表は、おそらく望みうる最上のものである。松浦はその人生を通して『マキノプロダクション』や『映画ファン』、『近代映画』といった出版物の編集者として働いてきた。たぶん彼は自らのキャリアすべてを費やし、長編映画の世界を詳しく知ることに没頭したのだ。少なくとも、これは彼の年表を読んで誰もがもつ感想である。それぞれの項目には、読者に映画史の複雑さ――ゴシップ、吉報、悲劇的事件、出版活動、そして、絶えまなく推移する産業構造――を感じさせながら文章を読み終わらせる濃密さがある。日本映画に真剣に取り組む学生なら誰もが読むべき本だ。映画のはじまりから1982年までを対象としている。

田中純一郎『**日本映画発達史**』中央公論社、1980年
　田中が著した長大な歴史書の最後の巻には、最初の4巻で書かれた映画史への索引を付した年表がある。

谷川義雄 編『**年表・映画100年史**』風濤社、1993年
　特定の年の映画状況を写真のように一目で見られる紹介をさがしているのであれば、この本を最初に見るといいだろう。谷川はリストを作るのが好きで、この本いっぱいに長くなった年表には、彼の性格が裏打ちされている。1年ごとの囲み記事には主要な映画や映画賞、出来事が記されており、そのすべてがより大きな歴史的事件と対置されている。便利な人名索引が付いている。

脚本集と監督の著作集

　日本における偉大な作家の多くは、著作集や全集の出版を通じて讃えられている。映画界でそのような地位に恵まれているものは少ない。今村太平はそうした名誉にあずかったおおよそ唯一の批評家であり（112頁参照）、複数巻にわたる作品集の対象となった監督や脚本家もごくわずかしかいない。映画の言説を幅広く研究するひとは、日本では多くの小説家や思想家が映画について論じているので、その選集や全集にも映画に関係することを論じた重要な巻が含まれていることに注意すべきだろう。ここでは取り上げないが、そうした人物には権田保之助、中井正一、直木三十五、稲垣足穂、谷崎潤一郎、寺田寅彦、埴谷雄高、花田清輝、鶴見俊輔、安部公房、武田泰淳、三島由紀夫などがいる。

　日本の映画界にとって運が良かったことのひとつは――おおやけの文化ではイメージよりも言葉がいかに高く評価されてきたかを、皮肉にも強調してしまうが――脚本および脚本執筆が非常に尊敬されてきたことである。出版脚本のコレクションが数多くあるのはこのためだ。この節では、複数巻にわたる脚本集で主要なもの、とくに特定の脚本家や監督を中心にしたもの（そうした作品集のなかにも、その人物が書いたちがう種類の文章が入っていることに注意）をいくつか紹介する。ここに取り上げていない単行本の作品集も数多くある。だが、もし図書館に以下のものが所蔵されているのなら、そこには脚本を研究するためのしっかりとしたコレクションがあるということだ。

　脚本は、脚本執筆や作品個々の製作を研究するときだけでなく、フィルムプリントに字幕がなかったり、すべての台詞を聞き取れないときなど、外国人にも日本人にも役に立つことがある。作品の流れを追いかけるのに脚本が助けになるのだ。日本では「シナリオ文学」の芸術的価値が非常に高く評価されており、最終的に映画化された状態ではなく執筆された元のかたちで脚本を活字化することのほうが多くの出版物で好まれているのに注意すべきである。しかしながら、このような相違も監督や他の製作者たちが撮影現場で追求した創造的プロセスを示唆するものとみれば、それ自体興味深いだろう。

ベスト・オブ・ベスト

谷川義雄 編『**シナリオ文献**』〔**増補改訂版**〕風濤社、1997年
　出版された映画脚本に関する唯一のきちんとした索引目録が、本書である。『シナリオ』や『キネマ旬報』のような主要雑誌や、『年鑑代表シナリオ集』のようなアンソロジーで活字化されたものが含まれる。索引対象は、定期刊行物約60誌、シナリオの作品集約80シリーズから取り上げられており、その範囲は1920年代までにおよぶ。もとは1979年に出版されたもので1984年と1997年に改訂されている（各版には、紛失しがちな正誤表の紙が同封されている）。もし本書で脚本が見つからないときは、立命館大学アートリサーチセンターの作成した早稲田大学坪内博士記念演劇博物館所蔵シナリオ等のデータベース（226頁）や、日本脚本アーカイブズ推進コンソーシアムの脚本データベース（222頁）を参照できる。もうひとつの情報源は川喜多のオンラインデータベース（25頁）で、こちらでは冊子の目次も調べられる。

ザ・ベスト

『**伊丹万作全集**』筑摩書房、1961年
　伊丹十三の父親であり、戦前の偉大な監督・思想家だった伊丹万作の脚本数点に加え、批評文も数多く収録したコレクション（全3巻）。

『**伊藤大輔シナリオ集**』淡交社、1985年
　伊藤大輔の脚本を収録した全4巻のコレクション。彼が監督した無声時代劇映画の傑作から、他の人のために書いた戦後の作品まで取り上げられている。たくさんのメモが書き込まれた伊藤の個人原稿の多くは、京都府京都文化博物館に保管されている（29頁）。

井上和男 編『**小津安二郎全集**』新書館、2003年
　多くの小津作品の脚本を収録した全3巻のコレクション。他の監督のために

小津が執筆した脚本も含まれている。

山田洋次『男はつらいよ』立風書房、1976〜1981年

　「男はつらいよ」（「寅さん」）シリーズから最初の27作を扱った、全9巻の文庫サイズ脚本集。先行する全8巻のコレクション（164頁）に取って代わるものだ。

『菊島隆三シナリオ選集』サンレニティ、1984年

　菊島隆三の脚本を収録した全3巻のコレクション。日本でもっとも重要な脚本家のひとりで、なかでも黒澤明や増村保造、稲垣浩、渋谷実、成瀬巳喜男、川島雄三、今井正とともに製作に当たっていた。

『シナリオ』日本シナリオ作家協会（出版者に変更あり）、1946年〜

　1946年にはじまった『シナリオ』は、もっとも重要かつ息の長い脚本雑誌だ。通常、新たに公開された作品の脚本が月々の号で2、3本ほど掲載されている。監督のインタビューや脚本家のエッセイも載っている。

『新藤兼人の映画著作集』ポーリエ企画、1970年

　監督や脚本家として有名なだけでなく、映画や社会についても文章を数多く残した新藤兼人の脚本と著作を集めた全4巻の脚本集。単行本の脚本集も他に何冊かある。

『世界の映画作家』キネマ旬報社、1969〜1980年

　キネマ旬報社のこの野心的なプロジェクトでは、作家研究だけなく世界各国の映画史やジャンル研究など、さまざまな主題を扱う全40巻が出版された。そのうち7つの巻は日本の映画監督に焦点を当て（場合によって1巻に2人）、斎藤耕一、加藤泰、神代辰巳、浦山桐郎、熊井啓のような、欧米では見落とされがちな監督が取り上げられている。批評家のコメントやインタビューに加えて、それぞれの監督ごとに1、2本の脚本も掲載されている。

『**全集黒澤明**』岩波書店、1987〜2002年

　『乱』までの黒澤脚本をすべて収録した全7巻のコレクション。黒澤が監督しなかったものも含まれている。

『**中島丈博シナリオ選集**』映人社、2003年

　『津軽じょんがら節』や『祭りの準備』、『あ、春』、『おこげ』（彼自ら監督した作品）などの脚本を書いた、中島丈博のコレクション（全3巻）。

『**日本映画シナリオ古典全集**』キネマ旬報社、1965〜1966年
『**日本映画代表シナリオ全集**』キネマ旬報社、1958年

　キネマ旬報社によるそれぞれ全6巻からなるこの脚本集は、雑誌の特集号として発行されただけのもので、冊子自体も『日本シナリオ大系』（次項）ほどしっかりしたものではない。取り上げているものも、もっぱら戦前から戦時期までの作品ばかりだ。しかし、このふたつは『日本シナリオ大系』以上の主要コレクションでもある。多くの作品がこれら3つのコレクション間で重複しているが、重要なちがいもいくつかある。

シナリオ作家協会 編『**日本シナリオ大系**』マルヨンプロダクションシナリオ文庫、1973〜1979年

　全6巻で、無声映画時代から1970年代までの作品を取り上げた、古典または名作脚本の主要アンソロジー。すべての研究図書館に置かれるべきだろう。

『**日本シナリオ文学全集**』理論社、1955〜1956年

　全12巻からなる新書サイズの脚本集。ほぼ各巻で、ひとりの脚本家を扱っている。ここにある小津安二郎、黒澤明、山中貞雄、伊丹万作といったビッグネームの脚本の多くは他の全集でも取り上げられているが、ここでは、水木洋子、久板栄二郎、八木保太郎、椎名麟三、安部公房らも取り上げている。

『**年鑑代表シナリオ集**』日本シナリオ作家協会（出版者に変更あり）、1952年～

　年に一度刊行されるアンソロジーで、日本シナリオ作家協会が選ぶ、その年を「代表」する10本程度の優秀脚本が収録される。このシリーズは1945～1951年の作品を扱った巻ではじまり、今日まで続いている。量的にみれば、本となったものとしてはもっとも内容のつまった脚本集だ。

『**人とシナリオ**』シナリオ作家協会、1989年～

　1冊ずつ刊行されているこのシリーズ（今のところ13巻）では、各巻ごとに有名脚本家一人に焦点を当てている。日本シナリオ作家協会が発行。井手雅人、橋本忍、鈴木尚之、山内久、八住利雄、田村孟などの脚本家が取り上げられている。

山田洋次『**山田洋次作品集**』立風書房、1979～1980年

　「男はつらいよ」シリーズの脚本もいくつか収録されているが、その大部分は他の山田作品に焦点を当てている（全8巻）。

『**山中貞雄作品集**』実業之日本社、1985～1986年

　全3巻の脚本集で、別巻が付属する。この才気あふれた監督は悲劇的にも29歳でこの世を去り、おおむね完全なかたちで今日に残っている映画もたった3本にすぎない。そのため、こうした脚本は彼の作品のもっと多くの部分にふれることのできる数少ない手段のひとつとなる。このコレクションは1998年に同出版社で再編集され、1冊の分厚い大著に凝縮された。また、その姉妹編として『監督山中貞雄』（千葉伸夫監修）も発行され、山中に関する戦前の著作がすべて集められている。山中の個人的な脚本のいくつかは京都府京都文化博物館（29頁）に保管されている。

検閲

　検閲記録は、映画作品が検閲によってカットされたのかどうか、もしそうな

ら何が変わったのかなどを見定める手助けになる。検閲が国の行政に組み込まれた1925年から第二次世界大戦末期までの期間に製作されたほぼすべての映画は、検閲審査を受けることが必須とされた。そのため検閲記録からは、どのような映画が製作されたのか、誰がそれを製作したのか、どのくらいの数のフィルムプリントが検査されたのか（検閲を受けたのは映画作品ではなくプリントだったのだから）、またフィルム長や映画の分類などについても、ベストなデータがいくらか得られることがある。一般的なフィルモグラフィーにはないマイナーな作品を調査するためには、これが非常に役に立つはずだ。

　一次資料調査のためには、全資料利用可能でかなり良く索引付けがほどこされた2つの巨大コレクションがある。プランゲ文庫（35頁）とNARA（21頁）だ。東京の国立国会図書館には両方の検閲コレクションの大半がマイクロフィルムで所蔵されている。

内務省警保局『**活動寫眞フヰルム検閲時報**』不二出版、1985～1986年
内務省警保局『**映画検閲時報**』不二出版、1985～1986年
　内務省が映画検閲活動について報告するために発行した省内広報の復刻版。最初のシリーズは1925年から1939年まで、2つめのシリーズは1939年から1943年までを対象としている。冊子の名称は1939年の映画法制定で検閲手続が改められた際に変更されたのだが、その主だったねらいは両者とも、検閲を受けた映画をすべてリスト化し、ほどこされた変更を何でも詳細に記すことにある。この時報には官公庁からの指示も記されている。ただし扱いにくい部分もある。もしある作品の公開日がわかっているなら、その時期前後に発行された時報をみて、リストを詳細に調べていくしかない。順序立てられているのが検閲番号しかないのだ。あらゆるフィルムプリントは検閲を受けなければなかったため、時報のリストは、何が誰によって作られ、プリント長がどれくらいだったのかを知るうえで一番良い記録として役立つ。また、もしもメインのリストに、その映画が削除やその他の検閲行為を被ったことが記されている場合、付表をチェックすると、その命じられた変更についての記述があるはずだ。

牧野守『**日本映画検閲史**』パンドラ、2003年

　貴重資料の復刻は、1945年までの検閲について論じた牧野守の700頁におよぶ大著の執筆方針となっており、その論考は、現時点で政府の映画取締政策に関する最重要研究である。著者の分析に盛り込まれた広範で十分な長さのある引用に加え、巻末にはその期間の主だった規則や法律がすべて復刻されている。それゆえこの本は、時に分析が不十分ではあるものの情報の宝庫であり、結局は出版されたことを感謝しなければならない。学術界でも出版界でも、真剣に映画史を研究することに対する支援が欠けていることを思えば、この本が最終的に市場で受け入れられるまでには数十年かかってしまうかもしれない。

写真・ポスター・プログラム

　映画は何といっても大半が視覚メディアなので、研究者が視覚的すなわち言語的ではないデータの参照を求める機会が多い。そのため、映画そのものにもまして、スチル写真、ポスター、映画スター写真、映画館プログラム、チラシなど、その他視覚的な構成要素を強くもつ資料が、プレゼンテーションや出版物のなかで分析したり使用したりするのにもちろん必要となる。だが、スチル写真の辞典やデータベースはいまだに作られていないのだ。

　幸いにもそうした資料を手に入れることのできる出版物は数多い。写真やポスターの入手は比較的簡単だ。映画作品や監督を論じた本のなかで見つかる以外にも、あるトピックに関連した視覚資料の複製に力を注いでいる本のなかでも見つかることがある。たとえばワイズ出版はこの10年間で数々の本を出版してきた。主に単行本だが、いくつかはシリーズにもなっていて、それらにはさまざまなジャンルや俳優・演者に関する写真やポスターが大量に複製されている。また、チラシ――日本の映画館のロビーのほとんどで山積みにされているように、いまなお映画宣伝の主要形態である――を掲載した本もいくつか出ている。映画パンフレットもそうした資料源のひとつになるだろう。

　日本の映画文化のひとつの特色は、映画館プログラムの人気が継続しているこ

とだ。プログラムは基本的にその映画作品に関して作られた、映画館で販売されるパンフレットである。初期の時代から映画館自体がプログラムを作り、無料で配布していた。だが、今はそれらを配給会社が作成し、全国の映画館で販売している。プログラムはスチル写真だけでなく、出演者・スタッフ情報、宣伝広告の言説（どのように映画は売られているか）、さらにはインタビュー、解説、そしてときには脚本などに関しても良い資料源となる。

　フィルムセンター、早稲田、松竹大谷にはすべて、これに関する重要なコレクションがある。また、北米のコロンビア大学には牧野コレクション内に映画館プログラムがあり、イェール大学は現在このコレクションを構築中である。他にも、たとえば地方映画史などのなかでは古いパンフレットなどが収集復刻され、本のかたちになっていたりもする。ポストカード、スチル写真、パンフレットなど、日本映画関連の視覚資料を集めた、おおむね複数巻からなるコレクションで主要なものをいくつか以下に紹介する。

吉田陽一 編『**アニメチラシ大カタログ 邦画版**』頸文社、2000年
　アニメのチラシだけでなく、ポスター、パンフレット、プレスシート、チケットなども取り上げている。

田中泰彦 編集・解説『**思い出のプログラム（新京極篇）**』京を語る会、1980年
　明治末期から第二次世界大戦末期間に、古都の劇場密集地区だった京都・新京極の主要映画館で発行されたプログラムを復刻した冊子。

岩本憲児 編著『**写真・絵画集成 日本映画の歴史**』日本図書センター、1998年
　主に白黒の映画スチルと写真で構成された、この魅力的な全3巻コレクションは、よりわかりやすい方法で視覚的に映画史を見せようとしている。スチル写真や映画スターの肖像だけでなく、映画館の写真、映画街、技術、その他関連物まで網羅している。

『写真集 映画黄金期 小屋と名作の風景』国書刊行会、1989年
　日本全国にあった映画館の古い写真を収録する全2巻コレクション。

松田集 編『帝都封切館──戦前映画プログラム・コレクション』フィルムアート社、1994年
　外国映画専門館の戦前のプログラムに焦点を当てている。

『なつかしの日本映画ポスターコレクション』近代映画社、1989、1990年
　この全2巻ポスターコレクションでは、主に1950年代と60年代を中心に、第1巻で小津安二郎や黒澤明などの古典作品、第2巻で市川雷蔵、美空ひばり、長谷川一夫、勝新太郎などの映画スターを取り上げている。

『21世紀映画チラシコレクション──永久保存版 2000–2004』キネマ旬報社、2006年
　ある作品のチラシをさがしているひとだけでなく、映画チラシの現代的な現象を研究しているひとにも価値ある本だ。ここには2000年から2004年までに公開された、約250点にのぼる日本および外国映画のチラシの複製がある。また、異なる地域、特別なタイアップなどの理由で作られたものなど、さまざまなバージョンのチラシが収録されている場合もある。

『日本映画スチール集』ワイズ出版、2001〜2002年
　ワイズ出版から出ている号数のふられていないもうひとつのシリーズで、スチル写真に的を絞っている。これもまた、撮影所、ジャンル、テーマごとに分けられていて、各巻で大衆映画、とくにB級時代劇を中心に取り上げている。シリーズ中の項目のほとんどを石割平と円尾敏郎が編集している。

戦後日本映画研究会 編『日本映画戦後黄金時代』日本ブックライブラリー、1978年
　全30巻にわたるスチル写真のコレクションで、基本的には撮影所、時代、ジ

ャンルが各巻で扱われている。それぞれの巻には主題についてのエッセイがあり、戦後映画を手頃に概観することもこのシリーズでできる。

『**日本映画ポスター集**』ワイズ出版、2000〜2003年

　映画ポスターだけを扱った号数がふられていないシリーズ本で、撮影所、ジャンル、テーマごとに分けられている。出版社がワイズ出版で、多くの巻が円尾敏郎によって編集されているのを見れば明らかだが、ほとんどが大衆向けの作品、とりわけアクションやエログロといった類のものを専ら扱っている。それゆえ、日活青春映画や前衛映画に関するものもあるが、おおむねが新東宝、第二東映、ロマンポルノ、ピンク映画、ファム・ファタル、日活アクションなどに関する冊子である。

日本映画テレビプロデューサー協会 編『**プログラム映画史——大正から戦中まで（懐かしの復刻版）**』日本放送出版協会、1978年

　1920年代から戦時期までの映画館プログラムを集めた、良質の全2巻コレクション。

『**ミニシアターフライヤーコレクション**』ピエ・ブックス、2004〜2007年
『**ミニシアターグラフィックス**』ピエ・ブックス、2003〜2007年

　これら2つの各2巻コレクションはいずれも、現代のミニシアターが日本映画や外国映画を宣伝するために用いてきたビジュアルデザイン戦略に焦点を当てている。キュートでファッショナブルなデザインに力点がおかれ、チラシ、カード、パンフレット、その他の宣伝素材の一例が数多く掲載されている。

遠藤憲昭 編、葦原邦子 解説『**流行歌と映画でみる昭和時代**』国書刊行会、1986年

　　　　　　同 編　　　　『**流行歌と映画でみる戦後の時代**』国書刊行会、1986年

　各2巻あるこの2つの冊子では、1945年前後までの映画や流行歌が扱われて

いる。

雑誌・新聞

　映画雑誌や情報誌は参考文献として必須であるとは言えない。しかし、これまでみてきたように『キネマ旬報』などの雑誌は、多大な労力を払って映画産業と作品について信頼に値する記録を築き上げてきた。本章に定期刊行物が入っている理由のひとつがこれだ。けれども、もうひとつの理由はもっと単純である。映画研究は、日本でも、アメリカでも、長きにわたって無視されてきたので、映画関連の雑誌や情報誌の収集に注力した機関はほとんどなかった。主要な図書館であっても重要な日本の雑誌が全巻揃っていないのはその結果であるし、あまり有名でない——けれども重要な——雑誌については見つけ出すことさえ困難になってしまった。さがしているものがはっきりしている場合でも、その雑誌を見つけ出すこと自体がひと仕事になる場合もある。また、映画雑誌が対象に入っている雑誌記事目録も少ないので、最初に何から見ればよいかを把握するのも難しい。

　戦前の雑誌を調べる手がかりとして（使いづらいが）、牧野による目録（119頁）や宝塚の目録（122頁）はあるが、国立国会図書館『雑誌記事索引』では映画雑誌の大半が長い間無視されてきた（1970年代より前の『キネ旬』は索引付けされていないし、『映画芸術』は除外されている）。とはいえ状況は改善されてきている。復刻版は単に古い雑誌を読めるようにしたというだけではなく、索引を加えたものもあり、使いやすくなっている。今では戦後初期の記事がmagazineplusのようなオンライン上のデータベースで索引付けされ、見つけ出せるようになっている。だが、こうしたデータベースの間にはさまざまな相違がまだ残っているし、小規模の雑誌についてはいまだ含まれていない。さらに、索引付けもまだまだ不完全で、小さな記事——映画評のような——がデータベースに表示されないこともよくある。

　要するに、調査で使う記事を入手するには、雑誌を見つけ、それを手でめく

って目を通すことが研究者にとっては今でも重要なのだ。それはいわば、どの雑誌に目を通せばいいのか、その雑誌をどこでさがせばいいのかがわかることが必須のスキルになるということでもある。マイクロフィルムや電子媒体の形で復刻されている映画雑誌はほとんどなく、今でも数多の重要な雑誌はもとの実物の形でしかアクセスができない。そこで私たちは、研究の入り口に立った人たちに向けて道を示すことが大切だと考えたのだ。

ここに挙げたのは、内容の深さ、映画批評と映画ジャーナリズムの歴史に占めている地位、そして影響力の大きさという観点からみて最重要となる日本の映画雑誌である。強調しておきたいのは、このリストはあくまでも内容が豊かで歴史的にも重要な雑誌を示しただけで、他にも文字通り数百の雑誌があるということだ。もし業界団体や撮影所、映画館、ファン、それに労働組合やその他さまざまな機関が発行しているニュースレターまで含めたならば、日本の映画雑誌の数はそれこそ1,000に達してしまうだろう。

三大映画雑誌

『映画芸術』 1946年〜

1946年に刊行が開始された『映画芸術』(『映芸』)は、『キネマ旬報』(『キネ旬』)『映画評論』とともに戦後の三大雑誌のひとつだった。しかし、『映画評論』がその後休刊となり、今では『キネ旬』と『映芸』のみが残っている。1960年代には小川徹によって月刊で刊行され、映画界以外の芸術家の文章が積極的に取り上げられた。『映芸』は後に季刊となり、現在では映画脚本家の荒井晴彦が『キネ旬』よりも癖のある、独立系の視点から編集を行っている。

『映画評論』 1926〜1975年

日本の三大映画雑誌のひとつ。戦中と戦後にかけて何度かの変革を遂げており、その歴史は1926年まで遡ることができる。業界誌でもあった『キネ旬』とくらべると重点はつねに映画批評におかれ、佐藤忠男や佐藤重臣などの著名な映画評論家を編集者に抱えていた。とくに佐藤重臣が編集長だった時期にはア

ンダーグラウンド映画のほか、ヤクザ映画やピンク映画のような世間から疎まれたジャンルを擁護していた。1975年休刊。

『キネマ旬報』1919年〜

復刻版『キネマ旬報』〔第1号〜248号、1919〜1926年〕雄松堂出版、1993〜1996年
復刻版『キネマ旬報』〔第249号〜735号、1927〜1940年〕文生書院、2009年〜
復刻版『映画旬報』〔第1号〜100号、1941〜1943年〕ゆまに書房、2004年

　『キネマ旬報』は日本の映画雑誌のなかでももっとも重要で、その内容は映画批評と映画業界のニュースが中心である。1919年に同人誌としてはじまり、1941年、時の政府によってカタカナの誌名を『映画旬報』に改めるよう強いられた年まで続いた。終戦後、再開の試みが断続的に続けられていたが、その後に続くかたちで復刊されたのは1950年になってからである。

　『キネ旬』は映画評だけではなく、日本で公開されたあらゆる商業映画の「映画紹介」（基本的には出演者・スタッフ情報とあらすじである）の掲載に尽力してきたので、映画調査の手始めには欠かせない情報源となる。著名な評論家がこの雑誌に寄せた文章も数多く、映画産業の重要な分析もあるが、そのスタンスはいささか保守的で、他との差別化を図るさまざまな映画雑誌からの批判の的となってきた。2月の第2号（2月15日号、または2月下旬号）はベスト・テン号で、日本でもっとも歴史ある映画賞となった批評家投票による「キネマ旬報ベスト・テン」結果特集と、前年の映画産業動向を詳しく振り返る特集の2本立てとなっている。

　残念だが、日本国外ではこの雑誌を全巻揃えている機関は存在しない。だが、ありがたいことに雄松堂出版と文生書院、ゆまに書房が、戦前の巻と『映画旬報』の全巻を復刻しており、こちらは広く利用できる。

初期の映画雑誌

『活動寫眞界』日本活動社、1909〜1911年
復刻版『活動寫眞界』国書刊行会、1999年

最初期の映画雑誌の復刻版。吉澤商店との関わりがあり、多くの啓蒙家の提言が寄せられる高級雑誌だった。原本は1909年から1911年にかけて日本活動社より刊行。

『キネマ・レコード』1913〜1917年

復刻版『キネマ・レコード』国書刊行会、1999〜2000年

　帰山教正と滋野幸慶が主に編集を務め、日本映画革新運動の中心的な場にもなった雑誌の復刻版。「純映画」の製作を唱える一方、この雑誌では映画批評も積極的に取り上げ、さらに業界誌としての自負を持っていたため映画産業に関する技術面および事業面からの詳細な分析を掲載した。1913年10月に『フィルム・レコード』というタイトルで刊行を開始したが、12月の第5号からは『キネマ・レコード』に変更している。当初は半月に一度の刊行だったが（1913年10月〜1914年2月）後に月刊になった（1914年3月〜1917年7月）。発行元は、1913年はフィルム・レコード社、1914年から1917年7月まではキネマ・レコード社、1917年10月から1917年12月まではキノグラフ社に変更されている。

『日本映画初期資料集成』三一書房、1990〜1991年

〔第1〜2巻〕『活動写真雑誌』1915年　〔第3〜5巻〕『活動之世界』1916年　〔第6〜9巻〕『活動画報』1917年

　この資料集は初期の映画雑誌3誌から最初の一年分あまりを復刻したものである。『活動写真雑誌』は大衆指向の強い雑誌で1915年に創刊、『活動之世界』は1916年に刊行をはじめ『キネマ・レコード』と同じく革新的な雑誌だった。『活動画報』はこちらも大衆的だがよりビジュアル面への指向が強い雑誌で、1917年に刊行を開始した。3誌が合わさることで1910年代後半の映画文化の側面がはっきりと見えてくる。

左翼系雑誌

『映画創造』 映画創造社、1936〜1937年
復刻版『映画創造』 不二出版、1986年

　1930年代後半に刊行された重要な左翼系理論誌の復刻版。戸坂潤、岩崎昶、今村太平、上野耕三などの論者が寄稿している。

『映画批評』 新泉社、1970〜1973年

　松田政男が創刊し新泉社が発行したこの月刊誌は、1970年代初頭の新左翼系映画論の中心だった。執筆者には足立正生、平岡正明、佐々木守などがいる。

『シネ・フロント』 1976年〜

　当初は、日本共産党の関係団体である映画鑑賞団体全国連絡会議より発行されていたが、後にシネ・フロント社からの刊行となった。『シネ・フロント』は山田和夫や吉村英夫のような左翼系映画批評家による記事を掲載し、社会問題を扱う映画や山田洋次や新藤兼人らの作品を擁護してきた。

『昭和初期左翼映画雑誌』 戦旗復刻版刊行会、1981年
〔1〕『新興映画』1929〜1930年　〔2〕『プロレタリア映画』1928年　〔3〕『プロキノ』1932年〔4〕『第二次プロレタリア映画』1930〜1931年　〔5〕『映画クラブ』1931〜1933年

　日本の映画雑誌の遺産を復刻作業を通じて守ろうとしたはじめての試みであり、昭和初期に出版された重要な左翼・プロレタリア映画雑誌をカバーしている。おそらく日本映画に関する復刻版のなかではもっとも美しいものだと言えるだろう。オリジナルの色やサイズから各号の紙質に至るまで忠実に再現されている。加えて、巻ごとにまとめて製本するのではなく、各号がそれぞれに印刷・製本されている。また、チケットや映画館プログラム、さらにすばらしいポスターまで付いている。現在、この復刻版のほとんどはミシガン大学日本研究センター出版会のオンライン復刻版シリーズ（次項）から利用できる。別巻に

は全巻を通しての充実した索引が付いている。

Prewar Proletarian Film Movement Reprint Series
ミシガン大学日本研究センターオンライン復刻シリーズ、2004年、www.cjspubs.lsa.umich.edu/electronic/facultyseries/list/series/prewar/journals.php

〔1〕『映画の映画』1927〜1928年 〔2〕『映画解放』1928年 〔3〕『映潮』1925〜1930年 〔4〕『映画工場』1927〜1928年 〔5〕『映画同好会』1932年 〔6〕『映画突撃隊』1930〜1933年 〔7〕『日本映画労働年報』1933〜1934年 〔8〕『新興映画』1929〜1930年 〔9〕『プロレタリア映画』1928年 〔10〕『プロキノ』1932年 〔11〕『第二次プロレタリア映画』1930〜1931年 〔12〕『映画クラブ』1931〜1933年

　このオンライン復刻集は、牧野コレクション（38頁）のいちばん奥のさらに奥から引っ張り出してきた貴重資料をもとにして牧野守とマークが編纂したものだ。ここに含まれている雑誌の一部は戦旗復刻版刊行会からも美しい書籍版復刻が出ているが（前項）、こちらのプロジェクトではアクセスがより容易になり、歴史叙述に関するきわめて重要な訂正がほどこされている。書籍版復刻は日本プロレタリア映画同盟（プロキノ）の元メンバーによるプロジェクトで、牧野はこちらにも関わっている。戦旗復刻版刊行会は、戦前期の競合相手に対する最後の拒否行動として日本プロレタリア映画連盟など独立団体の出版物を除外している。

　各号はビューアーで頁ごとに読むこともできるし、全体をPDFファイルとしてダウンロードすることもできる。また表紙とカラー頁については別個のイメージデータベースで詳しく見ることが可能だ。抜けている巻がほんの少しあるとは言え、オンラインで利用できて、しかも無料である。残念なことに検索はできないが、『昭和初期左翼映画雑誌』の別巻（121頁）にはプロキノが製作した多くの雑誌に関する目録が掲載されている。また、プロジェクトのサイトには関係する書籍数冊もある。さらに、小規模ではあるものの、検閲局から得た資料のコレクションもある。こうしたニュースレターやパンフレットからは、検閲に関する調査資料としての価値が明白である以外にも、歴史から消えてしま

ったマイナーな左翼文学がうかがい知れるのだ。

学術誌

『映画学』 早稲田大学大学院文学研究科映画研究室、1987年〜

　1987年に創刊されたこの雑誌は、早稲田大学大学院の映画学プログラムが年次で発行しているものだ。学術的な雑誌で大学院生も執筆しており、まだまだ洗練されていないところも多いが重要な論文も数多く掲載されている。

『映画史研究』 1973〜1990年

　佐藤忠男と妻の久子が、個人で編集と出版をしていた不定期刊行の雑誌であり、日本映画史を特定の切り口から眺める明確で実証的な記事を数多く掲載していた。記事には、とくに初期映画について他の雑誌では触れられないような、あまり世に知られていない題材もある。わずかではあるが英語の記事もある。

『映像学』 日本映像学会、1975年〜

　1975年に『季刊映像』として創刊されたこの雑誌は、映画学関係の主要学会である日本映像学会の機関誌である。近代の映像メディアに関する多様な領域を対象としているが、掲載される記事の大半は映画に関するものだ。他に場がないという意味で日本では筆頭の学術映画研究誌だと言える。

産業関連雑誌

『キネマ週報』 キネマ週報社、1930〜1939年
復刻版『キネマ週報』 ゆまに書房、2008〜2010年

　『キネマ週報』は、市川彩の『国際映画新聞』に対抗する雑誌として1930年に創刊された。設立時に編集を担ったのは田中純一郎だが、後に雑誌の手綱を手渡されたのは元検閲官の橘高広と、元プロキノメンバーの佐々元十という思いもよらない組み合わせだった。1930年代の映画産業でどのようなことが行わ

れていたかを知りたいなら、この雑誌の価値は計り知れない。1939年廃刊。

『**国際映画新聞**』 国際映画新聞社、1927〜1940年
復刻版『国際映画新聞』ゆまに書房、2005〜2008年

　戦前の業界誌のなかでももっとも重要な雑誌の復刻版。1927年から1937年まで市川彩がこの業界誌の編集に当った。別巻には総目次が収録されている。これは映画雑誌の復刻ではきわめて珍しく、意義深い。

『**満洲映画**』 満洲映画発行所、1937〜1940年
復刻版『満洲映画』ゆまに書房、2012〜2013年

　満洲映画協会（満映）の機関誌であり、満映の作品および傀儡国家であった満洲国の文化政策について調査し理解するためには欠かせない資料である。当初は日本版と中国版が発行されていたが1938年に合併された。

製作関連雑誌

『**映画科学研究**』 映画科学研究会→往來社、1928〜1932年

　この雑誌からうかがえるのは、いかに多くの日本の映画製作者が映画という媒体の研究者でもあったかということだ。現代劇の監督だった村田実と牛原虚彦が編集したこの雑誌は、——映画批評家の記事もたまにあるが——映画製作に従事する人々が、脚本執筆や、音声から編集（モンタージュ）、産業構造にいたるまで、映画のさまざまな側面について方法論的に調査・分析してきた努力のたまものである。この分厚い雑誌には、脚本や、海外論文の翻訳、さらにはプロレタリア映画についての省察もある。通算で10号が刊行されている。

『**映画技術**』 日本映画技術協会、1948〜1965年
『**映画テレビ技術**』 日本映画テレビ技術協会、1965年〜

　この雑誌は日本映画テレビ技術協会の機関誌である。日本版の *SMPTE Journal* とも言えるが、『映画テレビ技術』には舞台装置に関する報告記事や特集記事が

掲載されている。1948年から2004年までに発行された号の目次はすべて、協会のウェブサイト上で見られる（www.mpte.jp/outline/publication/total_contents.html）。

『**シナリオ**』 日本シナリオ作家協会（出版者に変更あり）、1946年〜

　『シナリオ』は映画脚本に関しての由緒ある雑誌で、脚本家の協同組合が発行している。もっとも古い脚本雑誌でもあり、1946年に創刊された。通常の冊子には特集記事やインタビューに加え、新作の脚本が何本か掲載される。

一般向け批評誌・ファン雑誌

『**映画之友**』 映画世界社→映画の友、1931〜1968年

　こうしたファン雑誌は、系譜をたどれば1924年の雑誌『映画世界』にまで遡ることができる。これは、橘弘一郎の映画世界社が古川緑波の助けを借りて出版した一誌だ。1931年には橘が雑誌の名前を『映画之友』に改名。戦時期の雑誌統廃合という災難にみまわれたこともあったが、1946年には復刊を果たしている。その後は、戦後もっとも人気のある評論家のひとりだった淀川長治が編集を担い、小森和子のような評論家の文章も掲載されることでトップクラスの外国映画雑誌となって刊行が続けられた。1968年に廃刊となったが、後の1970年代後半にまったく別の出版社である近代映画社がアダルト雑誌の名前として『映画の友』を再び用いている。

『**近代映画**』 近代映画社、1945〜2009年

　『近代映画』は日本映画と外国映画の両方をカバーするファン雑誌としてスタートしたが、結局は1950年代から60年代にかけて、大衆的な視点から日本映画を扱う主要雑誌となった。70年代にはアイドルを中心とした雑誌になり、90年代後半には雑誌名も『Kindai』に改められた。同出版社である近代映画社は1946年に『スクリーン』も創刊しているが、外国映画のファン雑誌のなかでもトップクラスのひとつとして続いている。

『**戦前期映画ファン雑誌集成 第Ⅰ期 マキノ**』ゆまに書房、2013年〜

　映画雑誌に価値を見出さない図書館であれば、ファン雑誌などくだらないもののなかでも特にくだらない、ほとんど価値のない低俗商品くらいに扱われていることだろう。だがこうした雑誌が、その営利主義がゆえに、商業的文化産業の調査を行う際に必須となるのは明らかだし、こうした雑誌が持っているファンとの密接なつながりは、映画の受容について調査するための大変貴重な手段となってくれる。冨田美香（現：フィルムセンター主任研究員）の努力のおかげで、ゆまに書房から『戦前期映画ファン雑誌集成　第Ⅰ期』が出版され、牧野省三一家の撮影所と関わりのある大量の雑誌を読むことができるようになった。全28巻には、1923年から1930年にかけての雑誌が含まれる。

『**日本映画**』大日本映画協会、1936〜1945年

復刻版『日本映画』ゆまに書房、2002〜2003年

　原本は1936年から1945年まで、大日本映画協会が刊行した月刊誌。この協会は半官半民の組織だったため、日本が戦争へと歩みを進めるにつれて『日本映画』は唯一おおやけの映画出版物となり、その論調を強めていった。事実、終戦直前まで続いた映画雑誌は『日本映画』ただひとつである。惨劇へと突き進んでいく様子は、この雑誌の体裁からも感じ取ることができる。当初はどの号にもカラーの表紙が付き、冊子も厚く重たかったが、戦争末期には映画業界内でしか読まれない、薄い情報誌になってしまった。

上級ファン向け映画雑誌

『**映画芸術研究**』芸術社、1933〜1935年

　佐々木能理男が編集を務めた本格的な批評誌。とくに美学的な問題を中心に扱っていた。記事のなかには40頁におよぶものもある。計18号が刊行されており、エイゼンシュテインやアルンハイムなど海外の理論家の翻訳が載っている号も多い。

『カイエ・デュ・シネマ・ジャポン』（Cahiers du cinéma Japon）
フィルムアート社→勁草書房、1991～2001年

　フランスの *Cahiers du Cinéma* ともつながりのある、1991年創刊の雑誌。梅本洋一が編集を務め、おおむね外国映画に焦点を当ててきた。蓮實重彥が書いた映画批評の影響を受け、黒沢清や青山真治など、蓮實と関わりの深い日本の映画監督にもスポットライトを当てている。2001年の最終号は青山監督の『EUREKA』に捧げられている。

『季刊リュミエール』筑摩書房、1985～1988年

　1980年代に影響力を持った雑誌で、批評家の蓮實重彥が中心となっていた。主として外国映画を取り上げているが、日本映画についての特集号もある。1985年秋に創刊、1988年冬までに14号が刊行された。

『シネマ69』シネマ社、1969～1971年

　季刊『シネマ69』（後の『シネマ70』『シネマ71』）は、政治的な文章や、映画の専門家ではない人物が書いた批評に背を向け、映画を映画として見ることを推奨したという点で1970年以降の映画批評の方向性を決定づけることになった。編集には山根貞男や波多野哲朗が、寄稿者には蓮實重彥や上野昂志がおり、彼らは後の映画批評に強い影響力をもつようになった。

『戦前映像理論雑誌集成』ゆまに書房、1989年
〔第1～3巻〕『演劇・映画』1926年　〔第4～7巻〕『劇場街』1929～1930年　〔第8巻〕『映画知識』1929年　〔第9～11巻〕『映画集団』1935～1938年　〔第12～14巻〕『映画界』1938～1940年　〔第15～21巻〕『映画と音楽』1937～1940年

　1920年代後半から30年代後半に刊行された、知識人向けの重要な映画雑誌のうち数誌を復刻したもの。たとえば『映画集団』は左翼系理論誌で、今村太平と杉山平一が編集を行った。

地方の映画雑誌

『映画新聞』 シネ・ヌーヴォ、1984〜1999年

　大きさ、形式ともに文字通り小さな新聞であり、編集を担当する景山理と江利川憲が月に一度大阪から発行していた。しばしば、オルタナティブ映画に関して一般とは異なる意見が発せられる貴重な場であり、映画ジャーナリズムにおいては論争という日本の重要な知的伝統が残された最後の砦のひとつでもあった。

『FB』 行路社、1993〜2004年

　『FB』は同人誌で、関西圏にいる映画関係の知識人が数多く参加していた。はじめて世に出たのは1993年の秋で年に2〜3冊を刊行していたが、最終的には年に一冊になり、2004年秋で最終号となった。

ドキュメンタリーと実験映画

『記録映画』 教育映画作家協会→記録映画作家協会、1958〜1964年
復刻版『記録映画』不二出版、2015〜2016年

　教育映画作家協会の機関誌としてはじまった雑誌。協会の初期の会報で発生しつつあった論議を即座に、世間の目にさらしていった。ドキュメンタリーの行方を巡って政治闘争が誌面上で行われ、その結果、最初は団体の名称が記録映画作家協会に変わり、その次には大量脱退および競合する組織や雑誌の創設にまで至った。本誌は数々の重要な論争が行われるフォーラムとなり、そこには松本俊夫（編集にも携わった）、大島渚、吉田喜重、野田真吉などの映画監督や、当時影響力を持っていた知識人が数多く参加した。

『月刊イメージフォーラム』 ダゲレオ出版、1980〜1995年

　ダゲレオ出版が発行している月刊誌。ダゲレオ出版とは、実験映画を推進してきた日本の主要組織イメージフォーラム（24頁）の出版部門である。そのた

め誌面の大部分は実験的な映画作品、ビデオ作品に費やされているが、通常の商業映画について書かれた号もかなり多い。

『**文化映画研究**』文化映画研究発行所、1938～1940年
　この雑誌は、いわゆる「文化映画」の意義や目的が議論される場のひとつだった。

通史

　これまでの映画史家は、ここで紹介しているような資料を駆使し、映画について考察を巡らせ、その日本での起源、発展、媒体としての機能に関する問いに答えようとしてきた最初の人たちだった。こうした研究は後の歴史家の礎となり、さまざまな事実や学説が後に続くかたちで確立されてきたのである。たとえば田中純一郎による映画史にはフィルモグラフィーとしての役割があり、とくに教育映画のような記録があまり残されていないマイナージャンルに関する研究を行う際に計り知れない価値をもつ。また、田中が日本の映画発展に寄与した重要人物と数多く面識をもち、そのインタビューを集めてきたように、一次資料のコレクションを作り上げたのも彼らだった。塚田嘉信や山本喜久男の調査研究は、根本的問題（日本にはいつどのようにして映画が入ってきたのか、外国映画が日本にもたらした影響はどう捉えられていたのか）に丹念にかつ実証的に答えるため、二次資料——おもに新聞記事と雑誌記事——の収集を行ってきた。それゆえ、彼らの調査はアンソロジー（選集）であり、同時にインデックス（索引集）でもあるのだ。

　今日の研究者は先人が行った調査を活かすこともできるし、それに対して疑問を呈することもできる。また、先人が引用したり複製したりした資料を、それとは別の用途に使うこともできる。しかしこうした研究は、大抵の歴史がそうであるように、それ自体がもつ歴史コンテクストの影響を受けているし、また特定のイデオロギーが形になったものでもある。たとえば、1920年代から

80年代までに書かれた歴史の大半は、純映画劇運動について、1910年代に起こった国家権力や知識階級の立場からの映画の近代化運動であり、この運動以前の映画は映画的でなかったとする認識を基本的な見方として受け入れている。こうした歴史もまだまだ役に立つ。しかし、それが語る事実以上に、語られていないものが何なのかを知るためにこそ、それらは読まれるべきかもしれない——描かれた歴史の解釈よりも、その解釈に影響をおよぼしている歴史状況が重要なのである。

　以下で選んだものは通史を扱っていると考えられる書籍に限定している。その大半は、少なくとも50年間の歴史をかなりの細部までカバーしたもので、デイヴィッド・ボードウェルやデイヴィッド・デッサーなどが行ったような、さらに小さな主題やまとまった期間に焦点を絞る、その他の質の高い研究への出発点となるものだ。ただし、このリストはすべてを網羅したものではない。むしろ、私たちが利用し、すばらしいと思った通史である。時代劇など特定のジャンルについては質が高く長大な歴史書がいくつかあるものの、ここではドキュメンタリーやアニメーションといった形式で、より大きなカテゴリーに関する作品を紹介するのみにとどめている。

ベスト・オブ・ベスト

Joseph L. Anderson and Donald Richie. ***The Japanese Film: Art and Industry***. Princeton, New Jersey: Princeton University Press, 1982

　もともとは1959年に、チラシ紙のようなものに書かれたところからはじまっている。冷戦期のうんざりするような政治姿勢に汚れていることを考えれば、この入念な調査をへた研究書に代わる新しい本がいまだに存在しないのは印象的なことだと言える。こうした不朽の書物は、映画学には稀だと言っても過言ではない。その理由のひとつは、芸術を支えている産業構造にしっかりと注意を払っていることにある。こうした視点を持った研究者は当時ほとんどいなかった（今日でもそうだ）。

　1982年に出た増補改訂版では、本の内容が更新され、初期の作品について考

察した歴史叙述に関するエッセイも加えられた。たとえばアンダーソンの重要な論考では、初版に入っていた弁士に関する文章について、綿密な調査による反論が加えられている。本書には良くできた書誌情報もあり、また、函入りの初版では監督と撮影所の面白い「家系図」も長い折込になって入っている。

佐藤忠男『**日本映画史**』〔増補版〕 岩波書店、2006〜2007年

　佐藤忠男は戦後もっとも多作で影響力の強い批評家のひとりだ。その文筆活動は『思想の科学』誌での執筆にはじまる。この雑誌の方向性──一般読者を対象とする学術的厳密さをもった論考に大衆文化の社会的重要性に対する視点を組み合わせること──は、佐藤の映画批評に対する姿勢に影響を与え、彼を日本映画の批評家のなかでもっとも愛される、もっとも興味深い人物のひとりにした。『日本映画史』は佐藤にとって、田中純一郎の『日本映画発達史』（次項）を継承し、おそらくそれに取って代わろうとする彼自身の意識のあらわれだった。だがそれは両者が競争関係にあったということでは決してない。田中は自身の個人資料から最高のコレクションを彼に寄贈し、佐藤の長大なプロジェクトを支援していたのである（太田市立新田図書館：57頁を参照）。

　実際のところ、2人の映画史は完全に別物だ。田中の本はデータが豊富で、たくさんの引用があり分厚く、さらに産業の「発達」を見ようとする方向性をもつ。対照的に佐藤の『日本映画史』は、エッセイストの仕事と言うべきものだ。きわめて読みやすく、またよく調査もされている（参考文献がしっかりしていないが）。ここに紹介しているのは1995年に出た初版の改訂版である。さらに10年分の映画史が付け加えられたのがもっとも重要な点だ。第4巻には、長大な年表と索引に加え、補遺となる観点──日本映画史を時間的に貫くような主題に焦点を当てた論考──が含まれている。

田中純一郎『**日本映画発達史**』 中央公論社、1980年

　この全5巻の労作は純映画劇運動で想定された考えに基づく、ある種の歴史をみせようとする傾向があるとしても、やはり日本映画研究においては最重要の大作映画史である。遡れば1920年代からはじまった田中の研究の頂点に位置

する。映画ジャーナリストかつ雑誌編集者として働くなかで当時から築いてきた人脈を活かし、田中はこの研究を成し遂げた。はじまりは連載記事の形で戦前に発表され、1957年に初版が3巻本で発行された。5巻が出揃うのは1975年から1976年にかけてである（1980年に再版される）。産業史に強みがあるが、重要作品や撮影所での重要改革を田中がたびたび列挙しているため、フィルモグラフィーや、映画作品、業界人についての名簿録としても役立つ。

　田中は日本における外国映画の位置づけにも注意を払っているし、またドキュメンタリーのような周縁的なジャンルや、映画ジャーナリズムの発展にも関心を寄せている。最終巻には彼の歴史叙述への索引を付した年表がついている。

長編劇映画に関するベスト

筈見恒夫『**映画五十年史**』鱒書房、1942年
　　同　　『**映画五十年史**』創元社、1951年
　この2冊は50年間の映画史であるが、10年の間を空けて出版されており、この10年間が両者をまったく異なるのものにしている。筈見による本書の2つの版は、語られる歴史という観点だけではなく、戦時期と戦後で歴史叙述がいかに変化したのかを示す実例になっているという点でも興味深い。

石巻良夫『**欧米及日本の映画史**』プラトン社、1925年
　最初期の専門書的映画史のひとつで、映画産業についてのジャーナリスティックな記事で知られる書き手の筆によるもの。そのため、映画作品よりは映画事業が中心に扱われている。

Donald Richie. *Japanese Cinema: Film Style and National Character*. New York: Doubleday, 1971
ミシガン大学日本研究センターオンライン復刻シリーズ、2004年、quod.lib.umich.edu/c/cjfs/agc9004.0001.001/
　もともとは薄い冊子で、JTBから1961年に出版されたものだ。この本では

「国民の特質」を背景に、伝統から逸脱的性質に至るまでの多様な広がりに照らし合わせながら日本映画が描き出されている。他方で、オンライン復刻版では「伝統」と「国民の特質」というカテゴリー分けが著者自身によって撤回されている。リチーが美しい文章で記した映画の分析は今なお再考に値する。

Noël Burch. *To the Distant Observer: Form and Meaning in the Japanese Cinema*. Berkeley, California: University of California Press, 1979

ミシガン大学日本研究センターオンライン復刻シリーズ、2004年、quod.lib.umich.edu/c/cjfs/aaq5060.0001.001/

　ノエル・バーチの著作は慣習的な映画史叙述、つまり映画について語る際にはリュミエール（リアリズム）とメリエス（フォーマリズム）との間の断絶からはじめることが避けられないとする叙述に対して、形式主義の観点から論争を仕掛けるものだった。本書では、日本映画を通してのきわめて野心的な議論のなかで、映画史における真の断絶は、ブルジョア的なハリウッドリアリズムと、進歩的な政治モダニズムとの間にこそ刻みつけられているのだと問題提起される。そしてバーチは、日本映画のなかにフォーマリズムへの傾向を見出しながら、それを西洋の美学概念への抵抗として読みとってゆくのだ。

　この本は刊行直後からくり返し批判にさらされ、なかでもオリエンタリズムのわかりやすい一例として批判された（エドワード・サイードの書籍が出版されたのは1978年である）。しかし本書は、英米の映画理論にみられる進歩史観に抗し、それを批判するものとしてアジア映画史を記述しようとした最初の試みのひとつだと認識されねばならない。挑戦的で緻密なテクスト分析を多く行っていることに加え、1930年代の映画に我々の注目をうながしたことも、バーチの後まで続く功績である。バーチはこの時代を黄金期と呼び、1950年代の映画をブルジョアのもので、ハリウッドリアリズムに隷従し、それをイデオロギー的に支えていると糾弾した。

　もし事実やローマ字表記にまちがいがすべてなければ、本書は通史のベスト・オブ・ベストのリストに入るかも知れないのだ。無料のオンライン復刻版がミ

シガン大学日本研究センター出版局のウェブサイト上で利用可能で、そこにはハリー・ハルトゥーニアンによる新しい序文が加えられている。

吉山旭光『**日本映画界事物起源**』「シネマと演藝」社、1933年
　同　　『**日本映画史年表――映画渡来四十年記念**』映画報国社、1940年
　吉山は最初期の映画批評家の一人で、明治末期から映画について定期的に論じはじめる。この2作は基本的には逸話に基づく歴史であり、まちがいや脚色だらけだが、初期の映画界（または、そのなかのある特定の記憶）に興味を抱く糸口になることもしばしばある著作だ。どちらも『日本映画論言説大系』（115頁）第29巻に復刻版が収められている。

『**日本映画技術史**』日本映画テレビ技術協会、1997年
　媒体技術を中心に据えた映画出版物は活気のあった分野で、とくに権田保之助（『活動写真の原理及応用』内田老鶴圃、1914年）と帰山教正（『活動写真劇の創作と撮影法』飛行社、1917年）の著作からはじまった。戦後になると、こうした活動の多くは日本映画テレビ技術協会が発行していた『映画テレビ技術』誌を中心に行われるようになる。本書は、協会が技術という観点から描き出した日本映画史であり、映画生誕100年を記念して出版されたものだ。参考文献一覧、年表、映画史に関するさまざまな歴史の叙述、すばらしい写真も掲載されている。本文にはまちがいが多くあるので、引用する際は気をつけたほうがいい。

冨士田元彦『**日本映画現代史**』花神社、1977～1979年
　この全2巻からなる大著は、厳密にいえば1935年から1955年までの期間を扱っている。だが、冨士田の『現代映画の起点』（紀伊國屋書店、1965年）や『日本映画史の創出』（五柳書院、1983年）と組み合わせると、著作を連携させて日本映画の歴史基盤を概説しようとした冨士田の取り組みの核心部が現れてくる。歌人でもあった冨士田はキネマ旬報社の『日本映画史』（次々項）にも参加しており、早稲田の方法論とも近かった。

飯島正『**日本映画史**』白水社、1955年

　長らく映画批評家として活躍し後に早稲田大学でも教鞭をとった人物で、その経歴の大部分では外国映画と前衛映画を中心に扱ってきた傾向のある著者が描く、ユニークな日本映画史だ。飯島の歴史叙述は6つの時代に区切られており、その第Ⅰ期を——純映画劇運動以前に当たる——「映画芸術以前」としている。基本的な産業および社会動向はカバーしているが、彼の視点は映画作品や映画作家に注がれている。飯島は、それらを論じるのに印象批評という手法を用いたが、日本の映画批評史の大半ではこれが支配的なものになっていった。

『**日本映画史——実写から成長—混迷の時代まで**』〔世界の映画作家31〕
キネマ旬報社、1976年

　重要かつ多くの点で革新的な書籍だ。それは本書が、岩本憲児や千葉伸夫のように、大学で教育を受けた映画研究者による最初の映画史であるからだ。そのため、これ以前の歴史にくらべて裏付けがしっかりしており、また議論もより慎重に行われているところがある。本書はキネマ旬報社がシリーズの一冊として発行した共同執筆による著作で、広く世に出回るべきものだったが、残念なことにそのようにはならなかった。

塚田嘉信『**日本映画史の研究——活動写真渡来前後の事情——**』現代書館、1980年

　50年以上の期間を扱っている歴史書ではないが、それでもこの節に加わっているのは、本書が探訪を重ね地道に史料を集めた歴史叙述のなかでも、もっとも印象に残る一例だからだ。塚田は在野の研究者として、日本映画の最初の数年間に焦点を当てた。そして本書で、映画装置が初めて輸入されてから1年分の新聞を事実上すべて調査し、何が、いつ、誰によって輸入され、その後それぞれの装置にどのようなことが起きたかを特定しようとした。塚田は自分が発見した記事のほとんどを復刻しており、本書は初期の映画言説への、他には代えがたいガイドとなる。

四方田犬彦『**日本映画史100年**』集英社、2000年

　四方田が本当に慣習的な歴史叙述を避け得ているのかについては議論の余地があるものの、この新書サイズの書籍は、ナショナルシネマ研究を助長するような前提に対して疑問符を突きつけていて痛快だ。世間から疎まれたジャンル、在日の映画、植民地の映画製作、沖縄語映画――その形式が「日本映画」として受け入れられてきた枠に容易には収まりきらない映画を四方田は取り上げる。短くて読みやすいが、映画誕生100年を記念して出版された多くの日本映画史のなかで、ずば抜けてすばらしい一冊というわけではない。2014年に『日本映画史110年』という増補改訂版が刊行された。

竹中労『**日本映画縦断**』白川書院、1974〜1976年

　論争好きで強烈な左翼ジャーナリストだった竹中労は、自身が『キネマ旬報』に執筆した記事を集めたこの3巻からなるシリーズ本で、映画――戦前期の映画である――に取り組んだ。このシリーズは未完である。それほど知られていない映画人について語り、時にはインタビューも交えながら、本書は竹中にしか描けない、彼なりの日本映画史を見せてくれている。

山本喜久男『**日本映画における外国映画の影響――比較映画史研究**』早稲田大学出版部、1983年

　この本は、日本映画における外国映画からの影響について自らのテクスト分析をもとに山本が解釈的な説明をする本ではなく、こうした影響について言及している戦前の言説について、その歴史を正確に調べたものである。本書は外国映画からの影響のみならず（ただし山本は戦前しか扱っていないが）、日本の映画言説についても、その歴史を調べるための非常に優れた情報源となる。そのため、たとえばソビエト映画の影響と考えられた事例や、映画論のなかにソビエトの理論がいつ頃から入りはじめたのかを調べようという場合には役立つだろう。

山田和夫『**日本映画の80年**』一声社、1976年

　ここで語られる歴史は、日本共産党とつながりをもつ映画批評家としての山

田の立場を強く反映している。左翼映画運動と社会主義リアリズムの映画を中心に扱いつつ、ヌーヴェル・ヴァーグを批判している。

岡田晋『**日本映画の歴史――その企業・技術・芸術**』ダヴィッド社、1967年

　かなり論戦的な著作で、さまざまな逸話が詰め込まれている。岡田の叙述は数ある歴史のなかでも、もっとも形式的にドラマティックなもののひとつである。映画史の物語化を示す一例だ。

山田和夫『**日本映画101年――未来への挑戦**』新日本出版社、1997年

　山田和夫は、戦後における旧世代の左翼系映画批評家のなかで、もっとも著名な人物である。この本は、その山田が映画100周年に捧げたものだ。日本映画史に関する書籍のなかで最良の研究書というわけではないが、それでも言及するに値するのは（そして読むに値するのは）、本書がコミュニストの視点に強く根ざした日本映画史を語っており、産業構造と草の根の映画上映運動の両方に注目しているためである。

Isolde Standish. *A New History of Japanese Cinema*. New York: Continuum, 2005

　本書は、通史に対して主題論的に取り組み、モダニズム、ナショナリズム、帝国主義、逸脱、ジェンダーといった主題に焦点を当てている。なかでもジェンダーについては、著者が書いた *Myth and Masculinity in the Japanese Cinema* (Curzon, 2000) を発展させたものだ。それゆえに、こうした問題にまつわる重要な問いに関して、社会学的な観点からの便利なアウトラインを本書は与えてくれる。ただし同様の主題を扱っている本は他にも多くあり、スタンディシュは十分にそれを引用していない。この本の形式については、ジョーン・メロンの *The Waves at Genji's Door* (Pantheon Books, 1976) を刷新したものと理解するのがよいかもしれない。

Donald Richie. *A Hundred Years of Japanese Film*. Tokyo: Kodansha International, Revised edition, 2005

　ドナルド・リチーが描く4冊目の通史であり、なかでももっとも複雑で満足のいく著作だ。以前行っていた、作家の才能や国民国家的性質のあらわれを追求することから離れ、リチーはさまざまな角度から日本映画100年の歴史を語っている。「再現的 representational」スタイルと「現前的 presentational」スタイルの相互作用が頻繁に登場する主題ではあるが、それが本書全体を圧倒するわけではない（それゆえに、論じ切れていない不満ものこる）。アンダーソンとともに書いた最初の成果（183頁）とあわせることで、英語ではこの2冊の本が日本映画に取り組むための最良の出発点になる。

ドキュメンタリー／アヴァンギャルド／アニメーション（その他）

Abé Mark Nornes. *Japanese Documentary Film: The Meiji Era Through Hiroshima*. Minneapolis: University of Minnesota Press, 2003

―――――――. *Forest of Pressure: Ogawa Shinsuke and Postwar Japanese Documentary*. Minneapolis: University of Minnesota Press, 2007

　マークは、もともとこの2冊の本を1冊の日本ドキュメンタリー史として出す計画をしていたのだが、相談者から2冊に分けるのはどうかと賢明にもうながされた。1冊目のほうがより通史に近いように見えるが、合わせて読むと、まさに映画のはじまりから1990年代までを通したドキュメンタリー形式――実践と理論における――の叙述となる。

谷川義雄『ドキュメンタリー映画の原点――その思想と方法』〔改訂版〕
風濤社、1990年

　佐藤忠男の『日本記録映像史』（193頁）と並ぶ、日本ドキュメンタリー史の

カノンである。1971年と1977年に出た旧版からの改訂版。

山口且訓、渡辺泰『**日本アニメーション映画史**』有文社、1977年

　現在では刊行から30年以上が経過してしまっているという事実を除けば、本書は日本アニメーションのもっとも重要な歴史書である。著者のみならず、プラネット映画資料館（30頁）の助力も得て、芸術および産業の複雑に絡まった日本アニメーションの歴史を叙述し尽くしている。また、その時点で解説できた全アニメ映画については時系列順に並べられたフィルモグラフィーを用意し、そこに出演者・スタッフ情報だけでなく、時には詳細なコメントや写真、プロットの要約などを載せていることも、たいへん徹底されている。同著者による補遺版『日本アニメーション映画史・増補　アニメーション作品目録（1977–1982）』が1987年に刊行されており、本書のフィルモグラフィーが刷新されている（なお、［1977–1982］は［1977–1987］だと思われる）。

田中純一郎『**日本教育映画発達史**』蝸牛社、1979年

　日本ではドキュメンタリー映画関連の術語の意味が妙に変わっていて、本書の「教育映画」も、厳密に教育用の映画を指すだけではなく、ドキュメンタリー映画のことをも指している。

　教育映画およびドキュメンタリー映画は現存する記録が少ない。それゆえ、本書はただの歴史というだけではなく、無視されることがあまりにも多いこのジャンルについてのかけがえのないフィルモグラフィーでもある。あまり知られていないドキュメンタリー映画を見つけようとするなら、まず最初に見るべきは本書だ。この「教育映画」の歴史の叙述方法は、『日本映画発達史』（184頁）ときわめて近く、引用や短い映画のあらすじが数多い。

　本書は、基本的にはそのもうひとつの本の姉妹編として書かれているが、ここではインタビューにはあまり頼らず、出版資料を多く利用している。タイトルとは異なり、他分野のドキュメンタリーも大半はカバーしているので、そのドキュメンタリーという形式の制度的背景を概観するのに、とくに良い一冊である。索引と便利な年表（1899〜1975年）が付されている。

佐藤忠男『**日本記録映像史**』評論社、1977年

　佐藤が書いた多くの著作と同じく、この本も決して公平な本ではない。日本のノンフィクション映画に関する通史として独自の位置を占めている。

イメージフォーラム 編『**日本実験映像40年史**』キリンプラザ大阪、1994年

　2ヶ国語（英語／日本語）で書かれた、イメージフォーラムがキュレーションを行った実験映画プログラムの展覧会カタログ。そのため、この組織とつながりのある作家に力点がおかれている。上映作品解説と、上映映像作家の略歴、年表のほか、かわなかのぶひろ、鈴木志郎康、西嶋憲生らによるすばらしいエッセイも掲載されている。

山口康男 編著『**日本のアニメ全史——世界を制した日本アニメの奇跡**』テン・ブックス、2004年

　あきらかに業界内の人物による著作である。山口は1960年代に東映動画に勤めており、以後40年間をアニメの実務家として過ごした。彼はスタジオのすべての役割を実際に経験し、その当時の労働運動にも参加していた。そのため、ここに語られた日本アニメーションの歴史では、産業内の実践や労働問題、新技術が美学面と製作工程のパターン双方にもたらした影響に注目が寄せられている。これらが混じり合って、とても興味深い歴史になっているのである。本の後半部には、年表・専門用語集に加え、制作工程、産業組織、テレビアニメの放映期間を図示したフローチャートがある。

谷川義雄『**日本の科学映画史**』ユニ通信社、1978年

　本書は、対象を科学映画に絞ることで、田中純一郎の『日本教育映画発達史』（192頁）や、谷川の『ドキュメンタリー映画の原点』（191頁）を補うものになっている。科学映画は、日本のドキュメンタリーのなかでもきわめて一貫性のあるジャンルであり、また今日に至るまで、他のどんな国においてよりも高い名声を博している分野なので、この選択は理にかなっている。

アーカイブへのガイド

『**映画目録―1999年―**』東京都立日比谷図書館、2000年

　広く普及している日比谷図書館の16mmフィルムコレクション目録（76頁）。2009年に都立多摩図書館へ移管され、現在ではオンラインデータベースもある。だが、オンラインの目録はまだ完成していないため、ドキュメンタリーを本気でさがしているならば本書をのぞいてみる価値はあるだろう。

仲地洋「**沖縄県公文書館における沖縄関係映像資料**」（『沖縄県公文書館研究紀要』第2号、沖縄県公文書館、2000年3月、153〜180頁）

　沖縄関連の日本全国のアーカイブと、そこが保有する映像資料についての大変価値のある見取り図。

『**川崎市市民ミュージアム 収蔵映画図録**』川崎市市民ミュージアム、1989年
『**映画・ビデオ作品収集目録 1989・3**』川崎市市民ミュージアム映像部門、1989年

　川崎市市民ミュージアムはこの2冊の目録を同じ年に発行した。初めのものには光沢紙が使われ、168本の映画のきれいな画像が掲載されている。そのほとんどは長編の劇映画だ。2つ目の目録はおまけのように見えるが、ドキュメンタリー、アニメーション、テレビ番組、ビデオアートから、1,000本以上の作品が掲載されている。ここのコレクションが増大し、日本でも規模の大きいフィルムアーカイブのひとつとなったため、この2冊の目録が今ではまったくもって時代遅れとなったのは、ありがたくもある。

仲本和彦「**在米国沖縄関係資料調査収集活動報告 II：米国国立公文書館新館所蔵の映像・音声資料編**」（『沖縄県公文書館研究紀要』第9号、沖縄県公文書館、2007年3月、17〜26頁）

　この論文では、NARA（21頁）からどのような資料を収集してきたかが説明

されている。占領期のレコードグループに関する詳細な情報もあり、NARAの利用者であれば、きわめて価値が高いと思うだろう。

山田朗『**日本における戦前期の映像史料の所在確定とタイトルのデータベース化**』1995〜1997年度科学研究費補助金研究成果報告書（明治大学）、1998年

フィルムセンター（43頁）に保管された戦前期のニュース映画の目録。文部省科学研究費補助金の研究成果報告書として作成された。

Linda Provinzano et al. *Films in the Collection of the Pacific Film Archive, Volume I: Daiei Motion Picture Co., Ltd. Japan*. Berkeley, California: University Art Museum, 1979

パシフィック・フィルム・アーカイブスが所蔵する、大映関連の英語字幕付き優良コレクション（46頁）の主要ガイド。残念なことに、本書はごくわずかな助成金で作られたものだったので、2巻目が出版されることはなかった。項目には、スタッフ情報と公開時のタイトル、長めのあらすじが付されている。執筆者名も付されたこのあらすじは本書のために特別に書き加えられたものだ。

とくに項目の末尾には、参考文献、寸評、キーワードのほか、字幕とフィルムプリントの状態も記されている。最後にあるフィルムの状態についての記述は、情報がわずかで、もちろん今となっては信用がおけない。噂によると、PFAの所蔵している大映と日活のコレクションは、避けられないことだが、プリントの劣化被害が出はじめているらしい——色が変わり酸の鼻をつく匂いがしてきているそうだ。だが、缶の中身がちりだけになってしまうまでは、これも私たちのほんとうに貴重なアーカイブ資料のひとつであり続けるはずだ。

東京国立近代美術館フィルムセンター 編『**フィルムセンター所蔵映画目録：日本劇映画**』東京国立近代美術館、2001年

このフィルムセンターの分厚い映画目録は、印象的なものに見えるが所蔵フィルムを十分に収録するまでには至っていない。これは手始めにすぎないのではないだろうか。この本（と、これ以前の1986年に形にされたもの）から推測され

るものよりも、ここはもっと大きなフィルムアーカイブである。オンライン所蔵映画フィルム検索が所蔵フィルムをしっかりと収めているので、この目録は、各項目に出演者やスタッフなどの情報が正確に載っているという点で、フィルモグラフィーとして利用するのが現時点では一番よい。

地方映画史

　日本映画研究で活用しきれていない資料のなかでも、もっとも特異なもののひとつが地方映画史という未開拓の分野である。「日本映画」が単一なものとされることはあまりにも多い。まちがいなくこれは、映画研究のなかにあった国民国家への先入観から生じた産物である。こうして多種多様な映画文化が、いくつかの中心へ向けて単一化されてしまう。日本映画の場合は京都と東京だ。たしかに大半の映画はこの2つの都市を拠点とする会社によって製作されてきたが、一方でとくに独立系映画などがそうだが、地方にも製作会社は同様にあった。より重要なのは、日本中の各地域にも独特で活気に満ちた映画文化が、とりわけ興行面を中心にあったことだ。

　そうした場所に関して作成された膨大な書物には、それらの存在が証言されている。なかには、たまたまその場所で撮影された作品を讃えるだけの本もあるが、多くの著作は、地方にある劇場密集地区、配給網、映画サークル、条例、重要な人物などに焦点を絞って論を立てている。ただひとつの映画館に捧げられた本も数ある。これらの本はいずれも、東京以外での映画体験を理解するための価値あるガイドになるはずだ。写真が満載の本も多く、地方の映画館プログラムやチラシの復刻を載せている本もある。1980年代に受容研究が登場して以来、こうしたすばらしい歴史を活用する果敢な研究者らが待ち望まれている。以下に、質の高い研究事例を都道府県別に挙げた。

北海道

竹岡和田男『映画の中の北海道』北海道新聞社、1991年

札幌市教育委員会文化資料室 編『札幌と映画』札幌市、1989年
更科源蔵『北海道映画史』クシマ、1970年
更科源蔵『北海道活動写真小史』九島興行、1960年
前川公美夫『明治期北海道映画史』亜璃西社、2012年
黒田信一『夢の微熱：札幌JABB70HALLの10年間』本の雑誌社、1993年

青森
『あおもりシネマパラダイス』東奥日報社、1996年

岩手
盛内政志『盛岡映画今昔』地方公論社、1976年

宮城
集団MISSA 編『仙台映画大全集：映画で語る仙台郷土史』今野平版印刷、1982年

山形
富塚正輝 編『やまがたと映画：山形国際ドキュメンタリー映画祭2007』山形国際ドキュメンタリー映画祭、2007年
江田忠 著、川村利三郎 画『よねざわ活動写真ものがたり』〔全2冊〕米沢文化懇話会、1972年、1974年

東京
佐藤忠男『映画の中の東京』平凡社、2002年
『キネマの楽しみ：新宿武蔵野館の黄金時代』新宿歴史博物館、1992年
川本三郎『銀幕の東京：映画でよみがえる昭和』中央公論新社、1999年
三浦大四郎 編『人世坐三十五年史：焼け跡から文芸坐まで』人世坐、1983年
杉並区立郷土博物館分館 編『杉並にあった映画館』杉並区立郷土博物館、2015年
冨田均『東京映画名所図鑑』平凡社、1992年
佐藤忠男『東京という主役：映画のなかの江戸・東京』講談社、1988年
文倉平三郎『東京に於ける活動写真』（私家版大正8年刊）〔『日本映画論言説大系』第27巻所収、ゆまに書房、2006年〕

神奈川
丸岡澄夫『オデヲン座物語』六崎彰、1975年
丸岡澄夫『かながわシネマ風土記』神奈川新聞社、1993年

横浜都市発展記念館、横浜開港資料館 編『〔映画生誕100年〕シネマ・シティ：横浜と映画』横浜都市発展記念館、2005年

新潟
『街の記憶 劇場のあかり：新潟県 映画館と観客の歴史』新潟・新潟市民映画館鑑賞会、2007年

石川
石川映画文化協会 編『金沢シネマ30年』北国出版社、1984年

福井
杉本伊佐美『福井映画史』福井映画サークル協議会・南越文化財研究協議会、1972年

愛知
伊藤紫英『シネマ よるひる★改稿名古屋映画史 8m/mから70m/mまで』伊藤紫英、1984年

小林貞弘『新聞に見る初期日本映画史：名古屋という地域性をめぐって』学術出版会、2013年

渡辺綱雄『私版・名古屋の映画』作家社、1961年

KiYOSHi. SAWAi『ミニ娯樂映画史：名古屋・大須界隈の想い出』新風舎、2007年

三重
小津安二郎生誕100年記念三重映画フェスティバル2003実行委員会 編『巨匠たちの風景：みえシネマ事情 小津安二郎、衣笠貞之助、藤田敏八』伊勢文化舎、2002年

水野昌光、登重樹『〔ある映画館の物語〕シネマ・スクエア・レックをもう一度』新風舎、2002年

京都
中島貞夫、筒井清忠、加藤幹郎、岩崎健二『京都シネマップ：映画ロマン紀行』京都国際映画祭組織委員会京都事務局、1994年

庄林二三雄『京都映画産業論：イノベーションへの挑戦』啓文社、1994年

鴇明浩、京都キネマ探偵団 編『京都映画図絵：日本映画は京都から始まった』フィルムアート社、1994年

吉田馨『京都 絵になる風景：銀幕の舞台をたずねる』ダイヤモンド・ビッグ社、2007年
京都新聞社 編著『京都の映画80年の歩み』京都新聞社、1980年
蔵田敏明『シネマの京都をたどる』淡交社、2007年
星川清司『大映京都撮影所 カツドウヤ繁昌記』日本経済新聞社、1997年
『東映太秦映画村：時代劇映画のふるさと全ガイド』美術出版社、1997年
太田米男、水口薫、鴇明浩『京都映画百年記念 日本映画と京都』〔別冊太陽：日本のこころ97〕平凡社、1997年

大阪

『映像にみる大阪の道』大阪市土木技術協会、1997年
大阪府立大学観光産業戦略研究所［他］編著『大阪に東洋1の撮影所があった頃：大正・昭和初期の映画文化を考える』ブレーンセンター、2013年
増田周子、笹川慶子編著『大阪の小説家と映画』〔大阪都市遺産研究叢書 別集2〕関西大学大阪都市遺産研究センター、2013年
武部好伸『ぜんぶ大阪の映画やねん』平凡社、2000年
笹川慶子『明治・大正 大阪映画文化の誕生：「ローカル」な映画史の地平にむけて』〔大阪都市遺産研究叢書 別集1〕関西大学大阪都市遺産研究センター、2012年

兵庫

浅田修一『神戸 最後の名画館』幻堂出版、2001年
神戸100年映画祭実行委員会、神戸映画サークル協議会 編『神戸とシネマの一世紀』神戸新聞総合出版センター、1998年

岡山

松田完一『岡山の映画』日本文教出版、1983年

徳島

板東愁夫『とくしま映画三代記』徳島県教育会出版部、1965年

香川

香川県興行環境衛生同業組合編集委員会 編『思い出の香川映画史』香川県興行環境衛生同業組合、1992年

愛媛

『えひめ映画ロケーションナビ：ロケ地になった愛媛へ』愛媛県観光課、2004年

高知

山本嘉博『高知の自主上映から：「映画と話す」回路を求めて』映画新聞、1996年

福岡

能間義弘『図説福岡県映画史発掘：戦前篇』国書刊行会、1984年

「特集：九州シネマパラダイス」『FUKUOKA STYLE』Vol.27、福博綜合印刷、2000年

「BACK TO THE MOVIES」編集部 編『BACK TO THE MOVIES：福岡市の映画と映画館100年の歩み』葦書房、1995年

能間義弘『福岡博多映画百年：映画と映画館の興亡史話』今村書店サンクリエイト、2003年

長崎

林登紀雄 編著『ながさき円形劇場：小説・映画・舞台の中の長崎』長崎新聞社、2004年

熊本

熊本大学・映画文化史講座 編著『映画 この百年：地方からの視点』熊本出版文化会館、1995年

井上智重『九州・沖縄 シネマ風土記』熊本出版文化会館、1995年

藤川治水『熊本シネマ巷談』青潮社、1978年

沖縄

山里将人『アンヤタサ！ 沖縄・戦後の映画1945–1955』ニライ社、2001年

壱岐一郎『映像文化論・沖縄発』編集工房東洋企画、2000年

四方田犬彦、大嶺沙和 編『沖縄映画論』作品社、2008年

平良竜次、當間早志『沖縄まぼろし映画館』ボーダーインク、2014年

井上智重『九州・沖縄シネマ風土記』熊本出版文化会館、1995年

仲里効、濱治佳、伊東重明 編『沖縄特集 琉球電影列伝／境界のワンダーランド』山形国際ドキュメンタリー映画祭実行委員会、2003年

撮影所と製作会社の歴史

　日本映画はその歴史の大部分において、垂直統合され、ブロック・ブッキング制度に支えられた産業だったため、生産面だけでなく受容面でもその基本的なまとまりとして撮影所または製作会社にとりわけ中心化してきた。大手撮影所は強い力をもつ存在で、1950年代のような時期には独立系映画製作者を締め出すことが可能だったうえ、野球チームや不動産など映画以外の多様なビジネスまで展開していた。

　こうした撮影所は独特の映画スタイルや独占ジャンルを展開し、観客を魅了していた（アメリカの撮影所にくらべ、日本ではジャンルと撮影所の結びつきがより強固だったと論じることができるかもしれない）。それゆえに個々の会社の特徴と、もっと大きな産業構造を取り扱うことなしには日本映画の主要な側面を研究することはできない。この事実を反映してか、撮影所と映画会社、その経営実践と作られている映画の種類に関する著作はかなりの数にのぼる。

　以下には本書の他の部分でも言及していない、このような著作を列挙する。こうした出版物には基本的に2種類ある。一方は映画会社自らが制作した書籍であり、もう一方は映画批評家や研究者、あるいは業界のベテランが独自に作成した著作である。映画会社は、撮影所時代の最盛期にはファンに向けて雑誌を発行していたが、映画業界以外の日本企業と同様に重要な記念となる機会には限定版の社史を発行したりもしていた。こうした社史は旧版の使い回しのこともあり、堅苦しく、当然ながらその撮影所のことに偏っているものの、統計資料、フィルモグラフィー、社の詳しい情報が満載であることも多い。美しいデザインの社史もあれば（『クロニクル東映』など）、『松竹八十年史』のように田中純一郎など著名な研究者が執筆したものもある。異なる場面で適時編纂されてきたので、まさにそのフォーマットとスタイルからは映画産業の変化について多くのことがわかるはずだ。

　また、これらの撮影所の労働組合が出した書籍もここには含まれている。もちろん映画外の人物の手による歴史のほうが、より批判的に書かれていることは明らかだ。しかしそのほとんどは、ビジネスについて論じるよりも、文化的

あるいは映画的な現象として、または芸術的映画製作や観客受容のひとまとまりとしての映画会社について論じている。だからこそそれらは、作家分析、ジャンル研究、大衆娯楽映画の調査、受容研究など、映画研究の幅広い分野に役立つのである。

ここに挙げた本には読んでいて楽しいものが多い。すばらしい写真がたくさん掲載されているし（ワイズ出版から出ているような、写真がメインになっている本はこのリストから外しているにもかかわらず）、語られている歴史も、映画についてのデータも、どちらも豊富なものばかりだ。こうした社史の特別なコレクションをもつアメリカの図書館はオハイオ州立大学だが、主要な社史についてはすべて図書館間相互貸借で簡単に利用できるようになることが望ましい。

大映
林土太郎『映画録音技師ひとすじに生きて：大映京都六十年』草思社、2007年
『ガメラ画報：大映秘蔵映画五十五年の歩み』竹書房、1996年
菊池夏樹『菊池寛と大映』白水社、2011年
星川清司『大映京都撮影所 カツドウヤ繁昌記』日本経済新聞社、1997年
松山英夫 編『大映十年史』大映、1951年

日活
内田達夫 編『愛の寓話：interview with a romance films creators』Vol.1 & Vol.2、東京学参、2006年
山根貞男 編『官能のプログラム・ピクチュア：ロマン・ポルノ 1971–1982全映画』フィルムアート社、1983年
日活労働組合結成十二年史編集委員会 編『結成十二年史』日活労働組合、1960年
『日活』現代企業研究会、1962年
野沢一馬 編『日活1954–1971：映像を創造する侍たち』ワイズ出版、2000年
『日活四十年史』日活、1952年
『日活五十年史』日活、1962年
『日活100年史』日活、2014年
渡辺武信『日活アクションの華麗な世界』〔全3巻〕未来社、1981～1982年

板持隆『日活映画興亡の80年』日本映画テレビプロデューサー協会、1999年

石割平 編著『日活時代劇〔日本映画興亡史Ⅱ〕』ワイズ出版、2002年

松本平『日活昭和青春記：日本でもっとも長い歴史をもつ映画会社の興亡史』WAVE出版、2012年

『日活多摩川誌』日活多摩川撮影所、1942年

加茂令堂『日活の社史と現勢』日活の社史と現勢刊行会、1930年

ロマンポルノを愛する会 編『日活ロマン帝国の逆襲』成星出版、1997年

松島利行『日活ロマンポルノ全史：名作・名優・名監督たち』講談社、2000年

Mark Schilling. *No Borders, No Limits: Nikkatsu Action Cinema*. Godalming, England: FAB Press, 2007

大下英治『みんな日活アクションが好きだった』廣済堂出版、1999年

寺脇研『ロマンポルノの時代』光文社、2012年

松竹

御園生涼子『映画と国民国家：1930年代松竹メロドラマ映画』東京大学出版会、2012年

Daisuke Miyao. *The Aesthetics of Shadow: Lighting and Japanese Cinema*. Durham: Duke University Press, 2013

森田郷平、大嶺俊順 編『思ひ出55話 松竹大船撮影所』集英社、2004年

月村吉治 編著『蒲田撮影所とその附近』私家版、1972年

『キネマの世紀：映画の百年、松竹の百年』松竹映像本部映像渉外室、1995年

升本喜年『松竹映画の栄光と崩壊：大船の時代』平凡社、1988年

吉村英夫『松竹大船映画：小津安二郎、木下惠介、山田太一、山田洋次が描く"家族"』創土社、2000年

山内静夫『松竹大船撮影所覚え書：小津安二郎監督との日々』かまくら春秋社、2003年

横溝龍彦『松竹の内幕』兼言社、1957年

『松竹七十年史』松竹、1964年

『松竹八十年史』松竹、1975年

『松竹九十年史』松竹、1985年

永山武臣 監修『松竹百年史』松竹、1996年

永山武臣 監修『松竹百十年史』松竹、2006年

升本喜年『人物・松竹映画史：蒲田の時代』平凡社、1987年

ミツヨ・ワダ・マルシアーノ『ニッポン・モダン：日本映画1920・30年代』名古屋大学出版会、2009年

藤谷陽悦 監修『幻の田園都市から松竹映画都市へ：大正・昭和の大船町の記憶から』鎌倉市中央図書館近代史資料収集室、2005年

東映

東映東京製作所闘争記録委員会 編『映画の労働者たち：写真と証言 東映東京撮影所1964.6.19–1985.10.1』東映労働組合、1990年

岡田茂『悔いなきわが映画人生：東映と、共に歩んだ50年』財界研究所、2001年

川崎宏『狂おしい夢不良性感度の日本映画：東映三角マークになぜ惚れた!?』青心社、2003年

大川博『この一番』東京書房、1959年

Mario A. Rumor. *Tōei Animation: i primi passi del cinema animato giapponese.* Rimini: Cartoon Club, 2012

『東映アニメーション50年史 1956–2006：走り出す夢の先に』東映アニメーション、2006年

『東映五年の歩み』東映、1956年

東映十年史編纂委員会 編『東映十年史 1951年–1961年』東映、1962年

東映株式会社映像事業部 編『東映映画三十年：あの日、あの時、あの映画』東映、1981年

『クロニクル東映 1947–1991』〔全3巻〕東映、1992年

東映太秦映画村映画資料館 編『東映京都・テレビ映画25年』東映京都スタジオ、1982年

東映動画株式会社 他編『東映動画長編アニメ大全集』〔上下巻〕徳間書店、1978年

杉作J太郎、植地毅『東映ピンキー・バイオレンス 浪漫アルバム』徳間書店、1999年

高橋賢『無法地帯〔東映実録やくざ映画〕』太田出版、2003年

東宝

恩地日出夫『「砧」撮影所とぼくの青春』文藝春秋、1999年

伊藤雅一『霧と砦：東宝大争議の記録』連合通信社、1965年

『ゴジラ画報：東宝幻想映画・半世紀の歩み』竹書房、1999年

岩下一郎 編『東宝映画十年史抄』東宝映画、1942年

東宝三十年史編纂委員会 編『東宝三十年史』東宝、1963年

東宝五十年史編纂委員会 編『東宝五十年史』東宝、1982年

作品リスト製作委員会 編『東宝70年映画・演劇・テレビ・ビデオ作品リスト 2002年度版』東宝、2002年

東宝株式会社総務部 他編『東宝75年のあゆみ：ビジュアルで綴る3／4世紀』東宝、2010年

高瀬昌弘『東宝監督群像：砧の青春』東宝、2005年

高瀬昌弘『東宝砧撮影所物語：三船敏郎の時代』東宝、2003年

磯野理『東宝見聞録：1960年代の映画撮影現場』アスペクト、2011年

斎藤忠夫『東宝行進曲：私の撮影所宣伝部50年』平凡社、1987年

Stuart Galbraith IV. *The Toho Studios Story: A History and Complete Filmography*. Lanham, Maryland: Scarecrow Press, 2008.

田中友幸 監修『東宝特撮映画全史』東宝、1983年

『東宝特撮総進撃』〔『映画秘宝』別冊〕洋泉社、2009年（2010年に保存版刊行）

東宝株式会社 監修『特撮映画大全集 東宝怪獣映画編 傑作選1』セプト、2003年

東宝株式会社 監修『特撮映画大全集 東宝怪獣映画編 傑作選2』セプト、2005年

川北紘一 特別監修『特撮映画大全集 東宝戦争映画編』セプト、2000年

川北紘一『特撮魂：東宝特撮奮戦記』洋泉社、2010年

井上雅雄『文化と闘争：東宝争議1946–1948』新曜社、2007年

東和

『東和商事合資会社社史：昭和3年–昭和17年』東和商事、1942年

『東和映画の歩み：1928–1955』東和映画、1955年

「東和の40年」編集室 編『東和の40年：1928–1968』東和、1968年

『東和の半世紀：1928–1978』東宝東和、1978年

『東和の60年抄』東宝東和、1988年

小さな製作会社

日本アート・シアター・ギルド

小笠原正勝、佐藤正隆 他編『アートシアター：ATG映画の全貌　日本映画』夏書館、1986年

Roland Domenig, ed. *Art Theatre Guild: Unabhängiges Japanisches Kino 1962–1984*. Vienna, Vienna International Film Festival, 2003.

葛井欣士郎『アートシアター新宿文化：消えた劇場』創隆社、1986年

Roland Domenig, ed. *ATG Symposium: Against the Grain: Changes in Japanese Cinema of the 1960s and Early 1970s*. Vienna, Akademischer Arbeitskreis Japan, 2005.

牛田あや美『ATG映画＋新宿：都市空間のなかの映画たち！』D文学研究会、2007年

佐藤忠男 監修『ATG映画の全貌：外国映画篇』夏書館、1980年

佐藤忠男 編『ATG映画を読む：60年代に始まった名作のアーカイブ』フィルムアート社、1991年

多賀祥介『ATG編集後記：回想の映画人たち』平凡社、1995年

片岡千恵蔵プロダクション

東映太秦映画村映画資料館 編『千恵蔵映画』東映京都スタジオ、1980年

冨田美香 編『[映画読本] 千恵プロ時代：片岡千恵蔵・伊丹万作・稲垣浩 洒脱にエンターテインメント』フィルムアート社、1997年

中華電影公司

辻久一『中華電影史話：一兵卒の日中映画回想記1939–1945』凱風社、1987年

大都映画

河合徳三郎 編『大都映画株式会社沿革誌』大都映画、1939年

池田督 監修『[写真集] 懐しの大都映画：もう一つの映画史』ノーベル書房、1992年

電通映画社

電通映画社社史出版委員会 編『三十年の歩み』電通映画社、1973年

岩波映画製作所

草壁久四郎『映像をつくる人と企業：岩波映画の30年』みずうみ書房、1980年

丹羽美之、吉見俊哉 編『岩波映画の1億フレーム = Images of Postwar Japan: The Documentary Films of Iwanami Productions』〔記録映画アーカイブ1〕東京大学出版会、2012年

十字屋映画部

岡本昌雄『文化映画時代：十字屋映画部の人びと』ユニ通信社、1996年

近代映画協会

高島道吉 他編『近代映画協会の30年：1950–1980』近代映画協会、1980年

極東映画

赤井祐男、円尾敏郎 編『チャンバラ王国極東』ワイズ出版、1998年

満洲映画協会

山口猛『哀愁の満州映画：満州国に咲いた活動屋たちの世界』三天書房、2000年

山口猛『幻のキネマ満映：甘粕正彦と活動屋群像』平凡社、1989年

胡昶、古泉〔横地剛、間ふさ子 訳〕『満映：国策映画の諸相』パンドラ、1999年

『満州の記録：満映フィルムに映された満州』集英社、1995年

古市雅子『「満映」電影研究』九州出版社、2010年

王艶華『"満映"与東北淪陥時期的日本殖民化電影研究：以導演和作品為中心』吉林大学出版社、2010年

小泉吾郎『わが青春と満映』書肆舷燈社、1982年

マキノ

御園京平 編『回想・マキノ映画』マキノ省三先生顕彰会、1971年

石割平 編著『マキノ一家〔日本映画興亡史〕』ワイズ出版、2000年

豊田市郷土資料館 編『マキノ映画の時代：豊田市郷土資料館所蔵映画資料目録』豊田市教育委員会、1996年

瀬川與志『マキノプロダクション・事始』白川書院、1977年

大阪毎日新聞社

水野新幸『大阪毎日新聞活動写真史』大阪毎日新聞社、1925年

理研科学映画

『理研科学映画創立五周年』理研科学映画、1943年

桜映画

村山英治 他編『桜映画の仕事：1955→1991』桜映画社、1992年

新興キネマ

佐藤忠男、登川直樹、丸尾定 編『新興キネマ：戦前娯楽映画の王国』山路ふみ子文化財団、1993年

新東宝

那智史郎、繁田俊幸 編『妖かし大蔵新東宝』ワイズ出版、2001年

『銀幕の至宝新東宝の軌跡：1947–1961 and now』コアラブックス、2009年

鈴木義昭『新東宝秘話：泉田洋志の世界』プラザ、2001年

ノーベル書房編集部 編『懐しの新東宝：写真で見る映画史』ノーベル書房、1994年

スタジオジブリ

鈴木敏夫『仕事道楽：スタジオジブリの現場』岩波書店、2008年

梶山寿子『ジブリマジック：鈴木敏夫の「創網力」』講談社、2004年

スタジオジブリ 責任編集『スタジオジブリ作品関連資料集 = Archives of studio Ghibli』〔全5巻〕スタジオジブリ、1996〜1997年

風見隼人と東京アニメ研究会 編著『スタジオジブリのひみつ』〔第2版〕データハウス、2008年

Colin Odell & Michelle Le Blanc. *Studio Ghibli: The Films of Hayao Miyazaki and Isao Takahata*. Harpenden: Kamera Books, 2009.

宝塚映画製作所

宝塚映画祭実行委員会 編『宝塚映画製作所：よみがえる"映画のまち"宝塚』神戸新聞総合出版センター、2001年

帝国キネマ

宇田正『昭和初期の帝国キネマ』〔東大阪市史編纂委員会 編『東大阪市史紀要』

第14号〕東大阪市、1998年

佐々木勘一郎『帝キネ伝：実録日本映画史』近代文藝社、1996年

東京ムービー

キョクイチ東京支店東京ムービー事業本部 監修『東京ムービーアニメ大全史』辰巳出版、1999年

横浜シネマ商会

横浜市神奈川図書館 編『横浜シネマ商会の業績：映画作品目録1923–1945』横浜市神奈川図書館、1998年

第4章
オンライン及びデジタルリソース

一般的なデータベース

　本書で前提となっていることのひとつは、オンラインの情報源が日本映画を真剣に研究するためのガイドとしては決して十分ではないということである。それゆえ、出版物となったさまざまな情報資源の複雑な迷路をいかにくぐり抜けるかを学び、紙媒体の資料調査で必要となる足を使った探索作業をこなすことが研究者にはいまだ求められるのだ。インターネットの情報源が役に立たないというのではない。それを使えば調べるのが容易になるし、有益な情報にたどりつくひとつの手段にはなる。だが、そこにまちがいがあることを念頭におけば、もちろんインターネット情報にかぎったことではないが、それらは他の出版物情報源と突き合わせて利用しなければならない。

　まずひとつ警告しておこう。書籍や新聞・雑誌のデータベースとして以下の情報源は今のところ上位のものだ。しかしながらすべてがデジタルだと、情報レースの先頭は毎年のように変わる。図書館の司書に、一番新しい勝者はどれか聞いてみるのがよい。日本のほとんどの図書館では契約者限定のデータベースが利用できる。しかし残念なことに海外のアジア関連図書館では、きわめて大きく、お金のある図書館でないとこうした契約を継続する金銭的な余裕がない。

　個別の項目は用意しなかったが、ほとんどの主要新聞社にはオンラインデータベースがあり、その多くが全文記事を読者に提供していることは、とくに指摘しておきたい。このおかげで新聞の評論、インタビュー、主要報道記事は、もっとも調査しやすい領域の一つとなっている。

ザ・ベスト

IMDb（Internet Movie Database）
www.imdb.com

　IMDbは、1989年にUsenetニュースグループのrec.art.moviesで非公式にはじまり、翌1990年、メンバーがデータベースへと作りかえた。1998年にはアマゾンがこれを即座に買い上げ、今では映画に関する唯一最大のデータベース

となった。閲覧契約の必要なプロバージョンがあるが、日本の俳優や製作会社に関する情報は最小限のものしかない。日本映画に関する包括的データベースの情報は最近の映画に比重がおかれている。ただ、まちがい、わけのわからないローマ字表記、省略であふれかえっている。重々気をつけて使うように。

大宅壮一文庫

www.oya-bunko.or.jp

　ここに全文記事はない。しかし、大衆雑誌の奇妙で驚くべき世界に索引をつけることにかけては、もっとも徹底した仕事をしている。最新のウェブ版は、1988年以降の期間をカバーする。やや初期の記事に関しては、活字版（117頁）にあたる必要があるだろう。これが対象とする期間は、明治時代から1995年まで。またCD-ROM版は、1988年から2007年を対象とする。もし海外のアジア関連図書館でウェブ版を契約していない場合、活字版かCD-ROM版を所蔵していることが多い。

科学映像館

www.kagakueizo.org

　第1章61頁を参照のこと。

KINENOTE

www.kinenote.com

　数年前にキネマ旬報社はそれまでのオンラインデータベースを止め、そのデータベースを中心に据えたソーシャルメディアサイトであるキネノートを開始した。その要点は閲覧者に、ただ検索させるだけでなく、サイトにある映画について語らせようということにある。これは面倒なことでもあるが、他の人の映画への意見をみるのも時には面白いものだ。中核はそれまでのデータベースだが、以前のものとはちがい、今では1951年以前の映画も含まれるようになった。しかし、戦前の映画の多くには解説とあらすじがなく、データベースへの統合が完全ではない（たとえば、人名がほとんどの戦前映画にリンクされていないので、

題名検索では戦前の映画が出てくる一方、俳優名検索ではリストにその人の戦前の作品があまりでてこない）。

　基本的にキネマ旬報社が「日本映画情報システム」（218頁）を構築しているので、とくにあらすじの面では内容がそのデータベースと大差ないのだが、重要なちがいもいくつかはある。キネノートには外国映画が含まれ、総数では7万本以上におよぶ（ただし外国映画のほとんどに関しては、邦題と公開日を調べる以外にはあまり検索に使う必要がないのだが——AFIやBFIなどの海外データベースのほうが断然良い）。日本映画情報システムでは、出演者やスタッフにリンクを貼る労が十二分に良く払われている一方、キネノートには、登場人物名を添えて、より充実した出演者・スタッフのリストがしばしば含まれている。キネノートで俳優名をクリックすれば、映画のリストが公開日付きで出てくるだけでなく（日本映画情報システムでは、人名検索の結果に日時が含まれない）、いくつかの基本的な経歴情報や『キネ旬』に掲載されたその俳優に関する記事のリストまででてくる。

　実際、キネノートでもっとも良いのは、部分的にだが映画データベースが1951年以降のキネマ旬報社のデータベースに統合されていることだ。それゆえ、キネノートでは、雑誌のなかにある日本の人物や映画に関する記事を検索することが実際にできる（他の主題では検索できないが——そのために、これ以外の記事データベースを使う必要がでてくるのだ）。記事全文は閲覧できない。キネノートでは、あらすじの検索や（出来は悪かったが）旧版でできたようなこともできなくなっている。

　日本映画情報システム同様、もとはキネ旬の「映画紹介」にあったまちがいがこのデータベースでも多数くり返されていることにも留意すべきだ。利用者登録（無料）すれば映画作品へのコメントができるようになる。

記録映像.jp

kirokueizo.jp

　記録映画アーカイブプロジェクト（65頁）の活動のひとつは、日本のドキュメンタリーのデータベース編纂だった。このサイトには、岩波、記録映画保存センター、桜映画社、資料映像バンク、読売映像、日映映像の映画についての

役立つデータがまとめられている。おもしろそうな映画があれば、詳細な連絡先情報もこのサイトで手に入る。

Google Books
books.google.com

　もっとも人々を刺激し、驚かせ、いらいらさせるデータベースがGoogle Booksだ。これは地球上のあらゆる書物をデジタル化するグーグルのプロジェクトで、アメリカの研究図書館の一部からはじまっている（グーグルは2008年に同様のプロジェクトを新聞ではじめたのだが、わずか3年で止まってしまった——しかし、数多くの新聞画像素材がそのデータベースにはまだある。news.google.com/newspapers）。日本国外にある充実した日本語書籍コレクションをもつミシガン大学も、そうした図書館のひとつだ。問題なのは、グーグルのデータベースがまちがいだらけで、どうやら日本語のOCR技術が原始的だということである。そのせいで、このデータベースを使うのはジェットコースターに乗るようにハラハラするのだ。

　おもだった問題は、そうした書籍がいくつかのカテゴリーに分割されていることにある。まず、全文の閲覧が可能なものがある。だが、それらは基本的に映画誕生以前からパブリックドメインの著作だ。ほとんどのものは「プレビューモード」で利用可能なのだが、それはすなわち、テキストの断片だけが見られるにすぎないということである。検索やサンプルなどがまったく見られないものもある。

　めざましい数の日本語の書籍や雑誌類がすでにスキャン済みだが、残念なことに、その大部分が後者のカテゴリーに入れられている。さらには、OCR技術が頻繁に結果を取りちがえている一方で、Google Booksはすでにアーカイブめぐりにも使えるようになってもいる。たとえば、偉大な日活アクションスター・宍戸錠で検索すれば数千件はヒットする。その多くは、見かけることがあまりなく見落しがちなものばかりだ。現時点でGoogle Booksは、主要な日本語データベースにアクセスすることなく、その代用品として基本的に無料で利用できてしまうのである。

　そうは言うものの、Google Booksを使うと驚くようなことが起きる。理想

的なものがヒットすれば、その著作全体をダウンロードしたり、参照個所の価値を判断するのに必要なだけ断片を読み込むことができる。リンクをたどれば、その本のWorldCatのページへと導かれ、どの図書館がコピーをもっているのかがわかったり、オンライン書店へ行ってその本を買ったり、その本の在庫がある古本屋に行くことまでできる。英語の著作であれば、まったく同じ引用を使っている他の本へのリンクがある本の引用リストがあったりする——可能性としては、アーカイブへのエンドレスダイブに誘われているのである。Google Booksはまた、資料をざっと見渡すときの、専門書の脚注や文献一覧の拾い読みにきわめて便利だ。

いずれにせよ、Google Booksの現状はきわめて大ざっぱなものだが、ごく近い将来には、まちがいなく不可欠なものとなるだろう（ただし、グーグルはGoogle Booksのためのスキャニング規模を縮小しているらしく、将来的に利便性が減る可能性もある）。

CiNii NII学術情報ナビゲータ

ci.nii.ac.jp

国立情報学研究所の論文記事、図書・雑誌データベースは、ますます使いやすくなっている。図書・雑誌の部は、どの本が日本のどの図書館にあるかを調べるのに、おおむね便利だ。しかし、論文記事の無料データベースは、magazineplusのような、いくつかの契約者限定サービスと競合するようになってきた。論文記事索引は非常に多くの映画雑誌をカバーし、また、いくつかの論文記事の項目には全文記事へのリンクもある。『季刊映像』や『*Iconics*』のような映画関係の学術雑誌なども何本か含まれている。

JFDB（Japanese Film Database）日本映画データベース

jfdb.jp

新しいデータベースで、今のところは2002年以降の映画を扱っているにすぎない。しかし、日本語版と英語版の両方があるので、日本語を読めないひとにもかなり役に立つはずだ。このデータベースは国際交流基金とユニジャパンが共同で運営をしている。日本と海外の製作者間のネットワーク促進に努めて

おり、主として業界の人に向けて作られている。また連絡情報なども扱っている。ほかの業界で作成されたデータについては、名前の読みかたは必ずしも当てにならない。だが、多くの項目には写真、あらすじ、解説、映画祭での受賞歴、公式サイトへのリンクなどが含まれている。

JMDB（Japan Movie Database）日本映画データベース

www.jmdb.ne.jp

　IMDbをモデルにしたこの日本語版リストには、2001年の時点で34,000本もの作品と75,701人の人物名が掲載されており、日本映画史全体を網羅している。ただ一人の人物が作成したJMDBにはプラス面とマイナス面がある。プラス面としては、誤りがあるものの、時にほかのデータベースよりもスタッフ情報が多い。あらすじがないものの、ほかにはなさそうな公開日やフィルムの長さなどの専門情報がある。

　さらに重要なのは日本映画の全期間をカバーしようと努力していることだ。ほとんどの場合、キネ旬の出演者・スタッフ情報のくり返しになっているが、ほかの出版物にあったもっと詳しい情報が利用されている場合もある。俳優名をクリックすれば、映画リストがでてきて、そこには日付だけでなくスタジオや登場人物の名前など、ほかのデータベースでは無いものが含まれている。このようにJMDBでは情報検索が簡単なことが多い。残念なことに2005年以降の映画が少ししか加えられておらず、今のところデータベースは実質的に休眠状態にある。

東京国立近代美術館フィルムセンター

www.momat.go.jp/fc/

　フィルムセンター（43頁）のウェブサイトでは、現在開催中の映画上映作品や展覧会の紹介に加えて、2つの役立つデータベースも主軸になっている。まずひとつは、ここの所蔵フィルムだ。現状のデータベースは、かなり不格好で、日本映画の長編フィクション作品しかカバーしていないが、検索結果には何を所蔵しているかのみならず、フィルムセンターにあるおそらくもっとも正確な

出演者・スタッフ情報がでてくる。ふたつめは、ここの蔵書のデータベースである。おおむね印刷物をカバーしているが（私文書などは検索できない）、ほかの機関では普通分類していないパンフレットや目録類が入っていることもある。また、雑誌記事が個別に目録化されていることもあるので、時にはこれが、必要な記事をさがすのにも便利なツールになることがある。

Nichigai Database Service

www.nichigai.co.jp/database/index.html

　日本での定期刊行物で、おそらくもっとも重要なデータベースは、magazineplusを中心に据えたこれだろう。残念なことに契約閲覧のみなので、海外のほとんどの図書館にはない。

日本映画情報システム

www.japanese-cinema-db.jp

　これは、権威あるデータベースを提供することで日本映画の促進を図ろうとした文化庁の努力のたまものだ。45,000本以上の作品データを保有するが、そのデータ（あらすじ、解説など）の長さが映画ごとにまちまちで、とくに時代によって変わりがちである（戦前の作品についてのデータが薄い）。また、キネマ旬報社がこの日本映画情報システムの構築を援助しているので、数多くの情報がキネノート（213頁）と重複することにもなってしまう。

　ただ、この日本映画のデータベースでは、人名にリンクを貼る労が十分払われていて（出演者リストがとても短かったり、登場人物名がなかったりもするのだが）、作品が封切りされた映画館の名前やタイトルの読みかた、フィルムセンターで所蔵しているかなどの、他のちょっとした情報も加えられている。人名の検索や、戦前のものがほとんど欠けていない映画リストの入手もここでできる。そのリストには日付データが入っていないという困ったこともあるのだが。

ハーティ・トラスト Hathi Trust

www.hathitrust.org

グーグルがGoogle Booksの作成で数々の大学研究機関と提携しはじめた際、ミシガン大学は、その蔵書からスキャンした、あらゆる保存用のコピーに対する権利を獲得した。グーグルの意図は結局のところ商業目的にあった。他方、ミシガン大学の役員たちは図書館司書の観点からこの提携にのぞんでおり、デジタルコピーの保持は、それがどこにあろうとデジタルライブラリーを確保する自由を図書館側に認めるためのものだったのである。その意味で、このトラストは、いずれは灰じんに帰すことになってしまう書類紙片すべてのデジタルバックアップを図書館側がもつことを保証することになる、最初にして最大の保存活動である（ほとんどのアーカイブ管理者が、保存するのには紙のほうが、デジタルデータよりも安全なやり方だと考えるのではあるが）。

ハーティ・トラストはグーグルよりも小さい。だが、それに大した意味はないだろう。現在では、13,176,523点を超える書籍がある（2015年春の時点での計測では、156マイル、もしくは10,706トン相当の本がある）。トラストは90近くの図書館がメンバーになるほど拡がっており、それぞれが協力の一環としてスキャン作業に貢献している。ミシガンの図書館司書は、国立国会図書館にも加わるよう要請したのだが、彼らはそれを独自で行いたいのが明らかだった——そのための政府補助金も得ている。慶應大学はトラストに参加しているが、彼らがどう協力するかははっきりしていない——私たちが目にした映画書のほとんどは、ミシガン大学のアン・アーバー図書館にもあった。

おそらく、もっと多くの日本の図書館が参加することになるのは確実だし、そうなったあかつきには映画書のコレクションも確実に増えるだろう。いまのところトラストには、日本語の映画書と定期刊行物が約700冊ある。それらはすべて検索可能だが、全文の閲覧が可能になっているのは大正期のごく一部だけだ（『活動写真雑誌』『活動之世界』『活動画報』『活動倶楽部』『活動評論』）。また、検索機能には調査を進めるのに役立つ新しい可能性が示されているし、インターフェイスは実際の書籍をすぐに見つけ出すことができるよう作られている——その書籍原本が手もとに届いた時に調べて確認ができるよう、頁番号の一覧が添えられているのだ。

FIAF

www.fiafnet.org

　FIAFはフィルムアーカイブの世界的な組織である。そのオンラインデータベースは、映画関連の定期刊行物についてなら何にでも頼りになる情報源だ。英語以外の言語を非常に幅広くカバーしていながら、ここには日本語の雑誌が極端に少ない（よくあることでなかったら、私たちはショックを受けたかもしれない）。だが、海外の映画雑誌のなかの日本映画に関する記事についてなら、このデータベースは最初にあたるべきだ。契約者のみ利用可、Proquestに含まれている。

メディア芸術データベース

mediaarts-db.jp

　日本映画情報システムと同様、文化庁が作成したもうひとつのもので、こちらではマンガ、アニメ、ゲーム、およびメディア芸術イベントを対象としている。ここで（または官庁のクール・ジャパン政策などでも）使われる「メディア芸術」の定義は我々の目をはぐらかしているものの、扱われるメディアに関してはとても便利なデータベースである。アニメに焦点を絞ってみるだけでも、1917年からはじまる劇場作品だけでなく、テレビアニメまでが対象に含まれている。また各データには、出演者・スタッフや公開日のみならず、アーカイブの保有情報や、DVD発売日、関連マンガも含まれている。

　本書の出版時点ではデータがまばらな「開発版」のみの公開だが、今後にはより多くの情報が満たされてゆくことを期待したい。とくに私たちが改善を望むのは、データベース内での水平移動ができない点である。日本映画情報システムのようにもいかず、たとえばデータのなかにある声優の名前をクリックし、その人が関わった全作品を表示させることもできない。検索ページにもどり、新しく検索しなおさなければならないのだ。

その他

イカロス（旧・読売映像）

www.n-ikaros.co.jp

　読売新聞社は1937年にニュース映画の製作をはじめた。このウェブサイトには、ある特定の期間で作られたニュース映画の主要内容をリスト化したPDFファイルがまとめてある。他のアーカイブを訪ねるときに便利な情報源だ。イカロスそのものは、放送や映画製作向けに映像を高値で売っているだけだ。

映文連「作品登録」データベース

www.eibunren.or.jp/database/

　映像文化製作者連盟は、1959年以来日本で作られた教育・PR映画（ビデオ）のデータベースを運営する。これは団体が以前出版した『日本短編映像秀作目録』（147頁）に関連しており、フィルムプリントの提供元と権利の保有者に加え、スタッフメンバーの製作情報に関する情報源として便利だ。キーワード検索では、そこにどんなものがあるのかが簡単にさがせるようになっておもしろい。少なくとも近年に関しては、内容が自己申告によるもののようで、その対象範囲と詳細については評価が難しい。

NHK 戦争証言アーカイブス

www.nhk.or.jp/shogenarchives/

　NHKが戦時期の『日本ニュース』の全ニュース映画を、第二次大戦に関わる当時の音声記録や戦後作られたドキュメンタリーとともにインターネットに公開したことは賞賛に値する。よくデザインされたデータベース的インターフェイスによって、年代や撮影地などをたどって資料が見つけられるようになっている。

NDL-OPAC

opac.ndl.go.jp

これは国立国会図書館のメインカタログで、日本の蔵書目録としてはもっとも信頼できる情報源のひとつだ。

allcinema 映画データベース

www.allcinema.net

出演者・スタッフ情報でキネ旬やIMDbとは少しちがいはあるが、このデータベースには、ここ独自のコメント、閲覧者のコメント、ビデオ・DVD情報が含まれていることもしばしばある。だが決して包括的なものではなく、近年の作品のほうに偏りがある。

キネマ写真館

kinema-shashinkan.jp

映画演劇文化協会が作成したこのウェブサイトでは、2,000本以上の映画からの、スチル写真、ポスター、プレスシートなど20,000点以上の画像検索ができるデータベースが用意されている。タイトル、人物、公開年の検索が可能で、すべてではないが多くの場合、画像だけでなく解説やあらすじ、出演者・スタッフ、詳細情報なども掲載された映画作品のページに導かれる（だが、ハイパーリンクの貼られているものはない）。そのためこのデータベースはフィルモグラフィーとしても役立つのだが、力点はほぼ東宝と日活の戦後初期の映画におかれ、ここ30年の映画からの画像はほとんどない。大半の作品ページには、スチル写真のサムネイル画像があり拡大できるようになっているが、あまり大きくは見られない。

サイトでは、これらの画像が著作権保護下にあり、無断使用はできないとする注意が常時出てくる。映画館の写真を集めたページや決まった主題に基づく画像の「特集」展示もある。

脚本データベース

db.nkac.or.jp

日本脚本アーカイブズ推進コンソーシアムによって構築されたこのオンライ

ンデータベースは、50,000点以上の資料を対象としており、その大部分がテレビ台本からなる（映画の脚本は4,000点くらいしかない）。脚本自体は提供されないものの、その脚本についての基本情報が少しと、フィルムセンターや国会図書館など、原本の所蔵先がわかるようになっている。そのため、おおむね脚本の原本がある場所へのガイド（電話番号が含まれている場合も時々ある）として役立つものの、出版された脚本を見つけるための資料としては、谷川義雄の『シナリオ文献』（161頁）がいまだベストだ。

国立国会図書館デジタルコレクション

dl.ndl.go.jp

　国立国会図書館のデジタルコレクションでは初期映画に関する数少ない貴重書を扱っている（「映画」や「活動写真」などの用語を検索してみよう）。館外閲覧のできるデータベースには、映画祭のホームページや長年にわたるウェブサイトのアップデート記録も数多くアーカイブされている。

作品データベース（アニメ、ゲーム、マンガ、文学、ドラマ、特撮、映画）

sakuhindb.com

　基本的にはポップカルチャー（もしくはオタクカルチャー？）に関するテクスト類のデータベース。

ジャパンナレッジ

www.japanknowledge.com

　ここには、データベースやオンラインの錯綜した情報源（辞書、百科事典、イミダス、また、これらに含まれそうなものも少し）がまとまっている。複数の辞書や百科事典にまたがって検索できるのがすばらしい。閲覧契約が必要。

Japanese Film Journal Table of Contents Browser

www.lib.uiowa.edu/wwwarchive/eac/toc/index.htm

　アイオワ大学のこのビジュアルデータベースには、次のものからスキャンした

雑誌目次がある——『映画学』『映画芸術』『映画科学研究』『映像学』『*Iconics*』『キネマ旬報』——。すべてのものが全巻揃っているわけではないが、こうした雑誌で図書館訪問を計画しているなら——もしくは単純に、図書館間相互貸借を頻繁に利用しているのなら——、ここはすばらしい情報源になる。

テレビドラマデータベース

www.tvdrama-db.com

　フィクションドラマのテレビシリーズや映画に関するデータベース。出演者・スタッフや放送番組の情報にはとても役に立つ。データベースに説明コメントだけしかないこともたまにある。

東宝資料室

toho.co.jp/library/index.html

　東宝のオンライン資料室の中心は映画データベースである。項目には日活のもののようにはたくさんの情報がないかもしれないが、少なくとも人名にはハイパーリンクが付けられている。またそれ以上に便利なのは、この資料室には、年ごとにどの俳優と契約しているかや、いつ、どの外国映画が東宝の主要劇場で公開されたかがわかるPDFファイルがあることだ。

日活作品データベース

www.nikkatsu.com/search/

　自社作品に関する日活のオンラインデータベース。主要な出演者・スタッフや詳細情報などの基本的なものは、他のデータベースでも見られるものである（人名をクリックして、その人が関わっている他の映画が無いかも調べられない）。いくつかの作品には、ポスターや1、2枚のスチル写真が付けられているが、もっと良いのは、さがすのが必ずしも簡単ではない主題歌や撮影場所の情報があることだ。各地域でどんな映画が撮影されていたのかを調べるために都道府県で検索したい場合は、日活映画ロケ地マップ（www.nikkatsu.com/locationmap/index.html）も別に用意されている。

日経テレコン21

telecom.nikkei.co.jp

　ここは日本経済新聞の出版物に基づいたデータベースである。日本経済新聞の全文記事検索に加えて、企業に関する詳細な経済分析もある。

日本映画新社 日映アーカイブ

www.nichieiarchive.com

　日映のウェブサイトには、『日本ニュース』、『朝日ニュース』、地方でくり返し上映されたさまざまなニュース映画、その他ドキュメンタリーを収めたデータベースがある。その項目内では、ひとつひとつの作品や内容に関する秀逸なデータに加え、購入できるビデオが発売されているかといった情報も提供されている。昭和館（70頁）、川崎市市民ミュージアム（27頁）、フィルムセンター（43頁）などのフィルムアーカイブへ行く前に、ここを利用する意義は大きい。

ViViA

www.tv-asahipro.co.jp

　これはテレビ朝日映像株式会社のウェブサイトである。ここには日露戦争以降に朝日新聞社とテレビ朝日が製作したすべてのニュース映画・映画作品のアーカイブがある。市販している作品のデータベースは、そうした映画が実際に見られるアーカイブに連絡してみたり訪れたりする前に使うと便利なツールになる。テレビ朝日は、映像をつぎつぎと売ることにしか関心がないので、ViViAデータベース以外では研究者の役にはあまり立たない。

Bibliography of Asian Studies

www.asian-studies.org/Publications/BAS

　欧米の言語で書かれた、1971年以降のアジア関連定期刊行物を広範にカバーする。映画雑誌類に関しては、先に挙げたFIAFのデータベース（220頁）を参照すること。閲覧契約が必要。

立命館大学 ARCシナリオ検索システム

www.dh-jac.net/db4/daihon/default.htm

　早稲田大学坪内博士記念演劇博物館（51頁）と立命館大学アート・リサーチセンター（90頁）にある映画およびテレビ台本のオンラインデータベース。2002年に完成したもので、いささか古くなっていて、早稲田のデータの多くが蔵書検索WINEにもすでに入っているようだが、このARCデータベースでは、より詳細な検索ができる。

.lain

lain.gr.jp

　ここはアニメやマンガファンのためのサイトだ。アニメや声優のデータベースがあるが、圧倒的に近年の作品のほうに偏りがある。

ウェブサイト

　日本映画についての、もしくはそれに関連するウェブサイトは、文字通り数千とは言えないまでも数百はある。ネット自体そうであるように、これらは情報の海を形成しているが、しっかりした土台になるよりも人々を溺れさせてしまうようなものだ。しかし、研究者にとって役立つすばらしい情報のある安全な島々も世間には存在している。

　こうしたものは数多くさまざまにあるはずだが、なかでもミシガン大学日本研究センターは特別に取り上げておきたい。アーカイブ間の格差を、しかも日本で販売されている商業目的で制作された復刻本にかかる費用なしで埋めるのに、古い出版物のデジタル復刻に携わってきたここが重要になってきたのだ。発行部数限定の書籍版復刻には、通常膨大な費用がかかる。だが対照的に、ミシガン大学のサイトは無料で、なおかつ映像も含まれる。今後、インターネットでこうしたプロジェクトがさらに増えることを私たちは願うばかりだ。

　インターネットの持つうつろいやすい性質がために、オンラインの情報源を

紙面上にリスト化するいかなる努力も、すぐに古びてしまう運命にある。ありがたいことに、こうしたサイトのどれかが消えてしまっても、Internet Archiveというサイト（www.archive.org）のWay Back Machineを使えば、痕跡をたどることが可能だ。

青空文庫

www.aozora.gr.jp

　パブリックドメイン入りした書籍を集める巨大なオンライン書庫で、大ぜいの作家の作品集が含まれる。アクセスは無料で全文検索もでき、テキスト形式またはHTML形式のいずれでもアウトプットができる。たとえば伊丹万作、寺田寅彦、中井正一、戸坂潤、その他何人かの作家による重要な論文がある。

映画で国際交流

www16.plala.or.jp/koffice/cinema/index.html

　ここは法律の行政書士がまったくの趣味で、文化的交流を扱った映画をリストアップしカタログ化した努力のたまものである。焦点が当てられているのはここ数十年の映画のみだが、日本のなかの外国人や、海外にいる日本人を扱った、役立つ映画リストがいくつか公開されている。

Kinema Club and KineJapan

kinemaclub.org

　キネマクラブは日本映画の研究者とファンによる非公式の組織である。若い研究者が雑誌のカタログを複写し共用するためのグループとしてはじまり、1995年にオンラインへと移行した。先頃ウェブサイトはイェール大学のサーバーに移され、リニューアルされている。ウェブサイトの一部は、カンファレンスやワークショップのようなKinema Clubの活動に利用され、専用のページにその記録がのこる。

　キネジャパンという電子メールのニュースグループは、日本の映像メディアに関する活気に満ちたフォーラムになっており、ありがたくも世界中に800名

以上のメンバーを抱えている。参加者が頻繁に、調査に関する質問をリストに投稿していて、それらを集めたアーカイブは検索が可能だ。講読の方法はサイト上に掲載。他のページでは、文献目録をはじめ、大学講義のシラバス見本や、オンラインで読める重要な記事へのリンクを用意し、日本の映像メディアに関する研究の促進に努めている。研究成果や学会報告の定期刊行も計画しているが、事実上、このサイトがそうした出版物にもなっている。

黒澤デジタルアーカイブ

www.afc.ryukoku.ac.jp/Komon/kurosawa

　映画関連資料の開かれたデジタルアーカイブ構築で何ができるのか。おそらく日本で初となる、こうした取り組みの大規模な一例として、龍谷大学と黒澤プロダクションが協力し、スチル写真、写真、脚本、ノート、関連記事、絵コンテなど黒澤明の私文書の大半を、高解像度のイメージファイルでインターネット上に公開した。『七人の侍』に関する手書きノートなどのいくつかの資料は、研究者にとって宝石のようなものである。

　アーカイブは、おおむね作品、または、黒澤の生涯に起きた出来事で分類されているが、サイトは不格好で、メタデータも制限されているので、特定の作品に関すること以外の事柄で検索するのは難しいかもしれない。できれば、今後のデジタルアーカイブ構築の試みはもっと良いものになって欲しいが、黒澤研究者にとってこのサイトが宝の山であることに変わりはない。

CINEMAランキング通信

www.kogyotsushin.com

　興行通信社のウェブサイトで、興行成績の統計を調べるための主要情報源のひとつだ。このウェブサイトでは、週間の興行収入ランキングトップ10が公表されており、さらに観客動員数や上映回数、ミニシアター映画などのランキングまで添えられている。また、わずかではあるが歴代のデータも掲載されている。しかしながら、その実際の金額はこのウェブサイトではわからない。スクリーンごとの日計など、本当に重要なデータは機関紙の講読か興行通信社のサ

ービスに出資しているテレビ番組や雑誌を通じてのみ利用可能である。

Japanese Reference Materials for Studying Japanese Cinema at Yale University

guides.library.yale.edu/JapanFilm

　ご覧になっているこの本の著者ふたりのうち一方が編纂したもので、本書のとくに文献解説とオンラインリソースの章を抜粋した、いわばオンライン要約版である。説明のほとんどは省かれており、また現在イェール大学で利用可能な資料に焦点が当てられている。とはいえ、重要なレファレンス資料のオンラインリストを素早く調べることはこれでできる。それぞれの項目はイェール大図書館の蔵書カタログにリンクされており、ここを訪れるような機会がある際には、映画雑誌も含め、イェール大に何があるのかを知る手引きにもなるだろう。

Tangemania: Aaron Gerow's Japanese Film Page

www.aarongerow.com

　これは、アーロンのホームページである。彼の著書へのリンクもたくさんあるが、目玉は何より彼のブログにある。そこには「現場からの報告」が数多くあるのだが、より具体的には、日本映画研究の現場からの報告である。Tangemaniaが注目を寄せるのは、他の著名な日本映画ブログではカバーしないようなニュースや事件、イベントだ。大学後援のイベントに映画作家が来たことや、学会のもようなどを掲載している。思慮深い分析があるかと思えば、同時に気軽なおしゃべりもある。

日本映画製作者連盟

www.eiren.org

　映連は戦禍の残る1945年に誕生した、大手映画産業を後押しするための中核団体である。そのウェブサイトには、戦後期の興行成績の概況、製作会社と劇場のデータがある。2000年以降、情報は飛躍的に豊富になった。サイトにはほかにも、四大映画会社である松竹、東宝、東映、角川映画が製作・配給した

映画の「オフィシャル・データベース」と呼んでいるものがある。現在データベースは1933年以降の映画をカバーしているが、古い作品についての情報はほんのわずかだ。また日活や新東宝といった大手の作品も含まれていないため、データベースの使い道はかぎられる。ただしシリーズ映画検索など、インデックス検索には便利なところもある。どちらかといえば、近年の映画や近日公開の映画を調べる際に役立つものだろう。

日本映像ソフト協会

www.jva-net.or.jp

ビデオソフトの販売とレンタルについての調査報告が掲載されている。近年のデータはオンライン上にあるが、過去のデータについては問い合わせで利用可能。

Mark Schilling's Tokyo Ramen

japanesemovies.homestead.com

マーク・シリングは業界ジャーナリストであり、批評家であり、プログラマーであり、そして優秀な日本映画史家である。そのウェブサイトにはレビューやインタビューをはじめとして、シリングが長年にわたって書いてきた文章が数多く掲載されている。

ミシガン大学日本研究センター オンライン復刻シリーズ
UM Center for Japanese Studies Electronic Reprint Series

www.cjspubs.lsa.umich.edu/electronic/electronic.php

ミシガン大学日本研究センター出版局のプログラムには、映画を主題としたオンラインの復刻版シリーズがある。ノエル・バーチの *To the Distant Observer*（186頁）やデイヴィッド・ボードウェルの *Ozu and the Poetics of Cinema*（邦訳『小津安二郎 映画の詩学』）のような絶版になった古典的著作、また、さまざまなアーカイブ資料、両者をともに扱っている。後者には、戦前プロレタリア映画運動の書籍、雑誌、検閲記録が含まれている。

Midnight Eye

www.midnighteye.com

　これは日本映画に関するいちばんのオンラインジャーナルだ。デザインが良いだけでなく、内容も幅広く洗練されていて、よく書かれている。Midnight Eye の批評家陣は、黒澤明からピンク映画、戦前のアニメーションからビデオアートまで、日本映画に求められるものすべてに力を注いできた。Midnight Eyeでは、書評も新刊旧刊を問わずに行われ、また映画監督や俳優、職人製作者へのインタビューも特集掲載されている。リンクセクションがきわめて卓越しているのだが、それはとりわけ、英語以外のヨーロッパ系言語もカバーしていることと、詳しく説明されていることが理由である。そのうえサイトでは検索まで可能だ。残念ながらサイトの更新は終了してしまった。

港町シネマ通り

www.cinema-st.com

　映画館に焦点を当てたファンサイトで、封切館から名画座、ミニシアターからピンク映画館まで、170館以上の多種多様な上映館への紹介がありすばらしい。日本映画劇場のセクションには、新旧の映画作品、俳優、監督、ロケ地についての詳しい文章がある。

UNIJAPAN ユニジャパン

www.unijapan.org

　日本映像国際振興協会、もしくはユニジャパンとして知られるこの組織は、映画産業を介して1957年に創設された非営利団体である。経済産業省（METI）や、最近では東京国際映画祭と強力なつながりをもつ。日本映画を普及宣伝する組織として、映画祭や各種支援プログラム、（戦後の）映画産業が蓄積してきた統計情報を紹介するJ-Pitchデータベース（j-pitch.jp）を運営する（ただしこのプロジェクトは2010年に終了）。また、いくつかの出版物も制作しているが、それらはまだオンラインでは入手できない。本サイトはおおむね、英語と日本語の2ヶ国語に対応している。

映画館で、まさに今何が公開されているのかを知りたければ、以下のウェブサイトをチェックしておこう。

映画館に行こう！ www.eigakan.org
ぴあ映画生活 cinema.pia.co.jp

第5章

FAQ

Q｜研究のために、どうやって16mmや35mm映画を見つけるか？

A｜アーカイブでは所蔵資料をどんどんインターネットで検索できるようにしているが、完全な所蔵リストを実際に見せてくれるアーカイブは稀だ。彼らはただ、出所不明のフィルム缶をとにかく大量に保有している。そして、著作権所有者ともめ事になるリスクを起こしたがるアーカイブはない。それゆえに通常は、公開リストとプライベートリストが用意されている。したがって、必要なのは、アーカイブ担当者と直接にコンタクトをとり、自分の研究のプロジェクト内容を書き示すか、もっと良いのは、あなたがさがしている映画のリストを送付することだ。研究者を大歓迎してくれる担当者もいるが、ほとんど多くは喜んで協力してくれる——彼らのルールをきっちり守り、かつ、即座の応対を期待したりしないかぎりは。

Q｜必要としている映画のビデオはどこにあるか？

A｜まず自分の大学の図書館をチェックすること。もしそこで見つからなければ、図書館間相互貸借を利用してみる。驚くほど多くの図書館がマルチメディアのリクエストにも応じてくれる。それでも全部うまくいかない時に、数多あるウェブサイトでそれを購入すればよい。アマゾンやTSUTAYA、紀伊國屋ブックウェブなどの優良ウェブサイトがある。もしくは、YesAsia.comやCDJapanなど、アジア映画のビデオに特化している英語サイトをのぞいてみるのもよい。こうしたものは大概、絶版になっていないDVDしか扱っていないか、大手会社の販売物しか置いていないことが多いが、いくつかの古書サイトを含むアマゾンなどのサイトも、だんだんと中古や絶版のビデオを販売するようになっている。ブックオフなどのチェーン店を大規模にもつ古書店のいくつかでは、中古DVDも売られている。

　独立系の制作物に関しては、しばしばその会社自体に当たってみなければならなくなるだろう。独立系の映画制作者は、ますます自分のコンピューターでDVDを自主制作するようになっているため、これは大いに試してみる価値がある。彼／彼女らは自分の作品を研究者に見せるのを喜ぶことがよくあるし、おそらくは、それに対してお金を払うと申し出ればもっと喜ぶ。特定の映画で、

そのビデオやDVDが商業目的で出版されているかどうかを知りたい時は、『ぴあ＋〈plus〉』や『キネマ旬報』などのカタログ、フィルモグラフィーを参照するとよい。そのいくつかは、私たちが挙げたリストの中にもあったはずだ。

　当事国では商業的に認められていないとしても、著作権に関する国際法によってビデオ販売が許されていると主張する海外のウェブサイトからビデオを購入したいと思うひともいるだろう。だが、こうした弁明に法的な根拠はなく、ゆえに、そうしたビデオが海賊版であり、完全に違法であることは知っておくべきだ。研究のために映画を見なければならないので、可能であればどこでもいいからそれを手に入れなければならないのだと弁解するひともいるかもしれない。しかし、海賊版を買うひとが多ければ多いほど、日本の映画会社や映画製作者たちに入るお金が少なくなるということも覚えておいてほしい。あまりにも多くの日本企業が、古い日本映画のもつ市場としての可能性を過小評価しており、そのためにDVDがわずかしか出されないのだとすれば、海賊行為を重ねているサイトは日本映画の将来性を妨げようとしているにすぎない。

　あなたが映画を見なければならず、それを合法に購入することができないときは、それを見ることができる、本書のアーカイブへのガイドを注意深く読んだり、KineJapan（227頁）のような情報収集サイトを利用して、コピーを個人的にもっていて借りられそうな研究者が他にいないかさがしてほしい。

Q｜映画製作者や俳優の連絡先は、どのようにすればわかるか？

A｜俳優に関しては、青本（151頁）や赤本（153頁）のようなタレント名鑑を使って、彼／彼女らの代理人に連絡を取るのがベストだ。映画年鑑の各巻にも、かぎられた数ではあるが、監督や俳優、その他映画人の連絡先住所が記載されている。監督については、200人以上の映画制作者を代表している日本映画監督協会（〒150-0044 東京都渋谷区円山町3-2渋谷後藤ビル5階；電話03-3461-4411；ファックス03-3461-4457；www.dgj.or.jp；メール infoml@dgj.or.jp）に連絡をとることが可能。また、第3章にある人名事典のいくつかにも連絡先情報が記載されている。

　場合によっては、こうした情報源に自宅住所が記載されていることもある。誰かとコンタクトをとろうとするときにはいつでも、礼儀作法に則り、彼／彼

女らの事務所から先にあたってみることを心掛けて欲しい。もしも、その自宅に伺う必要があるときにも、そこに突然電話をかけてはならない。時差のちがいにも気をつけるべきだ。さもないと、真夜中に相手先の寝室へファックスを送ってしまうかもしれない。いずれの場合でも、まずはEメール、ファックス、あるいは普通郵便の手紙など、書面で連絡をとるのがベストである。

　青本や赤本は所蔵している図書館が少ないため、他の情報源として考えられるのは、IMDbのプロバージョンだろう。だがこれも、たいていの場合、適当な団体の連絡先が参照できるだけだ。俳優や歌手の人名録は他にもいくつかある。こうしたものは図書館にはなかなかないが、通常なら新宿の紀伊國屋のような大きい書店の映画コーナーで見つかるはずだ。

Q｜映画に関する正しい日付情報は、どのようにすれば確かめられるか？

A｜映画の日付記載にはいくつか方法があり、製作日、公開日、著作権取得日（とくに映画自体に付されている際）などがその主なものだ。世界中にあるアーカイブの多くは3番目を好むが、日本の映画製作者は、何十年か前になってようやく映画自体の著作権取得日を正式に入れはじめたので、多くの場合この方法は役に立たない。とくに、撮影されてから7年後に公開された黒澤明の『虎の尾を踏む男達』のようなケースでは、製作日が時に重要となることもある。著作権の取得年がわかっているときであっても、興行枠をとるのに1、2年待たなければならないこともある近年の独立系映画などのものでは、公開日を知ることが重要となる。

　一般的に日本映画の研究者のほとんどは、映画に日付を付す際、とくにほぼ大半の映画が製作後すぐ公開されていた撮影所時代の作品に対しては公開日を使用している。公開日を調べるのにいちばん良い情報源は、キネマ旬報社（138～140頁）か科学書院のフィルモグラフィー（138頁）だ。キネノートや日本映画データベースも簡単な検索には役に立つが、他のインターネット情報源と同様、その情報を出版物に使用する前には別のものにも当たって再確認すべきである。

　すべてのクレジット情報が失われているアーカイブの所蔵フィルムプリントを調べているようなレアケースでは、フィルム自体の端に印刷されている製造

者コードは最良の手がかりのひとつだ。ほとんどのアーカイブにはそうした虎の巻がひとつは手もとにあるだろうから、少なくともそれで映画フィルム自体の作成日を正確に特定できるだろう。

Q│どこで弁士のライブパフォーマンスがみられるか？
A│マツダ映画社（49頁）がこうしたものの大半を企画しているので、これからあるパフォーマンスについては、そのウェブサイトで調べられる。またここは、イベントの企画自体も同様に、たとえそれが世界の反対側であっても援助してくれる。その他多くの団体も無声映画を弁士付きで上映しているので、当該地域の『ぴあ＋〈plus〉』を当たってみるのもよい。

Q│映画のシナリオはどこにあるか？
A│そのように脚本さがしをしていると、何かしらの嬉しい驚きに出くわすことになる。あり得ないほど多くの脚本が、非常にさまざまな媒体を通じて出版されてきた。シナリオに特化した雑誌も数あり、もっとも有名なのが『シナリオ』（162、178頁）だ。第3章の脚本集の項（160～164頁）には、その他の雑誌や叢書もリストに挙げてある。加えて、『キネマ旬報』を含む主要定期刊行物のいくつかでも、以前ほどではないものの、まだ脚本の掲載が行われている。

　もうひとつの嬉しい驚きは、谷川義雄『シナリオ文献』（161頁）だ。ここでは、1920年代から90年代を通して出版されてきた脚本のほとんどに索引が付されている。レファレンスブックの書棚はこの本なしでは考えられないし、まだ絶版にもなっていない（矢口書店には平積みされている）。ほかにも、脚本を簡単にさがす方法は2つあり、早稲田の脚本目録（現在、早稲田の蔵書検索WINEにそのほとんどが統合された）や、川喜多（25頁）のウェブサイトにあるオンラインデータベースがそれだ。

　大手映画館からミニシアターまで、映画館に入るとほぼ常に映画館プログラムや書籍が販売されている。そして、これらの中にも映画のシナリオ版が含まれていることが時々ある。フィルムセンターや早稲田、松竹大谷、川喜多のような大きなアーカイブのほとんどでは映画館プログラムも所蔵しており、UCLA

やイェール大のスターリング記念図書館（71頁）でも、こういったプログラムの収集が進んでいる。古書店ではプログラムが必ずと言っていいほど山積みされているが、＠ワンダー（96頁）やヴィンテージ（98頁）のような、こうしたものに特化した店に行くとさがしやすいように整理されている。オンラインの古本屋もプログラムを提供しはじめており、一層このようなプログラムは入手しやすくなっている。独立系映画に関しては、製作者が自らの映画についてのエッセイ本を出版することが珍しくなく、そうした本のなかに脚本が含まれていることもよくある。これらをさがし当てるには、WorldCatやCiNiiを使って映画の作品タイトルで検索してみるとよい。

　他方、上に示したシナリオのほとんどは、出版用に編集されていることも指摘しておかなければならない。ゆえに、それをもとに論を立てる際（たとえば、脚本と完成した映画のちがいを述べるなど）には、注意が必要だ。研究者は常に、自分が見ているもののバージョンに気を配らなければならない。まず、初期段階の草稿（通常、番号や日付がふられている）があり、正式の製作台本（これらは通常、印刷製本されている）があり、ポストプロダクション用の台本（そのいくつかは、タイムコードが入っていたり、撮影メモや演出指示が取り除かれていたりする）がひとつかふたつあり、外国の翻訳者用に製作されたセリフ台本（これらは、ヨーロッパや北アメリカにある驚くほど多くのアーカイブで目にする）があり、それから、一般向けの販売用にさまざまな手法で編集されたシナリオまでがあるのだ。

　雑誌『シナリオ』は、日本シナリオ作家協会公式の刊行物であり、原則として脚本家が製作したバージョンを掲載していて、それは必ずしも撮影現場で使われたものではない。残念ながら刊行物に見つかるそうした脚本には、どのバージョンを掲載しているのか、それが改訂されているのかどうかが必ずしも示されていない。

　明らかに、もっとも役に立ち、示唆に満ちている可能性が高いのは、製作前段階と製作段階の脚本である。その出所に確証があるときにはとくにそうだ。たとえば、京都府京都文化博物館（29頁）には伊藤大輔と山中貞雄の脚本の、監督自らの書き込みが入った重要なコレクションがある。その対局の作成段階にあるのは、海外作品用のダビング台本だ。早稲田には、スター声優である若山弦

蔵が個人的に集めた脚本コレクションが9,000本以上ある。第1章には、監督や脚本家の、その他重要なコレクションを示しておいた。しかし、いずれにしても製作台本さがしで最初に当たるべきは、東京国立近代美術館フィルムセンター（43頁）と早稲田大学坪内博士記念演劇博物館（51頁）だ。それぞれに30,000本と25,000本の脚本が所蔵されている。

　また、製作会社にあたってみるのもひとつの手だ。松竹であれば大谷図書館（40頁）へ、東映であれば東映太秦映画村・映画資料室（73頁）に尋ねればよい。両者はそれぞれ、自社で製作した作品の完全なシナリオコレクションを所蔵している。世田谷文学館（41頁）にも東宝の脚本が大量にある。

　脚本には、もうひとつジャンルがある。検閲脚本だ。これを見つけるのはとても困難だが、例外がひとつある。プランゲ文庫（35頁）には、占領期に作られたすべての映画のシナリオが含まれている。それらはしばしば英語に翻訳され、検閲過程で作成された事務書類が添付されている。平野共余子が『天皇と接吻』で行った、このコレクションの示唆に富んだ使い方を参照するとよい。

　残念なことに、これらはマイクロフィッシュ書類のなかには入っていないので、利用にはメリーランドまでの外遊が必要だ。また戦前期では、検閲法によって、外国映画の翻訳全文と字幕案を並記した書類の提出が求められており、これらは戦前期の外国映画受容のコンテクストを研究するための特別な資料になる。主要アーカイブでも、とくに川喜多（25頁）やフィルムセンター（43頁）、コロンビア大学（38頁）などでは、こうしたものが少しは見つかるはずである。

Q | 特定の映画作品のプログラムやその他頒布品などをどうやってさがすか？

A | 映画館プログラムやチラシは、日本映画の興行文化における重要な部分であり、研究者が特定の映画を研究するための優れた資料にもなる。古いものともなると非常に値が張ることもあるが、戦後のプログラムのほとんどは驚くほど安価だ。宣伝に使われるチラシは多くの映画館のロビーにあり、プログラムはまず映画館自体で販売される。そして、プレスブック（報道用かなにかの試写でのみ配られる）や試写会招待状、ポスター、ロビーカードなどとともに、これらは古本市場に流れてゆく。一誠堂（96頁）や矢口書店（99頁）のような大きい映

画古書店でもパンフレットやその他頒布品を販売しているが、＠ワンダー（96頁）やヴィンテージ（98頁）はそうした資料にとりわけ特化している。インターネット古書店やヤフーオークションでも、こうしたものがみつかるはずだ。

　もし、こうした頒布品を研究調査目的で閲覧したいだけならば、尋ねるべき場所は、日本では、演劇博物館（51頁）やフィルムセンター（43頁）、川喜多（25頁）、松竹大谷（40頁）、東映太秦映画村（73頁）などの主要アーカイブである。演劇博物館とフィルムセンターの両者には、古い映画館プログラム（これ以降のプログラム作成は、一本の映画にひとつのパンフレットを全国にむけて作ることで統一された）の貴重コレクションがある。これらは、古書市場だと法外な値段のつくものばかりだ。イェール大学図書館では現在、プログラムやチラシ、プレスブックのコレクションを構築中だが、完成にあと20年はかかりそうだ。

Q｜自著で映画のスチル写真を使用したいが、どこで買えばよいか？
A｜それらは古書店、とくに＠ワンダー（96頁）やヴィンテージ（98頁）のような頒布品に特化した書店か、ポルノのような特定のジャンルを扱う店で購入するのがよい。「ブロマイド」や映画スターの写真は、浅草のマルベル堂（101頁）のような店でもまだ売られている。欲しいものが見つかるかどうかは運次第だが、いくら欲しいていたものをがんばって購入したとしても、必ずしもそれを使用する権利が与えられるとはかぎらない。

　日本の業者は近年、スチル写真の使用に関して厳格になっており、時折過度に厳しくなる。大会社の多くは、それらの使用の自由を、作品が映画館で最初に封切られる間だけ認め、その後は使用料を要求してくる。わずか数年前までは、川喜多記念映画文化財団のような組織だと、出版のためにスチル写真のコピーを快く提供していたものだが、今では、きわめて明確にパブリックドメインになっている映画をのぞいて、そうすることを避けている。建前としては、50年以上前の映画のスチル写真がそれにあたるはずなのだが、もしもその製作会社がまだ存続している場合だと、ほとんどのアーカイブがそれより古い映画からのスチル写真であっても供与するのをためらうだろう。著作権に抵触しないことを確認する必要があり、残念ながら、大手企業にはかなりの料金を要求さ

れることになる。

　独立系映画の製作者や配給会社は、これにくらべればもっと融通が利くので、彼らとコンタクトをとるのをためらってはならない。著作権の国際法では、映画フィルム1コマの引き延ばしやDVDから抜き出した静止画は、もっと大きな作品のなかからのテキスト引用と同じだと考えられるので、確認無しでも出版可能だ。たとえば日本の法廷でも、出版されたマンガからの1枚絵が研究書で使用されることは、ほとんどのケースで合法的引用であると立証されており、許可無しでも使用することはできる。これは、抜き出した1コマの使用にも同様に当てはまるはずだ。

　日本であれば、大もとの製作会社以外でスチル写真の主要な資料源となるのは、フィルムセンター（43頁）、川喜多（25頁）、東映太秦映画村（73頁）、マツダ映画社である（49頁）。

Q｜興行成績データはどこにあるか？

A｜日本の企業は長い間、興行データについてかなり秘密主義的だった。そのわけは、ある部分、自分たちの失敗が世間に知れるのを彼らが望まなかったことや、営業実態の透明性を拒んだことにある。実際、1999年までは配給会社が総興行収益ではなく、配給収益（興行配収）だけを公表していたため、その秘密は映画館にゆだねられてきた（配収は、興行収益総額の4-6割になる傾向にあるので、配収の数値がわかるならば、総額の推測は可能だ）。とくに、映画の前売り券が売られている期間だと（先行チケットが積極的に販売されるが、それが必ずしも映画館で使われるわけではない）興行成績は必ずしも正しくない。今では興行収益総額が報じられるものの、その年の主要ヒット作品に対してだけで、研究者が成績下位作品の業績情報を正確につかむ手立てはわずかなままだ。ヤフージャパンのようなサイトで見られる週間ランキングは、作品の順位を伝えるだけで、会計指標はない（VarietyやBoxOffice Mojoをのぞいてみるとよい）。

　日本映画製作者連盟（映連：www.eiren.org）は、上位20か30本の映画の興行成績を含め、その年の映画産業の業績を公式に出している。この報告はネットで閲覧でき、また『キネマ旬報』や『映画年鑑』のような出版物でも参照できる。

キネマ旬報2月15日号（下旬号）にも、単館映画（単館ロードショー）上位の業績数値があるはずだ。とくに興行通信のような業界紙も、特定の映画館数館でのさまざまな作品の業績に関する正確な情報を、定期購読者に向けて提供している。

これは通常、作品がヒットしたか否かを判断するのには十分なものだ。『キネマ旬報』のビジネスコラムでも、封切り成績といったさらに細かい数字が、先行きがどのくらい良いかの見通しを含めて提供されている（時には、それだけが手にできる業績数値となることもある）。政府白書や業界団体の報告書（そのいくつかは、省庁や団体のウェブサイトからダウンロードできる）のような商業関連の書籍、レポート類も、産業全体の統計だけでなく、特別調査の結果や事例研究も提供しているためチェックするとよい。運が良ければ、お目当ての映画が虫眼鏡のなかに入ってくることもあるだろう。

またそれ以外で、誰もが秘密にしている情報を暴露するひとがいないか、さがし当てるとなれば、新聞の記事やインタビューをしらみつぶしにさがさなければならない。その他多くの日本映画研究同様、ハードワークはしばしば必要になる。

Q│日本語の名前やタイトルの音訳（ローマ字表記）や読みかたはどのように調べればよいか？

A│このリサーチガイド日本語版を使用する読者の大部分が日本人であり、日本人の名前や映画タイトルの読みかたを知る必要をそれほど感じないであろうことも、私たちは想定している。漢字がわかるかぎり、日本語で書く時には名前の読みかたはあまり必要にならない。だが日本でも、口頭発表やプレゼンテーションなどのように、正しい読みかたが必要とされる機会はある。さらに、日本映画とは言わないまでも、日本映画研究はますますグローバル化しており、たとえば大河内伝次郎について修士論文を書く学生から日本映画を海外に販売しようとする配給会社まで、時には誰でもローマ字を使って他の人とコミュニケーションをとらなければならないことがある。その際、まちがった読みかたや、ローマ字表記で行われるのは非常に困りものでもあるので、名前の読みかたに対する参照元や方法についての知識が必要なのだ。

ふたつの関連する問題がある——個人名や映画タイトルのローマ字表記と読みかたである。日本人名の正確な読みかたを知るのが、海外の日本研究では悩みの種のひとつなのだ。明らかだと思っている名前ですら、読みかたがまちがっていることもありがちなのでチェックが必要だ（たとえば諏訪敦彦は、「すわあつひこ」ではなく、「すわのぶひろ」である）。映画タイトルだってあてにならない。『祇園の姉妹』は「ぎおんのしまい」と読むようにみえるだろうが、実は「ぎおんのきょうだい」である。包括的かつ完璧なフィルモグラフィーや、とくに監督や俳優以外の人物を含めた人名事典の出版が必要とされるものの、政府機関からも大学教育制度からも正式な助成が受けられていない映画研究のような分野では、こうしたことが問題を一段と難しくしている。

　また、さらに最近問題なのが、国際的なインターネットのデータベースやレコードの増大である。それらが、時々まちがっていることにもまして、しばしばルールの無い非公式のローマ字表記システムをさまざまに使用するのだ。こうした情報源のいくつかにあるユーザー参加型の手法が時にはプラスとなることもあるが、他方でそこにいるユーザーと同じ数だけローマ字表記システムを作り出してしまってもいるのである。

　キーボードショートカットを利用して、自分のコンピューターに日本語を公式のローマ字表記でインプットしているひともいるが、ジョウジやマリのような英語みたいに聞こえる名前は"George"や"Mary"にすべきだとまちがって考えているひとたちもいる。さらには、"Itami Juuzou"などのような表記を便宜的に利用するひともおり、発音に対してはもっと正確にならなければと思っていながら、印刷物で使われるようにはEメールやHTMLでマクロンをインプットできない人たちにこれが使われてもいる。また近年、日本の配給会社は、IMDbのようなデータベースに、スタッフクレジットを自分たちから提供するようになっている。

　しかし、ある場合には、こうしたものがパートタイムで雇われたひとたちによって作成されていて、名前の読みかたに関して誰か映画業界のひとがチェックしているわけではなかったり、訓令式ローマ字綴りのような、学校で習うものの、外国ではまず使われることのない、日本国内ですらもあまり使われる機会

のない、不明瞭なローマ字表記システムを使用したりするのだ。たとえ、スタッフ名を英語にすることに関して誰かと相談していたとしても、その人が、すでに海外データベースの大半にそうした氏名で公式のローマ字表記ルールに則って登録されていることを知らず、なにか変な英語表記を作ってしまうかもしれない。2つか3つの別々のレコードでちがう俳優にみえる人が実は同じ人物だった、となっているオンラインデータベースは数多い。このように混乱したカオス状態は、こうしたことの結果なのだ。

　それゆえ、正確に名前を読むために、複数の、信頼できる情報源をチェックしたり、少なくとも英語では改良ヘボン式の、公式ローマ字表記をしっかりと使い続けることは、日本映画研究者の責任であるとは言わないまでも、配給会社や出版社、映画ファンにも課せられてくるのである。正しい名前の読みかたがわかるとしても、それを外国人の大多数がしているようにローマ字にする必要があるのだ。"syatyo"ではなく"shachō"、"Yuuji"ではなく"Yuji"か"Yūji"（マクロンを使えれば）である。ヘボン式は改変されたため、今では"shimbun"ではなく"shinbun"、"Kambei"ではなく"Kanbei"となった。"Youki Kudoh"のほうが自然で、"Yuki Kudo"よりも発音に適していると思われるひともいるだろう。だが、ローマ字表記はすべて作り物だというのが現実なのだ。恣意的で、これまでの慣例をもとに作られているのだ。一般には知られていないシステムが使われるとなれば、さらに事がややこしくなるだけである。だからこそ、もっともよく知られている慣例を使うのが常にベストなのであり、それが改良ヘボン式なのである。

　それでもなお、監督や俳優が、特定の逸脱したローマ字表記が自分たちの好みなのだと明言していて（"Youki Kudoh"のケースはこれにあたるだろう）、公式の海外情報源（映画祭、映画配給会社、映画作品のクレジットなど）の大半がそれを使っているのなら、そちらに従わざるをえないこともまたある。しかし、そうした使い方にも確認が必要だ。

　名前がまちがっているのは、考えられるなかでもっとも困ることのひとつである。ならば、どの情報源が正確な名前の読みかたを知るのに最適なのか？ アメリカなら国立の図書館——日本での場合、国立国会図書館——であり、そ

こが名前の読みかたに関しては第一の典拠として機能している。それゆえ、まず最初に調べるところは、NDLかLOC、もしくは、同様の権威をもった図書館蔵書検索（アイオワ大学、コロンビア大学、イェール大学、ハーバード大学、ミシガン大学、早稲田大学、フィルムセンターなど）である。ネットであれば、CiNiiやWorldCatが利用できるが、両者とも、ルールに従っていなかったり、記録された名前の典拠のチェックを徹底していない、意識のうすい図書館で作成されたレコードが含まれていることには留意すべきだ。また、NDLに関してその他不便なのは、著者名の読みかたしか記載がないことである。映画であれば、通常は監督と脚本家だけで、その他の人物は、本または他のものの著者となっているときだけリストに記載されている。近年の本の著者に関しては、奥付の頁を確認するとよい。著者名にローマ字ルビがふられていることがしばしばある。

　また多くの場合、第3章に挙げた、映画に特化する人名事典（149～158頁）を参照することになろう。もっと一般利用ができる人名事典もあるが、そのほとんどを見ても、映画に特化したものを再び参照することになるだけだ。キネマ旬報社の事典が通常は最初の出発点だが、これやNDLも誤りが含まれていることもあるので、何かの出版を準備しているときには、それらの読みかたを『世界映画大事典』（127頁）、科学書院や日外アソシエーツの辞典のような、他のよく知られた情報源を使って確かめるのが常にベストである。そこには、監督や俳優以外の人物の氏名の読みかたもあるはずだ。

　戦前の映画人やドキュメンタリーのような周縁的な分野で働いている人にありがちなケースだが、それでも名前の読みかたがわからないときには、おそらく、誰かその名前を以前にローマ字化していないか、現存する出版物を調べなければならなくなるだろう。それでも全部だめだったときには、読みかたを自分で考えなくてはならないかもしれない。一般的な人名辞典である『人名よみかた辞典』は、あり得る読みかたや、人物、家族名をさがし出すのによいが、どれが大衆的で、ゆえに、よりありそうかを知るには、CiNiiのようなデータベースを調べるのも時にはよい。

　映画タイトルの読みかたの確認は、ほとんどのフィルモグラフィーがその提示を怠っており、それをしているものでも、勝手な読みかたである可能性を確

認していないかもしれないので、時々さらに困難になることもある。日本映画情報システムではその提供が行われているが、キネノートでは行われていない。くり返すが、複数の情報源をチェックしよう。タイトルの確認でもっとも良い方法のひとつは、映画ポスターだ。1960年代まで、ポスターにはしばしば、漢字にルビがふられていたのである。それゆえ、ポスターを集めた書籍を調べると、助けとなることもある。

Q インターネットのリンク集で、よいウェブサイトはないか？

A オンラインにあるものが何でもそうであるように、この情報は変わってしまいやすい。リンク集も、徐々に時代遅れになっているが、「映画関係リンク集」（www.eiga-site.net）のリンクのいくつかはまだ繋がっている。Midnight Eye も優良情報源のひとつだ。監督、製作会社、俳優、映画学校、また、英語、ドイツ語、フランス語、スペイン語、イタリア語の雑誌のリンクが集められている。サイトには詳しい説明もあるので、非常に便利である。

索引

索引

　検索の手助けに、本書に出てくる人名、事項、題名（書籍、映画、その他）、デジタル資料、機関名を対象とした5つの索引を設けた。索引は、おおむね限定的で、共通するいくつかの項目にだけ付けてある。

　こうした索引には、本書で言及する人物、機関、出版物、問題へのガイドに役立つだけでなく、研究者にとって、研究しているテーマに関連するか、あるいは必要なものがあるかもしれない機関や出版物をさがす手助けになればとの意図もある。人物、撮影所、場所、その他同様の主題であれば、自分のトピックに応じた示唆が得られるはずだ。伊藤大輔の項にあるページをたどれば、出版物となっている彼のシナリオ集だけでなく、彼の私文書がどこにあるかもわかる。索引は、そのテクスト内で実際に言及されているものだけに焦点を当てているため、あるライブラリーのところで、あるカテゴリーへの索引がなかったからといって、ライブラリーがそういった資料をもっていない、ということにはならない。

　たとえば、想像されるように、早稲田やフィルムセンターのような主要コレクションであれば、大方の資料が何でもあると思われる。したがってこの索引は、予備的なガイドとしてだけのつもりである——時には、何度でも自分で足を運んでみる必要がまだあるのだ。けれども、もしあなたが、リストに載せるべきだと思われるような、秘密になっている資料や情報のありかを何かみつけたなら、私たちに知らせてほしい。

人名索引

A
Allyn, John　121
Anderson, Joseph. L.　183
Andrew, Dudley　118
Andrew, Paul　118

B
Buehrer, Beverly Bare　145
Burch, Noël→バーチ、ノエル

C
Carlson, Verne　134
Cheng, Jim　120
Clements, Jonathan　128
Cremin, Stephen　136

D
Domenig, Roland→ドメーニグ、ローランド

G
Galbraith IV, Stuart
　　→ガルブレイス4世、スチュワート
Gerow, Aaron→ジェロー、アーロン
Grilli, Peter→グリリ、ピーター

I
Iwamoto, Kenji→岩本憲児

J
Jacoby, Alexander
　　→ジャコビー、アレクサンダー

K
Kalat, David　143

L
Le Blanc, Michelle　208

M
McCarthy, Helen　128

Mes, Tom　131
Miyao, Daisuke→宮尾大輔
Murakami, Hisayo　36

N
Nornes, Abé Mark→ノーネス、マーク

O
Odell, Colin　208

R
Richie, Donald→リチー、ドナルド
Rumor, Mario A.　204

S
SAWAi, KiYOSHi→澤井清
Schilling, Mark→シリング、マーク
Sharp, Jasper→シャープ、ジャスパー
Standish, Isolde　190

W
Weisser, Thomas→ワイサー夫妻
Weisser, Yuko Mihara→ワイサー夫妻

あ
青山真治　146, 180
赤井祐男　207
秋山邦晴　79
浅田修一　199
浅沼圭司　134
葦原邦子　169
足立正生　174
厚木たか　43, 157
安部公房　142, 160, 163
荒井晴彦　171
アルンハイム〔アルンハイム、ルドルフ〕　179

い
飯島正　111, 115, 188
壱岐一郎　200

池田督　206
石井聰亙〔岳龍〕　49
石川弘義　134
石原裕次郎　100
石巻良夫　185
石割平　168, 203, 207
磯野理　205
板垣鷹穂　115
板倉史明　29
伊丹十三　161
伊丹万作　74, 115, 131, 161, 163, 206, 227
板持隆　203
市川崑　42, 121
市川彩　124, 176, 177
市川雷蔵　168
イッオ、フランチェスコ　3
井手雅人　29, 164
伊藤紫英　198
伊東重明　200
伊藤大輔　29, 161, 238
伊藤智子　3
伊藤昇　79
伊藤雅一　205
稲垣足穂　160
稲垣浩　42, 52, 162, 206
井上智重　200
井上雅雄　205
今井正　133, 157, 162
今村昌平　113
今村太平　112, 114, 128, 160, 174, 180
今村三四夫　108, 117
入江良郎　3
岩崎昶　115, 133, 134, 174
岩崎健二　198
岩下一郎　205
岩槻歩　3
岩本憲児　111, 114, 124, 125, 127, 167, 188

う

ウィリアムズ、エルモ　87
植地毅　204
上野昂志　180
上野耕三　157, 174

ウォン・アイリン　3
牛田あや美　206
牛原虚彦　13, 113, 177
牛山純一　28
碓井みちこ　3
宇田正　208
内田達夫　202
梅村紫声　90
梅本洋一　180
梅屋庄吉　133
浦山桐郎　162

え

エイゼンシュテイン〔エイゼンシュテイン、セルゲイ〕　107, 179
江田忠　197
江藤茂博　142, 147
江藤努　124
江利川憲　181
遠藤憲昭　169

お

王艶華　207
大川博　204
大木裕之　24
大下英治　203
大島渚　64, 115, 181
太田米男　199
大谷竹次郎　40
大嶺沙和　200
大嶺俊順　203
小笠原正勝　206
岡田一人　30
岡田茂　204
岡田真吉　107, 108
岡田晋　133, 190
岡田秀則　3
岡本昌雄　207
小川紳介　28, 76
小川徹　171
荻昌弘　29
奥泉栄三郎　36
奥村賢　28

小津安二郎　26, 59, 100, 161, 163, 168, 198, 203, 230
尾上松之助　91, 92
恩地日出夫　205

か
帰山教正　113, 115, 131, 173, 187
景山理　181
風見隼人　208
梶山寿子　208
勝新太郎　168
加藤泰　162
加藤幹郎　198
金森万象　77
加納竜一　157
紙恭輔　79
亀井文夫　28, 37
加茂令堂　203
ガルブレイス4世、スチュワート（Galbraith IV, Stuart）　3, 138, 143, 144, 205
河合徳三郎　206
川喜多かしこ　25
川北紘一　205
川喜多長政　25
川崎宏　204
川島雄三　109, 162
川添利基　133
かわなかのぶひろ　24, 193
川村利三郎　197
川本三郎　150, 197

き
菊島隆三　162
菊池夏樹　202
岸松雄　111, 115, 153
岸川真　112
岸田今日子　152
北川冬彦　115
衣笠貞之助　43, 44, 92, 198
木下惠介　100, 203
木下千花　3
木村威夫　29

く
草壁久四郎　207
葛井欣士郎　206
久保一雄　29
熊井啓　162
神代辰巳　29, 162
倉嶋暢　30
蔵田敏明　199
倉田喜弘　157
倉橋健　133
蔵原惟人　115
グリーンバーグ、ラリー　158
グリリ、ピーター（Grilli, Peter）　83, 145
黒澤明　42, 64, 74, 87, 157, 162, 163, 168, 228, 231, 236
黒沢清　114, 180
黒田信一　197

け
結束信二　30

こ
古泉　207
胡昶　207
小泉吾郎　207
ゴヴァース、弘子　69
小杉勇　43
小谷、ヘンリー　152
小林貞弘　198
小林多喜二　115
小林正樹　42
駒田好洋　52
小森和子　178
是枝裕和　100
権田保之助　111, 114, 115, 160, 187

さ
サイード、エドワード　186
斎藤耕一　162
斎藤忠夫　205
坂口英子　36
坂口和子　3
坂根田鶴子　30

佐々元十　176
笹川慶子　119, 199
佐々木勘一郎　209
佐々木基一　134
佐々木能理男　179
佐々木守　174
佐藤淳子　3
佐藤重臣　171
佐藤忠男　49, 57, 112, 113, 126, 134, 156, 159, 171, 176, 184, 191, 193, 197, 206, 208
佐藤久子　176
佐藤正隆　206
佐藤洋　3
更科源蔵　197
澤井清（KiYOSHi. SAWAi）　198
澤登翠　50
サンダース、ジェイソン　3

し

椎名麟三　163
ジェロー、アーロン（Gerow, Aaron）　2, 8, 14, 21, 27, 102, 110, 114, 119, 229
繁田俊幸　208
滋野幸慶　173
重政隆文　109
宍戸錠　215
品田平吉　64
品田雄吉　64
柴田常吉　152
柴田南雄　79
渋谷実　162
清水光　115
シャープ、ジャスパー（Sharp, Jasper）　131
ジャオ・ジン　3
ジャコビー、アレクサンダー（Jacoby, Alexander）　12, 137
集団MISSA　197
庄林二三雄　198
ジョンストン、ジョージー・ウォルター　3
シリング、マーク（Schilling, Mark）　129, 203, 230
シルク、テレサ　3
シルバー、チャールズ　3

新藤兼人　59, 113, 162, 174

す

杉作J太郎　204
杉村春子　52
杉本伊佐美　198
杉山平一　180
鈴木志郎康　193
鈴木敏夫　208
鈴木尚之　164
鈴木真理恵　3
鈴木義昭　208
寿々喜多呂九平　30
ストラヴィンスキー〔ストラヴィンスキー、イゴール〕　79
砂押久雄　3
諏訪敦彦　13, 243

せ

瀬川與志　207

た

平良竜次　200
多賀祥介　206
高瀬昌弘　205
高橋賢　204
高島道吉　207
高村倉太郎　127
竹内敏晴　133
竹岡和田男　64, 196
武田泰淳　160
竹中労　189
武部好伸　199
武満徹　79
多田敏捷　77
橘弘一郎　178
橘高広　176
田中栄三　113
田中十三　91
田中純一郎　57, 79, 114, 159, 176, 182, 184, 192, 193, 201
田中友幸　205
田中泰彦　167

谷暎子　37
谷川義雄　133, 159, 161, 191, 193, 223, 237
谷崎潤一郎　160
田畑きよ子　3
田村孟　164
田山力哉　155

ち
千葉伸夫　164, 188

つ
塚田嘉信　120, 122, 182, 188
月村吉治　203
辻恭平　16, 108, 110, 117, 123
辻久一　206
土本典昭　28, 76
筒井清忠　198
常石史子　93
都村健　91
津村秀夫　115
鶴見俊輔　160

て
デ・クラーク、ニコ　3
デサイ、シェヴォン　3
勅使河原宏　131
デッサー、デイヴィッド　183
寺田寅彦　160, 227
寺山修司　24
寺脇研　203

と
當間早志　200
十重田裕一　124
外川豊子　3
登川直樹　111, 208
鴇明浩　198, 199
戸坂潤　174, 227
とちぎあきら　3
ドノヴァン、モウリーン　3
冨田均　197
冨田美香　91, 179, 206
富塚正輝　197

富山加津江　24
ドメーニグ、ローランド（Domenig, Roland）　3, 206

な
直木三十五　160
中井正一　114, 160, 227
永井荷風　142
ナガイ、モナ　3
仲里効　200
中島貞夫　198
中島丈博　163
中田俊造　66
永田哲朗　140, 153
中谷正尚　44
仲地洋　194
中村治子　3
仲本和彦　24, 59, 194
永山武臣　204
中山信如（中山信行）　98, 109
那智史郎　208
並木鏡太郎　91
成瀬巳喜男　162

に
仁木賢司　3
西嶋憲生　193
丹羽美之　65, 207

の
ノーネス、マーク（Nornes, Abé Mark）　2, 14, 76, 92, 149, 175, 191
能間義弘　200
野口久光　26
野沢一馬　202
野田朱実　36
野田真吉　158, 181
登重樹　198

は
バーチ、ノエル（Burch, Noël）　21, 186, 230
ハインリッヒ、アミー　3
ハシクラ・マサノブ　80, 81

253

橋本忍　164
蓮實重彦　114, 117, 132, 134, 180
筈見恒夫　185
長谷川一夫　168
長谷川如是閑　115
波多野哲朗　134, 180
花田清輝　160
花本マサミ　81
羽仁進　134
埴谷雄高　160
濱治佳　200
濱崎好治　3
ハモンド、エレン　3
早川雪洲　115
早坂文雄　79
林土太郎　202
林登紀雄　200
原節子　37, 151
バラージュ、ベラ　115
ハルトゥーニアン、ハリー　187
阪東妻三郎　73
板東愁夫　199

ひ

久板栄二郎　163
平岡正明　174
平野共余子　3, 22, 239
蛭田麻里　3
ヒロ、リカ・イエズミ　3
広末涼子　101

ふ

深井史郎　79
福田克彦　78
福田なをみ　10
藤川治水　122, 200
藤木秀朗　3, 110
藤田敏八　43, 198
冨士田元彦　187
藤波隆之　157
藤谷陽悦　204
文倉平三郎　197
プランゲ、ゴードン・W　35

古市雅子　207
古川緑波　178

へ

ヘイスベルス、ハルコ　3

ほ

ボードウェル、デイヴィッド　21, 183, 230
星川清司　199, 202
堀内敬三　79
本地陽彦　122
ボンデッティ、セバスチャン　3

ま

マイブリッジ〔マイブリッジ、エドワード〕
　　75
前川公美夫　197
牧野省三　30, 92, 179
マキノ雅弘　92, 131
牧野守　1, 28, 38, 54, 107, 108, 111, 113, 115,
　　116, 119, 122, 124, 125, 149, 166, 175
増田周子　199
増村保造　115, 162
升本喜年　203, 204
松浦幸三　159
マッカーサー〔マッカーサー、ダグラス〕　35
松島利行　203
松田完一　199
松田春翠　49, 50
松田集　168
松田政男　174
松永武　87
松本平　203
松本俊夫　28, 134, 181
松山英夫　202
丸尾定　208
円尾敏郎　168, 169, 207
丸岡澄夫　197
マルシアーノ、ミツヨ・ワダ　3, 204
マレー〔マレー、エティエンヌ＝ジュール〕
　　75

み

三浦大四郎　197
三島由紀夫　160
水木洋子　55, 163
水口薫　199
水野新幸　208
水野昌光　198
溝口健二　118, 121, 143
御園生涼子　203
御園京平　43, 207
美空ひばり　168
三船敏郎　42, 205
三村明→三村、ハリー
三村、ハリー　23
宮尾大輔（Miyao, Daisuke）　3, 203
宮島義勇　37, 133

む

村上春樹　142
村上龍　142
村田実　177
村山英治　208
村山匡一郎　129

め

メーシー、ロジャー　3
メリエス　186
メロン、ジョーン　190

も

望月六郎　24
本木荘二郎　43
森一生　30
盛内政志　150, 197
森田郷平　203
森脇清隆　3, 30

や

八木保太郎　163
安井喜雄　31, 32
八住利雄　164
柳井義男　115
柳下美恵　50

山口且訓　135, 192
山口猛　207
山口竹美　106, 107
山口康男　134, 193
山里将人　200
山田朗　195
山田和夫　113, 132, 174, 189, 190
山田耕筰〔作〕　79
山田昂　64
山田洋次　162, 164, 174, 203
大和屋竺　52
山中貞雄　29, 30, 163, 164, 238
山根貞男　126, 180, 202
山内静夫　203
山内久　164
山本喜久男　182, 189
山本直樹　3
山本嘉博　200

よ

横溝龍彦　203
吉田馨　199
吉田陽一　167
吉田喜重　114, 181
吉見俊哉　65, 207
吉村英夫　174, 203
吉本光宏　3, 12
吉山旭光　111, 187
淀川長治　26, 178
四方田犬彦　189, 200

ら

ラマール、トーマス　3, 129

り

リチー、ドナルド（Richie, Donald）　79, 83, 115, 183, 185, 186, 191
リュミエール　186

ろ

ロウラー、ミカ　3
ロバートソン、ジェニファー　3

わ

ワイサー夫妻（Weisser, Thomas／Weisser, Yuko Mihara）　12, 144
若山弦蔵　52, 238, 239
和田矩衛　111, 113
渡辺武信　202
渡辺綱雄　198
渡辺泰　135, 192
和地由紀子　3

事項索引

あ

アイドル　101, 102, 178（→映画スターも参照）
アジア映画　49, 130, 186, 234
アニメ→アニメーション
アニメ映画→アニメーション
アニメーション（アニメ、アニメ映画、テレビアニメ）　28, 32, 44, 60, 64, 81, 84, 101, 110, 112, 114, 128, 134, 135, 167, 183, 191–194, 204, 208, 209, 220, 223, 226, 231
あらすじ　115, 118, 121, 126, 128, 135, 137, 143–145, 156, 172, 192, 195, 213, 214, 217, 218, 222
アンソロジー→講座
アンダーグラウンド映画→実験映画

い

衣装デザイン　42, 77
イヤーブック→年鑑
インタビュー　51, 57, 113, 118, 162, 167, 178, 182, 189, 192, 212, 230, 231, 242
インデックス→索引

う

写し絵　51

え

映画運動　39, 85, 113, 115, 121, 127, 129, 190, 230
映画音楽　70, 79
映画学校　24, 246
映画館　23, 25, 31, 51, 64, 81, 82, 90, 102, 124, 166–168, 171, 196–198, 200, 218, 222, 231, 232, 237, 239, 240–242
映画館館報→映画館プログラム
映画館週報→映画館プログラム
映画監督（監督）　12, 13, 20, 29, 33, 42, 48, 49, 57, 61, 76, 77, 91, 100, 109, 114, 117, 118, 125, 127, 129, 131, 135–137, 146, 150–153, 155, 156, 160–164, 166, 177, 180, 181, 184, 203, 205, 231, 235, 238, 239, 243–246
　（→映画製作者も参照）

映画館プログラム（映画館週報、映画館館報、プログラム）　38, 41, 43, 50–52, 54, 71, 72, 98, 99, 139, 166–169, 174, 196, 237–240
映画脚本→脚本
映画脚本家→脚本家
映画研究　2, 8–18, 31, 39, 40, 46, 71, 98, 106, 108, 109, 112, 127, 129, 133, 138, 141, 170, 176, 184, 196, 202, 229, 242, 243
映画研究者　14, 29, 32, 35, 46, 114, 122, 188, 244
映画祭　9, 24–26, 49, 57, 89, 90, 92, 117, 126, 127, 142, 143, 156, 197–200, 208, 217, 223, 231, 244
映画作家（映像作家）　24, 29, 31, 48, 78, 156, 162, 188, 193, 229
映画産業　9, 22, 46, 61, 72, 73, 112, 121, 123, 124, 132, 138, 170, 172, 173, 176, 185, 198, 201, 229, 231, 241
映画史　36, 58, 59, 64, 91, 106, 110, 113, 114, 122, 129, 133, 135, 148, 158, 159, 162, 166, 167, 169, 176, 182, 184–190, 192, 193, 196–209, 217
映画史家　28, 79, 131, 182, 230
映画ジャーナリズム　108, 171, 181, 185
映画賞（特別功労賞、受賞作品、受賞歴）　74, 117, 142, 143, 147, 152, 159, 172, 217
映画上映運動　31, 190
映画紹介〔キネマ旬報〕　138, 140, 172, 214
映画スター　29, 91, 102, 106, 113, 117, 129, 137, 152, 155, 156, 166–168, 240（→俳優も参照）
映画製作（製作）　8, 29, 30, 32, 41, 42, 60, 63, 70, 71, 74, 77–79, 91, 92, 113, 123, 126, 128, 130, 134, 140, 146, 149–152, 160, 162, 165, 173, 175, 177, 189, 193, 196, 202, 221, 225, 229, 236, 238, 239
映画製作者（製作者、製作スタッフ）　37, 42, 64, 91, 103, 113, 114, 118, 121, 126, 130, 136, 138, 139, 141, 147, 150–152, 154, 157, 158, 160, 177, 201, 216, 221, 229, 231, 235, 236, 238, 241

257

映画製作所　53, 54, 62, 76, 207, 208
映画年鑑→年鑑
映画批評（批評）　29, 108-116, 118, 121, 123, 124, 126, 137, 140, 141, 149, 153, 161, 171-174, 178-180, 184, 188
映画批評家（批評家）　26, 38, 81, 109, 111, 112, 117, 132, 150, 153, 155, 156, 160, 162, 172, 174, 177, 180, 184, 187-190, 201, 230, 231
映画評論家　29, 64, 123, 171
映画法　68, 115, 165
映画保存　9, 55
映画理論　111, 113, 115, 116, 186
映画理論家　107, 129
映写機　43, 50, 60, 64, 76, 82, 84, 92, 149
映像作家→映画作家
絵コンテ　146, 228
SF　42, 96, 143, 146, 148
演劇　40, 41, 54, 99, 107, 111, 122, 133, 153, 156, 180, 205
演出　113, 238

お
ORC　215
オーラルヒストリー　91
音声→録音資料
オンライン資料（オンラインデータベース）　11, 16, 35, 58, 63, 68, 70, 73, 84, 89, 100, 161, 194, 212-232, 237, 244（→復刻、データベースも参照）
オンライン復刻→復刻

か
外国映画　20, 29, 44, 74, 81, 138-142, 148, 168, 169, 178, 180, 182, 185, 188, 189, 206, 214, 224, 239
怪獣映画　146, 205
改名　153, 154
科学映画　61, 62, 193, 208
科学技術　34
活動写真　67, 133, 173, 187, 188, 197, 208, 219, 233
紙芝居　50
カメラマン　91, 151, 152, 156

玩具映画　59, 60
韓国　63
監督→映画監督

き
機材〔映画機材〕　31, 32, 50
技術　113, 128-130, 135, 138, 167, 173, 177, 187, 190, 193（→機材も参照）
脚本（映画脚本、シナリオ）　22, 29, 41-43, 50-52, 54, 55, 64, 74, 77, 78, 80, 87, 90, 99, 113, 122, 146, 160-164, 167, 177, 178, 222, 223, 226, 228, 237-239
脚本家（映画脚本家）　13, 29, 30, 42, 55, 151, 160, 162-164, 171, 178, 238, 239, 245
教育映画　20, 28, 66, 147, 181, 182, 192

く
空想映画　143
クリッピングファイル　48, 77, 80

け
劇映画　44, 45, 137, 140, 145, 161, 185, 194, 195
検閲　22, 24, 35-37, 39, 67, 68, 113, 123, 127, 132, 139, 164-166, 175, 176, 230, 239（→政策も参照）
原稿　55, 62, 74, 79, 83, 124, 161
現代劇　146, 177
幻燈　149

こ
公開日　51, 91, 118, 135, 138-141, 143, 144, 148, 165, 214, 217, 220, 236
興行　32, 33, 74, 91, 125, 126, 196, 236, 239, 241（→映画館も参照）
興行成績　123, 228, 229, 241
広告（宣伝）　36, 37, 41, 64, 70, 74, 75, 77, 82, 91, 98, 116, 126, 146, 166, 167, 169（→チラシ、パンフレット、ポスターも参照）
講座（アンソロジー）　111, 113, 114, 161, 163, 164, 182
古書店（古本屋）　16, 17, 96-99, 102-104, 109, 151, 216, 234, 238, 240
個人資料　29, 35, 42, 43, 52, 65, 77, 79, 81, 90, 184

258

コピー→複写

さ
在日の映画 189
索引（インデックス） 9, 12, 17, 23, 36, 58, 70, 76, 107, 108, 110, 117–122, 125, 127, 128, 130, 131, 135, 136, 139–143, 147, 152, 154, 158, 159, 161, 165, 170, 175, 182, 184, 185, 192, 213, 216, 230, 237
撮影所 23, 24, 26, 33, 38, 39, 41, 44, 48, 72–74, 79, 91, 146, 151, 152, 156, 168, 169, 171, 179, 184, 185, 199, 201–205, 236（→映画産業も参照）
作家研究 128, 136, 162
作曲家 79, 156
サブカルチャー 96, 101
左翼映画運動 39, 85, 121, 190
左翼系映画批評家 174, 190
左翼系映画論 174
左翼系理論 174, 180

し
ジェンダー 114, 190
時代劇 73, 114, 130, 146, 161, 168, 183, 199, 203
実験映画（アンダーグラウンド映画、実験映像、前衛映画） 24, 25, 54, 66, 88, 89, 169, 171, 172, 181, 188, 193
実験映像→実験映画
実験映像作家 24
事典（辞書、辞典） 2, 13, 17, 30, 51, 108, 113, 117, 123, 127–135, 138–158, 166, 223, 235, 243, 245
シナリオ→脚本
シネマテーク 3, 24, 25, 69, 129
自筆資料 42
字幕 25, 47, 50, 52, 71, 77, 89, 145, 156, 160, 195, 239
写真 9, 12, 35, 46, 54, 55, 57, 58, 70, 74, 75, 77, 78, 84, 96, 102, 107, 144, 146, 156, 157, 159, 166–168, 187, 192, 196, 202, 204, 206, 208, 217, 222, 228, 240（→スチル写真も参照）

ジャンル研究 162, 202
手記 38
受賞作品→映画賞
受賞歴→映画賞
受容研究 196, 202
純映画劇運動 183, 184, 188
書簡 39, 83
初期映画 43, 74, 91, 149, 176, 223
植民地 63, 92, 189
書誌情報（書誌目録） 8, 9, 14, 16–18, 106, 109, 118, 120–122, 128, 134, 143, 184
書誌目録→書誌情報
助成 11, 25, 36, 119, 195, 243
女性映画 37, 125, 126
女性製作者 152
新左翼 78, 147, 174
人物紹介→略歴

す
スクラップブック 41, 57
スター写真→ブロマイド
スチル写真 22, 25, 26, 29, 38, 41, 43, 45, 46, 48, 50, 51, 57, 64, 70, 71, 74, 75, 78, 82, 87, 91, 98, 166–168, 222, 224, 228, 240, 241

せ
政策 30, 67, 72, 120, 127, 166, 177, 220（→検閲も参照）
製作会社 22, 28, 62, 70, 117, 118, 125, 127, 130, 143, 144, 146, 151, 196, 201, 206–209, 213, 229, 239–241, 246
製作者→映画製作者
製作スタッフ→映画製作者
製作データ 128
製作年（製作日） 70, 78, 128, 236
製作日→製作年
政府文書 21, 33, 34, 38
声優 157, 220, 226, 238
前衛映画→実験映画
戦時期 23, 28, 52, 54, 59, 70, 73, 107, 112, 124, 163, 169, 178, 185, 221
宣伝→広告
占領期 22, 23, 28, 33–37, 39, 61, 149, 195, 239

事項索引

259

そ

蔵書検索→データベース

た

大学教育制度　8, 14, 243
大衆文化　10, 27, 96, 129, 134, 184
台本　29, 73, 223, 226, 238, 239
台湾　68, 69
短編映画　60, 140, 147, 149

ち

チケット　82, 98, 167, 174, 241
地図　35, 63, 103, 104
中国　72, 120, 177
長編映画　20, 140, 145, 146, 159
著作権　21, 26, 41, 46, 61, 88, 92, 222, 234–236, 240, 241
チラシ（フライヤー）　42, 64, 71, 72, 78, 81, 82, 85, 91, 96, 99, 108, 166–169, 183, 196, 239, 240

て

DVD　28, 30, 33, 46, 50, 63, 64, 88, 89, 138, 141, 220, 222, 234, 235, 241
帝国主義　190
データベース（デジタル・ライブラリー、蔵書検索）　11, 29, 34, 35, 37, 44, 45, 47, 48, 51, 52, 54, 55–58, 63, 65–68, 70, 73–75, 84, 85, 87–89, 91, 100, 102, 110, 119, 147, 161, 166, 170, 175, 194, 195, 212–226, 230, 231, 236, 237, 243–245
手紙　55, 61, 64, 77, 79, 90, 236
デジタル・ライブラリー→データベース
デジタル資料　11, 16
テレビ　17, 28, 44, 56, 63, 73, 74, 85, 86, 88, 90, 92, 98, 110, 133, 135, 141, 142, 145, 146, 151, 153, 155, 169, 177, 187, 193, 194, 204, 205, 220, 223, 224, 226, 229
テレビアニメ→アニメ
テレビコマーシャル　28, 86, 92
伝記　113

と

統計　21, 34, 63, 108, 123–125, 132, 201, 228, 231, 242
同人誌　172, 181
ドキュメンタリー　23, 28, 32, 45, 65, 70, 76, 84, 86, 88–90, 112, 114, 126, 137, 141, 145, 147, 158, 181, 183, 185, 191–194, 214, 221, 225, 245（→文化映画、ニュース映画、PR映画も参照）
特撮　101, 146–148, 205, 223
特別功労賞→映画賞
独立系　28, 31, 49, 78, 125, 126, 155, 171, 196, 201, 234, 236, 238, 241
図書館間相互貸借　20, 38, 40, 62, 107, 122, 202, 224, 234

な

内部文書　35, 39, 41
ナショナリズム　114, 190
成田国際空港　78

に

日活アクション　130, 169, 202, 203, 215
日活青春映画　169
日本研究　10, 12, 15, 58, 243
ニュース映画　20, 28, 29, 44, 70, 86, 148, 195, 221, 225
ニュースレター　41, 54, 78, 91, 171, 175

ね

年鑑（イヤーブック、映画年鑑）　81, 123–126, 136, 138, 153, 161, 164, 235, 241
年表　125, 127, 152, 158, 159, 184, 185, 187, 192, 193

は

配給　25, 26, 32, 41, 123, 125, 145, 149, 196, 229, 241
配給会社　25, 31, 48, 80, 118, 145, 156, 167, 241–244
俳優　13, 20, 33, 57, 101, 102, 114, 135, 136, 139, 141, 148, 150–158, 166, 213, 214, 217, 224, 231, 235, 236, 243–246（→映画スター、

映画製作者、フィルモグラフィーも参照）
俳優事典　150, 151, 154, 156
墓〔映画人の墓〕　74, 92, 100
博士論文　34, 35
パブリックドメイン　9, 22, 215, 227, 240
犯罪映画　8
パンフレット　26, 29, 35, 36, 38, 40, 64, 70, 78, 79, 81, 82, 85, 87, 91, 96, 98, 99, 101, 166, 167, 169, 175, 218, 240（→プログラムも参照）

ひ

PR映画　29, 126, 221
B級映画　47, 144
美術監督　29
ビデオ（VHS）　21, 22, 25, 27-30, 33, 38, 45, 47, 49, 50-53, 56, 61, 62, 65, 66, 69, 71, 74, 78, 84, 85, 88, 89, 93, 117, 125, 136, 138, 141, 148, 154, 182, 194, 205, 221, 222, 225, 230, 231, 234, 235
ビデオアート　28, 194, 231
批評→映画批評
批評家→映画批評家
百科事典　17, 128, 129, 133, 223
ピンク映画　144, 169, 172, 231

ふ

ファン　31, 49, 98, 100, 102, 128, 130, 152, 154, 156, 158, 171, 178, 179, 201, 226, 227, 231, 244
VHS→ビデオ
Vシネマ　124
フィルムアーカイブ（フィルムライブラリー）　2, 9, 25, 29, 31, 43, 44, 49, 83, 89, 194, 196, 220, 225
フィルムプリント　2, 21, 23, 28, 38, 46, 47, 50, 51, 53, 60, 70, 71, 89, 93, 160, 165, 195, 221, 236
フィルムライブラリー→フィルムアーカイブ
フィルモグラフィー　2, 9, 12, 13, 91, 118, 121, 123, 126, 135-144, 149, 151, 154, 155, 158, 165, 182, 185, 192, 196, 201, 222, 235, 236, 243, 245

フォーマリズム　186
複写（コピー）　27, 31-33, 35, 38, 41, 45, 46, 52, 58, 64, 65, 72, 83, 227（→図書館間相互貸借も参照）
復刻（オンライン復刻）　39, 54, 79, 97, 107-109, 111-116, 120-122, 124, 125, 133, 156, 165-167, 169, 170-177, 179-181, 185-188, 196, 226, 230
フライヤー→チラシ
古本屋→古書店
プレスシート→プレスブック
プレスブック（プレスシート）　26, 41, 71, 82, 146, 167, 222, 239, 240
プレプロダクション　134
プログラム→映画館プログラム
プロデューサー　87, 134, 151, 156, 157
プロパガンダ　23, 67, 73
ブロマイド（スター写真）　101, 102, 106, 166, 240
文化映画　44, 69, 141, 182（→ドキュメンタリーも参照）
文化産業　8, 114, 179

へ

弁士　42, 49, 50, 52, 70, 90, 102, 127, 137, 156, 157, 184, 237

ほ

ホームムービー　70, 90
ポスター　26, 29, 31, 35, 38, 41-43, 45-47, 50, 51, 64, 70, 71, 74, 78, 81, 82, 84-87, 91, 96, 98-101, 108, 166-169, 174, 222, 224, 239, 246
ポストプロダクション　74, 134, 238

ま

マイクロフィッシュ→マイクロフィルム
マイクロフィルム（マイクロフィッシュ）　33, 34, 36, 37, 67, 165, 171, 239
マイノリティー　114
満映→満洲映画協会
マンガ　27, 29, 30, 33, 62-65, 98, 100, 220, 223, 226, 241

261

満洲　72, 92, 93, 120, 177, 207
満洲映画協会（満映）　92, 93, 120, 177, 207

み
ミニシアター　31, 126, 169, 228, 231, 237
　　　（→シネマテークも参照）
ミュージカル　42

む
無声映画　49, 50, 60, 107, 118, 136, 137, 156, 158, 163, 237

め
メロドラマ　114, 203

も
目録　9, 10, 18, 21, 23, 24, 26, 28, 29, 34, 36, 37, 39-41, 44, 47, 49-51, 55, 57-59, 62, 64, 65, 67, 70, 76, 77, 80, 82, 84, 87, 88, 90, 97, 100, 107, 109, 110, 114, 116-122, 133, 140, 146, 147, 149, 161, 170, 175, 192, 194-196, 207, 209, 218, 221, 222, 228, 237
モダニズム　186, 190

や
ヤクザ映画　129, 130, 172

よ
予告編　47
読み仮名　11-13, 139

ら
ラジオ　56

り
リアリズム　112, 186, 190
略歴（人物紹介）　13, 115, 137, 157, 193

れ
レコード盤　38
連鎖劇　91
連絡先　125, 147, 151-153, 215, 235, 236
　　　（→映画産業、映画製作者も参照）

ろ
労働運動　84, 193
労働組合　85, 171, 201, 202, 204
ローマ字表記　10, 128, 134, 136, 186, 213, 242-244
録音技師　30, 156, 202
録音資料（音声、録音）　30, 33, 48, 62, 70, 78, 80, 87, 177, 194, 221
ロビーカード　239（→スチル写真も参照）
ロビー看板　82
ロマンポルノ　169, 203

書名／作品名索引

［洋書］

A
Aesthetics of Shadow: Lighting and Japanese Cinema, The 203
Anime Encyclopedia: A Guide to Japanese Animation Since 1917, The 128
Annotated Bibliography for Chinese Film Studies, An 120
Art Theatre Guild: Unabhängiges Japanisches Kino 1962–1984 206
Asian Film Library Reference to Japanese Film, The 136
ATG Symposium: Against the Grain: Changes in Japanese Cinema of the 1960s and Early 1970s 206

B
Bibliography of Reference Works for Japanese Studies→日本の参考図書

C
Cahiers du Cinéma 180
Catalogue of Kanagawa Prefecture Magazines, 1945–1949: Gordon W. Prange Collection 36
Critical Handbook of Japanese Film Directors: From the Silent Era to the Present Day, A 137
Critical History and Filmography of Toho's Godzilla series, A 143

D
Decentering Theory: Reconsidering the History of Japanese Film Theory 114

E
Encyclopedia of Japanese Pop Culture, The 129

F
FIAF International Index to Film Periodicals 10
Filme aus Japan 115
Films in the Collection of the Pacific Film Archive, Volume I: Daiei Motion Picture Co., Ltd. Japan 47, 195
Forest of Pressure: Ogawa Shinsuke and Postwar Japanese Documentary 191

G
Gun and Sword: An Encyclopedia of Japanese Gangster Films 1955–1980 129

H
Historical Dictionary of Japanese Cinema 131
Hundred Years of Japanese Film, A 191

I
Iconics 111, 216, 224

J
Japan in Film: A Comprehensive Annotated Catalogue of Documentary and Theatrical Films on Japan Available in the United States 145
Japanese Cinema Encyclopedia: The Horror, Fantasy, and SciFi Films 144
Japanese Cinema Encyclopedia: The Sex Films 144
Japanese Cinema: Film Style and National Character 185
Japanese Cinema: The Essential Handbook 144
Japanese Documentary Film: The Meiji Era Through Hiroshima 191
Japanese Film: Art and Industry, The 183
Japanese Filmography: A Complete Reference to 209 Filmmakers and the Over 1250 Films Released in the United States, 1900 Through 1994, The 138
Japanese Films 125
Japanese Films: A Filmography and Commentary, 1921–1989 145
Japanese Science Fiction, Fantasy and Horror Films: A Critical Analysis and Filmography of

103 Features Released in the United States, 1950–1992 143

K

Kenji Mizoguchi, a Guide to References and Resources 118
Kon Ichikawa: A Guide to References and Resources 121
Kurosawa 12

L

Leonard Maltin's Movie Guide 141

M

Midnight Eye Guide to New Japanese Film, The 131
Myth and Masculinity in the Japanese Cinema 190

N

New History of Japanese Cinema, A 190
No Borders, No Limits: Nikkatsu Action Cinema 203

O

Outlaw Masters of Japanese Film 130
Ozu and the Poetics of Cinema 230

P

Prewar Proletarian Film Movement Reprint Series 175

Q

Quarterly of Film, Radio, Television, The 111

S

Studio Ghibli: The Films of Hayao Miyazaki and Isao Takahata 208

T

To the Distant Observer: Form and Meaning in the Japanese Cinema 186
Tōei Animation: i primi passi del cinema animato giapponese 204
Toho Studios Story: A History and Complete Filmography, The 205
Translation of Film / Video Terms into Japanese 134

W

Waves at Genji's Door, The 190

［和書］

あ

アートシアター：ATG映画の全貌　206
アートシアター新宿文化：消えた劇場　206
哀愁の満州映画：満州国に咲いた活動屋たちの世界　207
愛の寓話：interview with a romance films creators　202
あおもりシネマパラダイス　197
アニメーションの事典　128
アニメ作品事典：解説・原作データ付き　135
アニメチラシ大カタログ 邦画版　167
妖かし大蔵新東宝　208
アンヤタサ！沖縄・戦後の映画 1945–1955　200

い

伊丹万作全集　161
一頁のなかの劇場：「日本古書通信」誌上映画文献資料目録全107回集成　109, 110
伊藤大輔シナリオ集　161
今村太平映像評論　112
岩波映画の1億フレーム　207

う

梅村紫声文庫目録　90

え

映画（エナジー小事典）　132
映画・映像業界就職ガイド　141
映画・音楽・芸能の本 全情報 95/99　116
映画・音楽・芸能の本 全情報 2000–2004　116

映画・音楽・芸能の本 全情報 45/94　116
映画・テレビドラマ原作文芸データブック　142
映画・ビデオ作品収集目録 1989・3　28, 194
映画イヤーブック　124
映画界　180
映画解放　175
映画科学研究　177, 224
映画学　176, 224
映画館　124
映画監督ベスト101・日本篇　150
映画館名簿　124
映画技術　177
映画基本書目：大正・昭和・平成　110
映画教育　147
映画クラブ　121, 174, 175
映画芸術　170, 171, 224
映画芸術研究　179
映画検閲時報　165
映画公社旧蔵 戦時統制下映画資料集　112
映画工場　175
映画五十年史〔1942〕　185
映画五十年史〔1951〕　185
映画この百年：地方からの視点　200
映画雑誌創刊号目録　120, 122
映画史研究　176
映画集団　180
映画旬報　172
映画賞受賞作品事典 邦画編　142
映画史を学ぶクリティカル・ワーズ　129
映画新聞　181
映画スター全集　156
映画創造　174
映画知識　180
映画テレビ技術　177, 187
映画同好会　175
映画と音楽　180
映画と国民国家：1930年代松竹メロドラマ映画　203
映画突撃隊　175
映画年鑑　123, 241
映画年鑑 昭和編Ⅰ　124, 125
映画年鑑 戦後編　124

映画の映画　175
映画の事典　113, 132
映画の賞事典　142
映画の友　178
映画之友　178
映画の中の東京　197
映画の中の北海道　196
映画の中の本屋と図書館　121
映画の本の本　109
映画の労働者たち：写真と証言 東映東京撮影所 1964.6.19-1985.10.1　204
映画俳優事典（戦前日本篇）　150
映画ビデオイヤーブック　125, 136
映画批評　174
映画批評は批評できるか 番外篇　109
映画百年──映画はこうしてはじまった　143, 158
映画百科辞典　133
映画評論　37, 64, 74, 76, 111, 112, 171
「映画評論」の時代　112
映画ファン　48, 159
映画文献史　107, 108
映画目録-1999年-　76, 194
映画録音技師ひとすじに生きて：大映京都六十年　202
映画論講座　113
映像学　176, 224
映像にみる大阪の道　199
映像文化論・沖縄発　200
映像メディア作家人名事典　151, 156
映像をつくる人と企業：岩波映画の30年　207
映潮　175
ATG映画の全貌：外国映画篇　206
ATG映画＋新宿：都市空間のなかの映画たち！　206
ATG映画を読む：60年代に始まった名作のアーカイブ　206
ATG編集後記：回想の映画人たち　206
SPレコード60,000曲総目録　70
NFCニューズレター　30, 93
えひめ映画ロケーションナビ：ロケ地になった愛媛へ　200
FC：フィルムセンター　137

FB 181
演劇・映画 180
演劇映画テレビ舞踊オペラ百科 133

お
欧米及日本の映画史 185
大阪映画教育 154
大阪に東洋1の撮影所があった頃：大正・昭和初期の映画文化を考える 199
大阪の小説家と映画 199
大阪毎日新聞活動写真史 208
大原社会問題研究所雑誌 111
大宅壮一文庫雑誌記事索引総目録 117
岡山の映画 199
沖縄映画論 200
沖縄県公文書館研究紀要 194
沖縄特集 琉球電影列伝／境界のワンダーランド 200
沖縄まぼろし映画館 200
小津安二郎全集 161
オデヲン座物語 197
男はつらいよ 162
思い出の香川映画史 199
思い出のプログラム（新京極篇） 167
思ひ出55話 松竹大船撮影所 203

か
カイエ・デュ・シネマ・ジャポン 180
回想・マキノ映画 207
勝手に映画書・考 109
活動画報 173, 219
活動寫眞界 79, 149, 172
活動写真劇の創作と撮影法 187
活動写真雑誌 173, 219
活動写真の原理及応用 187
活動写真百科宝典 133
活動寫眞フヰルム検閲時報 165
活動之世界 173, 219
活動弁士――無声映画と珠玉の話芸 156
かながわシネマ風土記 197
金沢シネマ30年 198
蒲田撮影所とその附近 203
ガメラ画報：大映秘蔵映画五十五年の歩み 202

川崎市市民ミュージアム紀要 39
川崎市市民ミュージアム収蔵映画図録 28, 194
監督山中貞雄 164
官能のプログラム・ピクチュア：ロマン・ポルノ 1971–1982全映画 202

き
季刊映像 176, 216（→映像学も参照）
季刊リュミエール 180
菊島隆三シナリオ選集 162
菊池寛と大映 202
「砧」撮影所とぼくの青春 205
キネマ・ハンドブック 映画辞典 133
キネマ・レコード 173
キネマ週報 176
キネマ旬報（キネ旬） 11, 37, 48, 52, 57, 58, 64, 74, 81, 92, 111, 112, 116–118, 135, 138–140, 142, 161, 170–172, 189, 214, 224, 235, 237, 241, 242
キネマ旬報2月15日号 242
キネマの世紀：映画の百年、松竹の百年 203
キネマの楽しみ：新宿武蔵野館の黄金時代 197
九州・沖縄 シネマ風土記 200
京都 絵になる風景：銀幕の舞台をたずねる 199
京都映画産業論：イノベーションへの挑戦 198
京都映画図絵：日本映画は京都から始まった 198
京都映画百年記念 日本映画と京都 199
KYOTO映像フェスタ――フィルム・ルネッサンス：夢とロマンでつづる 30
京都シネマップ：映画ロマン紀行 198
京都の映画80年の歩み 199
巨匠たちの風景：みえシネマ事情 小津安二郎、衣笠貞之助、藤田敏八 198
霧と砦：東宝大争議の記録 205
記録映画 181
近代映画（Kindai） 48, 159, 178
近代映画・演劇・音楽書誌 54, 107, 111, 122
近代映画協会の30年：1950–1980 207
近代日本社会運動史人物大事典 157

銀幕の至宝新東宝の軌跡：1947–1961 and now　208
銀幕の東京：映画でよみがえる昭和　197

く

悔いなきわが映画人生：東映と、共に歩んだ50年　204
熊本シネマ巷談　200
クラシック映画ニュース　49, 137, 139, 150
狂おしい夢不良性感度の日本映画：東映三角マークになぜ惚れた！？　204
クロニクル東映 1947–1991　204

け

芸能界紳士録：芸能手帳　151
芸能人物事典──明治 大正 昭和　157
劇場街　180
月刊イメージフォーラム　181
結成十二年史　202
現代映画講座　113
現代映画事典　133, 134
現代映画の起点　187
現代映画用語事典　130
現代と思想　122
現代日本映画人名事典 女優篇　151
現代日本映画人名事典 男優篇　151
現代日本映画論大系　113
言論　37

こ

興行通信　242
講座 日本映画　113, 114
高知の自主上映から：「映画と話す」回路を求めて　200
神戸 最後の名画館　199
神戸とシネマの一世紀　199
国際映画新聞　52, 176, 177
ゴジラ画報：東宝幻想映画・半世紀の歩み　205
この一番　204

さ

最尖端民衆娯楽映画文献資料集　113

財団法人川喜多記念映画文化財団蔵書目録 和書の部　26
桜映画の仕事：1955→1991　208
撮影人名鑑　152
雑誌記事索引　9, 170
札幌と映画　197
三十年の歩み　207

し

四国春秋　37
仕事道楽：スタジオジブリの現場　208
思想の科学　184
知っておきたい映画監督100・日本映画編　152
知っておきたい21世紀の映画監督100　152
事典 映画の図書　108, 117, 123
シナリオ　161, 162, 178, 237, 238
シナリオ文献　161, 223, 237
シネ・フロント　174
シネマ よるひる★改稿名古屋映画史 8m/mから70m/mまで　198
シネマ・シティ：横浜と映画　198
シネマ・スクエア・レックをもう一度　198
シネマの京都をたどる　199
シネマ69（シネマ70、シネマ71）　180
私版・名古屋の映画　198
ジブリマジック：鈴木敏夫の「創網力」　208
写真・絵画集成 日本映画の歴史　167
写真集 映画黄金期 小屋と名作の風景　168
松竹映画の栄光と崩壊：大船の時代　203
松竹大船映画：小津安二郎、木下惠介、山田太一、山田洋次が描く"家族"　203
松竹大船撮影所覚え書：小津安二郎監督との日々　203
松竹九十年史　203
松竹七十年史　203
松竹の内幕　203
松竹八十年史　201, 203
松竹百十年史　204
松竹百年史　204
昭和初期左翼映画雑誌　174
昭和初期左翼映画雑誌 別巻　121, 175
昭和初期の帝国キネマ　208

女性映画がおもしろい　125, 126
女性映画監督がおもしろい　125
新映画事典　134
新興映画　121, 174, 175
新興キネマ：戦前娯楽映画の王国　208
人世坐三十五年史：焼け跡から文芸坐まで　197
新藤兼人の映画著作集　162
新東宝秘話：泉田洋志の世界　208
人物・松竹映画史：蒲田の時代　204
新聞に見る初期日本映画史：名古屋という地域性をめぐって　198

す
杉並にあった映画館　197
スクリーン　178
図説福岡県映画史発掘：戦前篇　200
スタジオジブリ作品関連資料集　208
スタジオジブリのひみつ　208

せ
声優事典　157
声優名鑑　157
世界映画作品・記録全集　138
世界映画大事典　127, 133, 245
世界の映画作家　162
全国映画ドラマロケ地事典　145
戦時下映画資料 映画年鑑昭和18・19・20年　124
全集黒澤明　163
戦前映像理論雑誌集成　180
戦前期映画ファン雑誌集成 第I期 マキノ　179
戦前日本映画総目録――附・優秀映画詮衡録　146
仙台映画大全集：映画で語る仙台郷土史　197
ぜんぶ大阪の映画やねん　199
占領下の児童書検閲――プランゲ文庫・児童読み物に探る 資料編　37
占領軍検閲雑誌目録・解題――メリーランド大学蔵昭和20年～昭和24年　36

た
大映京都撮影所 カツドウヤ繁昌記　199, 202

大映十年史　202
大衆文化事典　134
大都映画株式会社沿革誌　206
第二次プロレタリア映画　174, 175
宝塚映画製作所：よみがえる"映画のまち"宝塚　208
宝塚文芸図書館月報　54, 122
田中純一郎映画資料活用調査研究　57
タレント名簿録：芸能手帳　153

ち
地域における映画上映状況調査 映画上映活動年鑑　126
千恵蔵映画　206
千恵プロ時代：片岡千恵蔵・伊丹万作・稲垣浩 洒脱にエンターテインメント　206
地方映画書私誌――北海道・東北地方　122
チャンバラ王国極東　207
中華電影史話：一兵卒の日中映画回想記 1939-1945　206

て
帝キネ伝：実録日本映画史　209
帝都封切館――戦前映画プログラム・コレクション　168
テレビ・タレント人名事典　153
天皇と接吻――アメリカ占領下の日本映画検閲　22, 239

と
東映アニメーション50年史 1956-2006：走り出す夢の先に　204
東映太秦映画村：時代劇映画のふるさと全ガイド　199
東映映画三十年：あの日、あの時、あの映画　204
東映京都・テレビ映画25年　204
東映五年の歩み　204
東映十年史 1951年-1961年　204
東映動画長編アニメ大全集　204
東映ピンキー・バイオレンス 浪漫アルバム　204
東京映画名所図鑑　197

東京という主役：映画のなかの江戸・東京　197
東京に於ける活動写真　197
東京ムービーアニメ大全史　209
東宝映画十年史抄　205
東宝SF特撮映画シリーズ　146
東宝監督群像：砧の青春　205
東宝砧撮影所物語：三船敏郎の時代　205
東宝見聞録：1960年代の映画撮影現場　205
東宝行進曲：私の撮影所宣伝部50年　205
東宝五十年史　205
東宝三十年史　205
東宝特撮映画全史　205
東宝特撮総進撃　205
東宝75年のあゆみ：ビジュアルで綴る3／4世紀　205
東宝70年映画・演劇・テレビ・ビデオ作品リスト 2002年度版　205
東和映画の歩み：1928–1955　205
東和商事合資会社社史：昭和3年–昭和17年　205
東和の半世紀：1928–1978　205
東和の40年：1928–1968　205
東和の60年抄　206
ドキュメンタリー映画の原点——その思想と方法　191, 193
特撮映画大全集 東宝怪獣映画編 傑作選1　205
特撮映画大全集 東宝怪獣映画編 傑作選2　205
特撮映画大全集 東宝戦争映画編　205
特撮魂：東宝特撮奮戦記　205
とくしま映画三代記　199
寅さんシリーズ→男はつらいよ
トラトラトラ　35

な

ながさき円形劇場：小説・映画・舞台の中の長崎　200
中島丈博シナリオ選集　163
懐しの新東宝：写真で見る映画史　208
懐しの大都映画：もう一つの映画史　206
なつかしの日本映画ポスターコレクション　168
南海　37

に

21世紀映画チラシコレクション——永久保存版 2000–2004　168
日活　202
日活 1954–1971：映像を創造する侍たち　202
日活アクションの華麗なる世界　202
日活映画興亡の80年　203
日活五十年史　202
日活時代劇　203
日活昭和青春記：日本でもっとも長い歴史をもつ映画会社の興亡史　203
日活多摩川誌　203
日活の社史と現勢　203
日活100年史　202
日活四十年史　202
日活ロマン帝国の逆襲　203
日活ロマンポルノ全史：名作・名優・名監督たち　203
ニッポン・モダン：日本映画1920・30年代　204
日本アニメーション映画史　135, 192
日本アニメーション映画史・増補 アニメーション作品目録　192
日本映画〔定期刊行物〕　126
日本映画〔年鑑〕　52, 179
日本映画・テレビ監督全集　153, 155
日本映画界事物起源　111, 187
日本映画監督全集　153, 155
日本映画技術史　187
日本映画検閲史　166
日本映画原作事典　147
日本映画現代史　187
日本映画作品辞典・戦後篇　138
日本映画作品辞典・戦前篇　138, 146
日本映画作品全集　138, 139
日本映画作品大鑑——映画文献史初めての作品全集　140
日本映画雑誌所在調査報告書——日本映画資料の所在調査及びデータベースの構築　119
日本映画雑誌タイトル総覧　122
日本映画史——実写から成長―混迷の時代まで　187, 188
日本映画史〔飯島正〕　188

日本映画史〔佐藤忠男〕 159, 184
日本映画事業総覧（昭和5年版） 124
日本映画史叢書 114
日本映画史大鑑——映画渡来から現代まで・86年間の記録 159
日本映画史探訪『映画への思い』 114
日本映画シナリオ古典全集 163
日本映画史年表——映画渡来四十年記念 187
日本映画史の研究——活動写真渡来前後の事情 188
日本映画史の創出 187
日本映画史110年 189
日本映画史100年 189
日本映画縦断 189
日本映画初期資料集成 173
日本映画書誌 106, 107
日本映画人 改名・別称事典 153
日本映画人名辞典・スタッフ篇 154
日本映画人名辞典・俳優篇 154
日本映画人名事典（女優篇、男優篇、監督篇） 155
日本映画スチール集 168
日本映画戦後黄金時代 168
日本映画選書シリーズ 107
日本映画代表シナリオ全集 163
日本映画における外国映画の影響——比較映画史研究 189
日本映画の80年 189
日本映画の歴史——その企業・技術・芸術 190
日本映画は生きている 114
日本映画俳優全史 155
日本映画俳優名鑑 156
日本映画発達史 57, 159, 184, 192
日本映画101年——未来への挑戦 190
日本映画文献史 108
日本映画文献書誌——明治・大正期 119
日本映画ポスター集 169
日本映画労働年報 175
日本映画論言説大系 113, 115, 133, 149, 187, 197
日本教育映画総目録 147
日本教育映画発達史 192, 193

日本記録映像史 191, 193
日本芸能人名事典 157
日本劇映画総目録——明治32年から昭和20年まで 140
日本実験映像40年史 193
日本シナリオ史 113
日本シナリオ大系 163
日本シナリオ文学全集 163
日本短編映像秀作目録——映像作品で見る日本の100年 147, 221
日本ドキュメンタリー映画全史 158
日本特撮・幻想映画全集 147
日本における戦前期の映像史料の所在確定とタイトルのデータベース化 195
日本ニュース映画史——開戦前夜から終戦直後まで 148
日本のアニメ全史——世界を制した日本アニメの奇跡 134, 193
日本の映画音楽史 79
日本の映画人——日本映画の創造者たち 151, 156
日本の科学映画史 193
日本の参考図書（Bibliography of Reference Works for Japanese Studies） 10
日本無声映画俳優名鑑 158

ね

年鑑代表シナリオ集 161, 164
年表・映画100年史 159

の

遺されしもの——大正期の衣笠貞之助資料 44

は

舶来キネマ作品辞典 戦後篇1——日本で戦後（1945–1988）に上映された外国映画一覧 148
舶来キネマ作品辞典——日本で戦前に上映された外国映画一覧 148
働く婦人 37
BACK TO THE MOVIES：福岡市の映画と映画館100年の歩み 200

ひ

ぴあシネマクラブ 外国映画編　141, 148
ぴあシネマクラブ 日本映画編　141
ぴあ＋＜plus＞　235, 237
PR映画年鑑　126
人とシナリオ　164

ふ

フィルム・レコード　173
フィルムセンター所蔵映画目録：日本劇映画　195
福井映画史　198
FUKUOKA STYLE（「特集：九州シネマパラダイス」）　200
福岡博多映画百年：映画と映画館の興亡史話　200
古本屋「シネブック」漫歩　109
古本屋おやじ――観た、読んだ、書いた　98
プロキノ　121, 174, 175
プログラム映画史――大正から戦中まで（懐かしの復刻版）　169
プロレタリア映画　121, 174, 175
プロレタリア映画運動の展望　115
文化映画研究　182
文化映画時代：十字屋映画部の人びと　207
文化と闘争：東宝争議1946–1948　205

へ

ベスト・オブ・キネマ旬報 上 1950–1966　116
ベスト・オブ・キネマ旬報 下 1967–1993　116
別冊太陽　199

ほ

北海道映画史　197
北海道活動写真小史　197

ま

マキノ一家　207
マキノ映画の時代：豊田市郷土資料館所蔵映画資料目録　77, 207
マキノプロダクション　159
マキノプロダクション・事始　207
街の記憶 劇場のあかり：新潟県映画館と観客の歴史　198
幻のキネマ満映：甘粕正彦と活動屋群像　207
幻の田園都市から松竹映画都市へ：大正・昭和の大船町の記憶から　204
満映：国策映画の諸相　207
「満映」電影研究　207
"満映"与東北淪陥時期日本殖民化電影研究：以導演和作品為中心　207
満洲映画　177
満州の記録：満映フィルムに映された満州　93, 207

み

ミニ娯樂映画史：名古屋・大須界隈の想い出　198
ミニシアターグラフィックス　169
ミニシアターフライヤーコレクション　169
民衆の旗　37
みんな日活アクションが好きだった　203

む

無法地帯　204

め

明治～昭和初期 俳優名鑑集成　156
明治・大正 大阪映画文化の誕生：「ローカル」な映画史の地平にむけて　199
明治期映像文献資料古典集成②〔『日本映画論言説体系』〕　149
明治期北海道映画史　197
メリーランド大学図書館所蔵ゴードン・W・プランゲ文庫雑誌目録　36
メリーランド大学図書館所蔵ゴードン W. プランゲ文庫教育図書目録――占領期検閲教育関係図書1945–1949　36

も

盛岡映画今昔　197

や

やまがたと映画：山形国際ドキュメンタリー映

画祭2007　197
山田洋次作品集　164
山中貞雄作品集　164

ゆ
USIS映画目録　149
夢の微熱：札幌JABB70HALLの10年間　197

よ
横浜シネマ商会の業績：映画作品目録1923–
　　1945　209
吉澤商店定価表　149
よねざわ活動写真ものがたり　197

り
理研科学映画創立五周年　208
流行歌と映画でみる昭和時代　169
流行歌と映画でみる戦後の時代　169

ろ
ロマンポルノの時代　203

わ
わが青春と満映　207

[作品]

E
EUREKA　180

あ
あ、春　163
朝日ニュース　225

お
おこげ　163

か
神奈川ニュース　28

く
鞍馬天狗　142

こ
ゴジラ　144
ゴジラvsデストロイア　143
子連れ殺人拳　130

さ
さまよえる脳髄　144

し
ジゴマ　8
七人の侍　228

た
大毎ニュース　86

つ
津軽じょんがら節　163
妻よ薔薇のやうに　71

と
東宝キネマ倶楽部〔ビデオシリーズ〕　53
トラ・トラ・トラ！　87
虎の尾を踏む男達　236

に
日活世界ニュース　86
日本ニュース　23, 28, 148, 221, 225
日本の悲劇　37

ひ
広島・長崎における原子爆弾の影響　23

ま
祭りの準備　163

よ
用心棒　130

ら
乱　163

デジタル資料索引

A
allcinema 映画データベース　222

B
Bibliography of Asian Studies　225
Book Town じんぼう　102
BoxOffice Mojo　241

C
CDJapan　234
CineFiles　48
CINEMA ランキング通信　228
CiNii（NII 学術情報ナビゲーター）　216, 238, 245

F
FIAF　220, 225

G
Google Books　215, 216, 219

I
IMDb（Internet Movie Database）　11, 212, 217, 222, 236, 243

J
Japanese Film Journal Table of Contents Browser　223
Japanese Reference Materials for Studying Japanese Cinema at Yale University　229
JFDB（Japan Film Database）日本映画データベース　216
JMDB（Japan Movie Database）日本映画データベース　217
J-Pitch　231

K
Kinema Club and KineJapan（キネマクラブ、キネジャパン）　14, 227
KINENOTE→キネノート

L
.lain　226

M
magazineplus　170, 216, 218
Mark Schilling's Tokyo Ramen　230
Midnight Eye　131, 231, 246
Moving Image Collection　21

N
NDL-OPAC　221
NHK 戦争証言アーカイブス　221
Nichigai Database Service　218

O
Ozu and the Poetics of Cinema　230

P
Prewar Proletarian Film Movement Reprint Series　175

T
Tangemania: Aaron Gerow's Japanese Film Page　229
To the Distant Observer　186, 230
TSUTAYA　28, 234

U
UM Center for Japanese Studies Electronic Reprint Series→ミシガン大学日本研究センターオンライン復刻シリーズ
UNIJAPAN→ユニジャパン
Usenet　212

V
Variety　241
ViViA　225

W
Way Back Machine　227

WINE 51, 226, 237
WorldCat 62, 118, 145, 216, 238, 245

Y
YesAsia.com 234

あ
青空文庫 227
アマゾン 103, 212, 234

い
イカロス（読売映像） 66, 214, 221

え
映画館に行こう！ 232
映画で国際交流 227
映文連「作品登録」データベース 147, 221

お
大宅壮一文庫 58, 213

か
科学映像館 61, 213

き
キネジャパン→Kinema Club and KineJapan
キネノート（KINENOTE） 213, 214, 218, 236, 246
キネマクラブ→Kinema Club and KineJapan
キネマ写真館 222
紀伊國屋ブックウェブ 234
脚本データベース 161, 222
記録映像.JP 65, 214

く
黒澤デジタルアーカイブ 228

こ
国立公文書館 アジア歴史資料センター 67
国立国会図書館デジタルコレクション 223
古書 蛭原 103

さ
作品データベース（アニメ、ゲーム、マンガ、文学、ドラマ、特撮、映画） 223

し
シネマジャパン 103
ジャパンナレッジ 223

す
スーパー源氏 102

た
たなべ書店 103

て
テレビドラマデータベース 224

と
東京国立近代美術館フィルムセンター 43-46, 217
東京大学総合研究博物館 デジタル小津安二郎 26
東宝資料室 224

に
20世紀メディア情報データベース 37
日活作品データベース 224
日経テレコン21 225
日本映画情報システム 214, 218, 220, 246
日本映画新社 日映アーカイブ 225
日本映画製作者連盟 229, 241
日本映像ソフト協会 230
日本の古本屋 102

は
ハーティ・トラスト 218, 219

ひ
ぴあ映画生活 232

ふ
古本ひばり堂 103

み

ミシガン大学日本研究センターオンライン復刻シリーズ（UM Center for Japanese Studies Electronic Reprint Series） 115, 175, 185, 186, 230

港町シネマ通り 231

む

ムービーボックス 103

め

メディア芸術データベース 220

や

ヤフーオークション 240
ヤフージャパン 241

ゆ

ユニジャパン 216, 231

よ

読売映像→イカロス

り

立命館大学ARCシナリオ検索システム 51, 226

機関・団体名索引

A
Academy of Motion Picture Arts and Sciences→マーガレット・ヘリック図書館
ARC→立命館大学アート・リサーチセンター
ATG→日本アート・シアター・ギルド
@ワンダー　96, 101, 238, 240

C
C.V. スター東アジア図書館（コロンビア大学）　3, 38-40, 119, 167, 239, 245

E
EYEフィルム・インスティテュート図書館　52

F
FIAF（国際フィルムアーカイブ連盟）　10, 48, 220, 225

G
GHQ　28, 33, 149

I
IMDb　11, 212, 217, 222, 236, 243

J
J-Pitch　231

K
Kinema Club and KineJapan（キネマクラブ、キネジャパン）　14, 227

L
LOC→アメリカ議会図書館

M
M・パテー商会　133

N
NARA→アメリカ国立公文書記録管理局
NDL→国立国会図書館
NFC→東京国立近代美術館フィルムセンター
NHK　23, 55, 56, 85, 148, 221
NHKアーカイブス　55, 56
Nichigai→日外アソシエーツ

P
PCL　39, 42
PFA→パシフィック・フィルム・アーカイブ

S
SCANコレクション〔川崎市市民ミュージアム〕　28
SCAP　33

U
UCLA　81, 119, 237
UNIJAPAN→ユニジャパン
USCAR　33
USSBS　33

あ
アーバン・コネクションズ　49, 156, 158
アイオワ大学　20, 119, 223, 245
青空文庫　227
朝日→朝日新聞社
朝日新聞社（朝日）　70, 225
アジア歴史資料センター
　　→国立公文書館アジア歴史資料センター
厚田・岩波映像資料センター　53
アマゾン　103, 212, 234
アメリカ議会図書館（LOC）　3, 10, 20, 23, 245
アメリカ国立公文書記録管理局（NARA）
　　20-24, 33, 34, 59, 67, 149, 165, 194, 195
荒川区立荒川図書館　53
アルゴピクチャーズ　28
アンソロジー・フィルム・アーカイブス　53, 54

い

イェール大学　3, 10, 36, 71, 119, 167, 227, 229, 240, 245
イカロス（読売映像）　66, 214, 221
池田文庫（宝塚文芸図書館）　3, 54, 107, 119, 122
石巻市視聴覚センター　54
市川市文学ミュージアム　55
一誠堂書店　96–100, 239
稲垣書店　97, 98, 109
イメージフォーラム　24, 25, 181, 193
岩波→岩波映画製作所
岩波映画製作所（岩波、岩波映像）　53, 62, 66, 76, 207, 214
岩波映像→岩波映画製作所
岩波書店　113, 114, 159, 163, 184, 208

う

ウィスコンシン大学マディソン校　81
ヴィンテージ　96, 98, 101, 238, 240

え

映画演劇文化協会　222
映画鑑賞団体全国連絡会議　174
映画世界社　178
映画保存協会　55
映像文化製作者連盟　147, 221
映連→日本映画製作者連盟
演劇博物館
　→早稲田大学坪内博士記念演劇博物館

お

大阪芸術大学　59, 109
大阪府立図書館　56
大阪毎日新聞社　147, 208
太田市立新田図書館　57, 184
大谷図書館→松竹大谷図書館
大宅壮一文庫　58, 101, 117, 213
小川プロダクション　78
沖縄県公文書館　24, 58, 59, 194
おのみち映画資料館　59
オハイオ州立大学　3, 62, 202
おもちゃ映画ミュージアム　59
オランダ視聴覚研究所　60, 61

オランダ戦争資料研究所　3, 60
音楽・映像資料室〔国立国会図書館〕　33

か

外国語資料押収物コレクション軍事情報部門〔NARA〕　23
外務省外交史料館　61, 68
科学映像館　61, 213
科学書院　138–140, 148, 154, 236, 245
片岡千恵蔵プロダクション　206
カトゥーン・ライブラリー・アンド・ミュージアム（オハイオ州立大学）　62
角川映画　229
鎌倉キネマ堂　100
鎌倉市川喜多映画記念館　25, 27
カリフォルニア大学バークレー校
　→バークレー校C.V. スター東アジア図書館
カリフォルニア大学ロサンゼルス校　36
カルチャーステーション　100, 101
川喜多→川喜多記念映画文化財団
川喜多記念映画文化財団（川喜多、フィルムライブラリー助成協議会）　3, 25–27, 119, 161, 237, 239–241
川崎市市民ミュージアム　3, 23, 27, 28, 39, 148, 194, 225
韓国映像資料院　63
カンザス大学　62
神田キネマ　90

き

北の映像ミュージアム　63, 64
キネジャパン→Kinema Club and KineJapan
キネマクラブ→Kinema Club and KineJapan
キネマ旬報社　13, 43, 116, 125, 130, 136, 138–141, 143, 150–155, 157, 158, 162, 163, 168, 187, 188, 213, 214, 218, 236, 245
紀伊國屋〔書店〕　187, 234, 236
木本書店　98
教育映画作家協会　181
教育図書館→国立教育政策研究所 教育研究情報センター 教育図書館
京都映画撮影所　73
京都国際マンガミュージアム　63, 64

京都市国際交流協会　65
京都精華大学　62-64
京都府京都文化博物館（文博）　3, 29, 30, 161, 164, 238
極東映画　207
記録映画アーカイブプロジェクト　65, 214
記録映画作家協会　181
記録映画保存センター　65, 66, 214
近代映画協会　28, 207
近代映画社　168, 178

く

グーグル　215, 216, 219
黒澤プロダクション　228

け

経済産業省　231
劇団民芸　28
ゲッティ・リサーチ・インスティテュート　3, 66
憲政資料室〔国立国会図書館〕　33, 34

こ

興行通信社　228
神戸映画資料館　30-32, 119
ゴードン・W・プランゲ文庫（プランゲ文庫）　22, 34-37, 119, 165, 239
コーネル大学　62
国際交流基金　3, 216
国際フィルムアーカイブ連盟→FIAF
国民文化会議　85
国立教育政策研究所 教育研究情報センター 教育図書館（教育図書館）　3, 66
国立公文書館　67, 68
国立公文書館 アジア歴史資料センター（アジア歴史資料センター）　67
国立国会図書館（NDL）　3, 9, 13, 32, 33-36, 62, 78, 90, 106, 165, 170, 219, 221-223, 244, 245
国立情報学研究所　216
国立台南芸術大学　68
国立台湾歴史博物館　68
国立民族学博物館 みんぱく図書室　68

国家電影中心　69
コロンビア大学→C.V.スター東アジア図書館

さ

桜映画社　66, 208, 214

し

シカゴ大学　119
時事通信社　123, 124
シナリオ作家協会　162-164, 178, 238
シネマテーク・フランセーズ 映画図書室　3, 69
ジャパンナレッジ　223
十字屋映画部　207
松竹　38, 40, 41, 44, 73, 119, 167, 201, 203, 204, 229, 237, 239, 240
松竹大谷図書館（大谷図書館）　38, 40, 41, 44, 119, 239
昭和館　23, 70, 78, 148, 225
ジョージ・イーストマン美術館　71
資料映像バンク　66, 214
新興映画社　115
新興キネマ　208
新東宝　169, 208, 230

す

杉本梁江堂　99
スターリング記念図書館（イェール大学）　71, 238
スタジオジブリ　208

せ

世田谷文学館　41, 42, 239
接収外国映画コレクション〔LOC〕　20

そ

総評（日本労働組合総評議会）　85

た

大映　30, 47, 72, 91, 195, 199, 202, 229
大正館　102
大都映画　206
第二東映　169

278

大日本映画協会　107, 179
宝塚映画製作所　54, 208
宝塚文芸図書館→池田文庫
ダゲレオ出版　181

ち
中華電影公司　206
中国電影資料館　3, 72
調布市立中央図書館 映画資料室　72

つ
通俗教育調査委員会　149

て
帝国館　90
帝国キネマ　208
帝国戦争博物館　3, 73
デューク大学　62
テレビ朝日映像株式会社　225
電気館　90, 102
電通映画社　207

と
東映　73, 74, 193, 199, 201, 204, 206, 229, 239-241
東映太秦映画村 映画資料室（東映太秦映画村）　73, 199, 204, 206, 239-241
東映動画　193, 204
東京藝術大学大学院映像研究科　65
東京国際映画祭　231
東京国立近代美術館フィルムセンター（NFC、フィルムセンター）　3, 21, 23, 27, 30, 31, 43-47, 65, 79, 91, 93, 106, 112, 119, 120, 124, 137, 140, 167, 179, 195, 217, 218, 223, 225, 237, 239-241, 245
東京シネマ　62
東京大学大学院情報学環学際情報学府　65
東京都写真美術館　75
東京都立多摩図書館　75, 76, 194
東京ムービー　209
東宝　39, 42, 53, 85, 146, 205, 206, 222, 224, 229, 239
東和　25, 205, 206

ドヘニー記念図書館映画芸術図書館（南カリフォルニア大学）　76
豊田市郷土資料館　3, 77, 207
トロント大学　20

な
内務省　165
中田俊造文庫　66
成田空港 空と大地の歴史館（歴史伝承委員会）　77, 78

に
日映映像　66, 214
日映科学映画製作所　62
日外アソシエーツ（Nichigai）　110, 116, 135, 140, 142, 145, 147, 150, 151, 153, 156, 157, 218, 245
日活　47, 48, 86, 130, 169, 195, 202, 203, 215, 222, 224, 230
日活多摩川撮影所　72, 203
日本アート・シアター・ギルド（ATG）　28, 206
日本アンダーグラウンド・センター　24
日本映画演劇労働組合　85
日本映画監督協会　235
日本映画撮影監督協会　152
日本映画新社　225
日本映画製作者連盟（映連）　124, 229, 241
日本映画テレビ技術協会　177, 187
日本映像学会　176
日本映像国際振興協会→ユニジャパン
日本映像ソフト協会　230
日本活動社　172, 173
日本脚本アーカイブズ推進コンソーシアム　161, 222
日本共産党　113, 174, 189
日本近代音楽館　78
日本経済新聞　225
日本コミュニティシネマセンター　126
日本大学→日本大学芸術学部図書館
日本大学芸術学部図書館（日本大学）　8, 79
日本プロレタリア映画同盟（プロキノ）　28, 115, 121, 122, 175, 176

279

日本プロレタリア映画連盟　175
日本労働組合総評議会→総評
ニューヨーク近代美術館セレステ・バルトス国際映像研究センター　80

は

バークレー校 C.V. スター東アジア図書館（カリフォルニア大学バークレー校、バークレー校）　47, 48, 80, 81, 119
バークレー校
　→バークレー校 C.V. スター東アジア図書館
ハーバード大学　3, 36, 119, 245
パシフィック・フィルム・アーカイブ（PFA）　3, 46-48, 195
羽島市映画資料館　81
八丁座映画図書館　81
ハワード・ゴットリーブ・アーカイバル・リサーチ・センター（ボストン大学）　82, 83

ひ

日比谷図書館　76, 194
広島市映像文化ライブラリー　83

ふ

フィルムセンター
　→東京国立近代美術館フィルムセンター
フィルムライブラリー助成協議会
　→川喜多記念映画文化財団
福岡市総合図書館 フィルムアーカイヴ　48, 49
プラネット映画資料図書館　30
プランゲ文庫→ゴードン・W・プランゲ文庫
古本のオギノ　99
プロキノ→日本プロレタリア映画同盟
文化庁　218, 220
ブンケン・ロック・サイド　101
文生書院　37, 172
文博→京都府京都文化博物館

ほ

防衛省防衛研究所戦史研究センター　68
法政大学大原社会問題研究所　84
法政大学沖縄文化研究所　85
放送ライブラリー　85, 86

ボストン大学→ハワード・ゴットリーブ・アーカイバル・リサーチ・センター
香港電影資料館　3
本の友社　156

ま

マーガレット・ヘリック図書館（Academy of Motion Picture Arts and Sciences）　86
毎日→毎日新聞社
毎日映画社　86
毎日新聞社（毎日）　70, 86, 148
前沢コレクション〔昭和館〕　70
マキノ→マキノ・プロダクション
マキノ・プロダクション（マキノ）　77, 91, 92, 179, 207
牧野コレクション〔コロンビア大学〕　38, 39, 167, 175
マツダ映画社　49, 50, 156, 158, 237, 241
松永文庫　87
マルベル堂 新仲見世店　101, 102, 240
満映→満洲映画協会
満洲映画協会（満映）　92, 93, 120, 177, 207

み

ミシガン州立大学図書館　87
ミシガン大学　3, 10, 20, 36, 115, 119, 174, 175, 185, 186, 215, 219, 226, 230, 245
ミシガン大学日本研究センター　3, 115, 174, 175, 185, 186, 226, 230
南カリフォルニア大学
　→ドヘニー記念図書館映画芸術図書館
民間検閲局　22, 35
民間情報教育局　22, 34

む

武蔵野美術大学 美術館・図書館 イメージライブラリー　88
無声映画鑑賞会　49, 137, 156, 158

め

メリーランド大学　35, 36

も

文部科学省　66

や

矢口書店　96-99, 237, 239
山形国際ドキュメンタリー映画祭　89, 92, 197, 200
山形ドキュメンタリーフィルムライブラリー　89
山梨県立図書館　3, 90

ゆ

雄松堂　36, 119, 172
ユニジャパン（UNIJAPAN、日本映像国際振興協会）　125, 216, 231
ゆまに書房　107, 111-113, 115, 124, 125, 156, 172, 176, 177, 179, 180, 197

よ

横浜シネマ商会　209
吉澤商店　149, 173
読売→読売新聞社
読売映像→イカロス
読売新聞社（読売）　70, 143, 158, 221

り

理研科学映画　208
立命館大学
　→立命館大学アート・リサーチセンター
立命館大学アート・リサーチセンター（ARC）　51, 90-92, 161, 226
龍谷大学　228

れ

歴史伝承委員会→成田空港 空と大地の歴史館

ろ

ロヴィ・コーポレーション　88
ロシア・ゴスフィルモフォンド　92, 93

わ

ワイズ出版　109, 122, 166, 168, 169, 202, 203, 207, 208

早稲田大学
　→早稲田大学坪内博士記念演劇博物館
早稲田大学坪内博士記念演劇博物館（早稲田、早稲田大学、演劇博物館）　3, 8, 36, 38, 44, 51, 52, 58, 79, 118-120, 161, 167, 187-189, 226, 237-240, 245

訳者あとがき

　本書との出会いは2009年、あるところで依頼された書評の執筆で紹介してもらったのがきっかけだった。初めて手にしたとき、こんな本がもっと早くあったら自分の研究は全く違うものになっていただろうと感じ、これから研究を始める人たちが羨ましく思ったのを覚えている。その後、明らかに意義の大きいこの著作の翻訳依頼をゆまに書房から受けることになったのだが、実は、そこから出版に至るまで4年もかかってしまった。原著の新鮮さを伝えられなかったことへの反省もある反面、時間をかけた分だけ原著者の先生方に新しい情報をふんだんに加えていただくなどして、より良いものにできたという自負もある。

　本書はもともと、アーロン・ジェロー氏の序論やタイトル自体が示すように、日本映画の研究者に向けたものだ。しかし、改めて全文を翻訳して感じるのは、もっと幅広い人たちに役立ち得るということである。大学院生レベルで、日本映画を研究したいと思う人には必ず手にしてもらいたいが、たとえば映画・映像文化を対象に卒論執筆を考えている学部生や、アマチュア（という言い方が正しいかわからないが）の映画ファンで、好きな映画について、自分なりに深く調べてみたい人にも本書は便利なはずだ。2章の古本屋ガイドや3章にある参考文献を見るだけでなく、本書を手に、身の回りの図書館・アーカイブ施設をめぐってみるのは良い経験になると思う。1章の内容には、読書・自習スペースではない施設利用の方法が具体的に示されている。アーカイブ利用のガイドが、日本内外を含めてこのようにまとめられた書籍はほかになく、この点では映画・映像文化に関わりなく、何らかの研究を志し、情報を集める努力を行っているあらゆるひとに資すると言って良い。海外アーカイブもあるので、外国映画の研究者にも良いはずだし、映画以外の映像文化の研究者にも見どころは少なくないだろう。正直、文献面では、アニメーションやドキュメンタリーに手薄なところが否めなく、さらなる改訂版が出せるような運びになれば、加える必要のある研究書も多い――たとえば『日本TVアニメーション大全』（世界文化社、2014年）や、吉原順平著『日本短編映像史――文化映画・教育映画・産業映画』（岩波書店、2011年）など。それでも4章のオンラインガイドや5章FAQも見ていただければ、多くの人に意義を感じてもらえると思う。

　著者であるアーロン・ジェロー、マーク・ノーネス両氏は、アメリカ人として日本の外に身をおきながらも、90年代からゼロ年代の日本映画研究を牽引してきた立役者である。彼らの研究のノウハウをこのように分けてもらえることに対して、両氏が映画文献史の大家・牧野守にするように、私たちも両氏に敬意と感謝を捧げなければならない。そして、序論などにある研究者やアーカイブ運営者に対するその厳しい忠言も、この文化をより良いも

のにするために襟を正して拝聴したい。

　また、両氏が運営するキネマクラブに集められた参加者の協働的貢献の一つ一つにも感謝を表したい。彼らの協働性に倣うように、この翻訳も協働的に行わせていただいた。翻訳の責任は洞ヶ瀬が負いつつ、名古屋大学の大学院に所属し、身近な映画研究の仲間としてお世話になっている大竹瑞穂さんと澤茂仁さん、そして、今は他のお仕事に従事されている村上暁さんのお力添えまでいただき、各人で手分けして下訳作成に取り組んできた。お三方の協力がなければ、一冊の本を訳す苦労を考えると、非力な自分にはこのプロジェクトを引き受けることすらできなかったかもしれない。こうして出版できるのは、三人の努力の賜である。

　アーカイブと書誌の情報は、編集でお世話になった平沢桂さんをはじめとする、ゆまに書房出版部のみなさんに収集・確認を行っていただいた。また、原稿の日本語も、読みやすく、原著の意義が少しでも多くの人に伝わるように細かく見ていただいた。本書の日本語が、多少なりとも読みものとして堪えうるものになっているとすれば、彼女・彼らのおかげである。このような意義深い協働プロジェクトに参加できたことを光栄に感じる。心から謝意を表したい。

2016年4月
洞ヶ瀬　真人

著者

マーク・ノーネス（Markus Nornes）

ミシガン大学映画芸術文化学部・アジア言語文化学部教授。研究分野はアジア映画、日本映画、ドキュメンタリー等。主な著書に*Cinema Babel: Translating Global Cinema*, University of Minnesota Press, 2007. *Forest of Pressure: Ogawa Shinsuke and Postwar Japanese Documentary*, University of Minnesota Press, 2006. *Japanese Documentary Film: The Meiji Era through Hiroshima*, University of Minnesota Press, 2003.

アーロン・ジェロー（Aaron Gerow）

イエール大学映画学プログラム及び東アジア言語・文学科（兼担）教授。研究分野は日本映画史、日本のポピュラー・カルチャー、マンガ、テレビ等。主な著書に*Kitano Takeshi*, British Film Institute, 2007. *A Page of Madness: Cinema and Modernity in 1920s Japan*, University of Michigan, 2008. *Visions of Japanese Modernity: Articulations of Cinema, Nation, and Spectatorship, 1895–1925*, University of California Press, 2010.

翻訳責任者

洞ヶ瀬真人（どうがせ・まさと）

博士（学術）。中部大学他非常勤講師。研究分野は映画史・映像文化論。主な論文に「小津映画の戦後とモダニズム」坪井秀人、藤木秀朗編『イメージとしての戦後』（青弓社、2010年）。

翻訳協力者

大竹瑞穂（おおたけ・みずほ）

名古屋大学大学院文学研究科博士課程後期課程在籍。研究分野は映画史。主な論文に「告発する女、目を背ける男――映画『ジャコ萬と鉄』（1949年）における植民地経験と北海道」『JunCture 超域的日本文化研究』3号（名古屋大学大学院文学研究科附属日本近現代文化研究センター、2012年）。

村上暁（むらかみ・さとる）

名古屋大学大学院文学研究科博士課程前期課程修了。研究分野は映像文化論。

澤茂仁（さわ・しげひと）

名古屋大学大学院文学研究科博士課程前期課程在籍。研究分野は映画史。主な論文に「ジャン＝ピエール・メルヴィル論――その形式と映画史的意義をめぐって」『映像研究』42号（日本大学芸術学部映画学科、2014年）。

日本映画研究へのガイドブック

[著者]
マーク・ノーネス／アーロン・ジェロー

[訳者]
洞ヶ瀬真人

2016年6月25日 初版印刷発行

[発行者]
荒井秀夫

[発行所]
株式会社ゆまに書房
〒101-0047 東京都千代田区内神田2-7-6
電話 03-5296-0491／FAX 03-5296-0493

[組版]
川本要

[印刷製本]
株式会社シナノパブリッシングプレス

ISBN978-4-8433-4939-7 C1074
©2016 Printed in Japan
落丁・乱丁本はお取替えいたします。
定価はカバー・帯に表記してあります。